2014 年北京农学院学位与研究生
教育改革与发展项目（2014YJS006）资助

都市型现代农业发展研究

——创新农经行动计划(2014)

刘 芳 何忠伟 主编

中 国 农 业 出 版 社

图书在版编目（CIP）数据

都市型现代农业发展研究：创新农经行动计划．2014/刘芳，何忠伟主编．—北京：中国农业出版社，2015.10

ISBN 978-7-109-21075-2

Ⅰ．①都… Ⅱ．①刘…②何… Ⅲ．①都市农业—农业经济发展—中国—文集 Ⅳ．①F323.1-53

中国版本图书馆 CIP 数据核字（2015）第 261314 号

中国农业出版社出版
（北京市朝阳区麦子店街 18 号楼）
（邮政编码 100125）
责任编辑 李文宾 廖 宁

中国农业出版社印刷厂印刷 新华书店北京发行所发行
2015 年 10 月第 1 版 2015 年 10 月北京第 1 次印刷

开本：850mm×1168mm 1/32 印张：10.125
字数：280 千字
定价：28.00 元

主　　编：刘　芳　何忠伟

副 主 编：武广平　任　娇　王艳霞　王　琛

参编人员（按姓名笔画排序）：

白燕飞　朱　聪　危　薇　吴夏梦

吴晓光　何　薇　张　振　范宣丽

赵　娜　韩　啸　韩诗雨　雷思雨

前言

多年来，北京农学院经济管理学院立足北京，坚持“三开”办学的理念，走学科引领战略，以为北京都市型现代农业培养应用型、复合性的专业技术人才和经营管理人才为己任，围绕北京都市型现代农业和新农村建设开展研究，依托北京新农村建设研究基地、农业经济管理硕士点、都市农业研究所、农村经济研究所、国家林业局经济研究发展中心和北京市农村专业技术协会，搭建起了良好的科研平台。农林经济管理是北京农学院传统优势学科，现有农业经济管理二级学科硕士点1个、农村与区域发展专业学位点1个。2008年，农业经济管理学科被遴选为北京市重点建设学科；2010年，农林经济管理学科被遴选为一级硕士学科，逐渐形成了独有的学科特色。

农经类研究生教育作为农业教育的最高层次，是培养农林经济领域创新型人才的重要途径。近年来，北京农学院经济管理学院在研究生培养过程中不断探索，以培养创新性高素质人才为目标，不断加强研究生导师队伍建设，注重研究生科研能力和实践能力的培养，不断完善规范研究生管理。经济管理学院通过研究生培养方案的调整，在完善课程教学平台的同时，突出农业经济管理学科研究生的实践和调研能力培养。通过搭建研究生校内调研与数据分析实训平台、校内“现代服务业综合实训”顶岗实习和“三助”实习平台、“创新农经行动计划”校外调研实习平台、导师科研项目带动学术交流平台和研究生论文发表平台等“六位一体”的立体式科研实训体系。尤其是开展了“创新农经行动计划”校外社会调研活动，学院组织研究生利用寒暑假到京郊进行了以沟域经济、乡村旅游、休闲农业、农产品营销和合作经济等主题的社会实践调研，提高研究生的创新创业能力。本书就是学院研究生2014年系列调研活动的主要成果。其中，既有对当前都市型现代农业热点、前沿问题的积极探索，也有对新农村建设模式的深入剖析；既有对农业产业发展的宏观思考，也有对农产品市场和经济效益的微观分析。本书的出版将有利于整体推进北京农学院经济管理学院研究生的科研水平，提高创新能力，营造浓厚的学术氛围。

鉴于水平所限，不足之处在所难免，恳请广大读者批评指正。

编　者

2015年10月

目录

前言

北京农村居民生活废弃物处理现状研究

赵娜　白燕飞　韩啸　余洁

（北京农学院经济管理学院，北京　102206）

摘　要： 为了解北京居民生活废弃物处理现状，北京农学院经管学院研究生会组织 10 名研究生对昌平区兴寿镇、小汤山镇居民进行了问卷调查，研究结果表明，北京市居民呈现生活垃圾产生居多、多数人无垃圾分类习惯、对垃圾危害认知程度片面等多方面特点，并针对性地提出了对策建议。

关键词： 北京　农村居民　生活废弃物

前　言

实现“中国梦”，为建设美丽中国、美丽乡村贡献自己的一份力量，2013 年 7～9 月，北京农学院经管学院研究生会组织 10 名研究生深入农村，进行“绿色生态，大美中国”生态文明建设实践调研行动，对北京农村居民生活废弃物处理现状进行了调查。通过实地调研，了解了北京农村居民生活废弃物排放量及处理现状，并针对发现的问题提出了对策建议。调查分为 4 个方面：调查的基本信息、生活垃圾产生基本情况、生活垃圾处理基

作者简介：赵娜，1987 年出生，河北人，北京农学院 2012 级农业经济管理研究生。

本情况和村民对生活垃圾处理的态度。调查共发放问卷 133 份，收回有效问卷 133 份。

1 项目技术报告

1.1 调查区域及样本量

考虑到目前中国农村居民的生活习惯和消费习惯在同一地域表现出的同质化特征，而且垃圾处理问题本身是一个政府行为，北京各个乡村垃圾处理情况就不可避免地产生很多相似性。所以，本次调查抽取的昌平区的 2 个镇的 2 个村作为调查村，是可以代表整体的。本次调查对村内的居民实施了随机抽样，共计访问了 133 户家庭。

1.2 调查对象

本次调查以家庭为单位，接受访问的受访者可以是家庭中年龄在 16～70 岁的任何成员，部分调查内容允许家庭成员共同讨论或商量回答。

1.3 抽样方法：随机抽样

按照下图，找到当地最小的行政单位——村，对村民实施随机抽样调查。

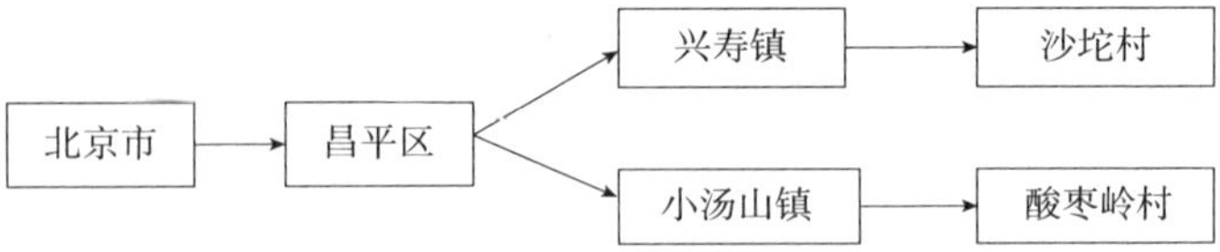

1.4 访问方式

采用结构式问卷，使用入户面对面的访问形式，访问由北京农村居民生活废弃物处理现状调查团队访问员执行。访问采用读录法进行，即由访问员读出问题，由受访者回答，由访问员填写。

1.5 数据处理

本调查在所有的问卷回收后，经过复核编码工作，使用 SPSS 21.0 统计软件录入计算机，并使用这个统计软件进行分析。并且，对数据结果采用定性分析法与定量分析法相结合的分析方法。

2 调查的基本情况

2.1 性别结构——女性为主

本次调查中，其中女性有 84 名，占受访者的 63.2%；男性有 49 名，占受访者的 36.8%（表 1）。从两者的人数和所占比例可以明确地显示出，在本次调查的受访者中女性的数量要远远多于男性。由于本次调查主要针对农村居民生活垃圾处理进行的一次调查，因此，女性数量高于男性数量是符合中国目前的实际情况的。

表 1 受访者的性别

项　目	频　率	百分比（%）	有效百分比（%）
男	49	36.8	36.8
女	84	63.2	63.2
合计	133	100.0	100.0

2.2 文化程度——初中最多

从表 2 中可以看出，小学及以下水平的受访者的累计百分比为 24.8%，具有初中文化水平的受访者人数最多，占到 42.9%。具有高中文化水平的占 11.3%，具有中专及文化水平的占

6.8%，中专及以上的占 14.3%。在宣传教育上，小学及以下的那部分要重点关注。

表 2 受访者的文化程度

项 目	频 率	百分比（%）	有效百分比（%）	累积百分比（%）
没上过学	7	5.3	5.3	5.3
小 学	26	19.5	19.5	24.8
初 中	57	42.8	42.8	67.7
高 中	15	11.3	11.3	78.9
中 专	9	6.8	6.8	85.7
大专及以上	19	14.3	14.3	100.0
合 计	133	100.0	100.0	

2.3 家庭结构——三口人最常见

通过图 1 可以明确地看出，在本次调查中受访者家庭规模最多的是 3 口之家，占所有受访者的42.11%；其次是 4 口之家，占所有受访者的 20.3%。家庭规模是 7 口和 8 口的受访者很少，两者加起来也不足 3%。这个结果符合中国现状，三口之家最为常见。

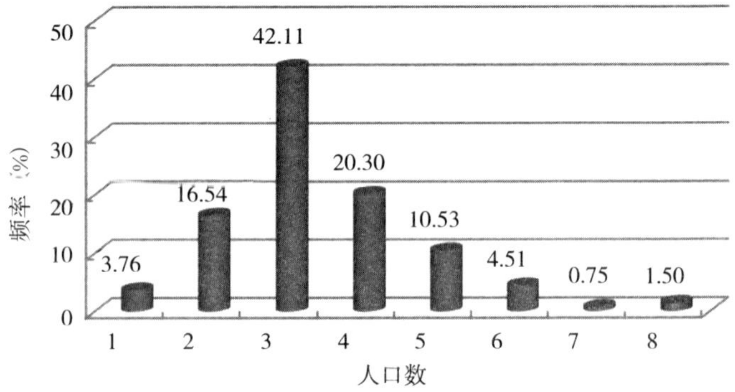

图 1 家庭规模情况

2.4 职业——个体盛行，务农很少

从表3中可以看出，在所有受访者中，从事其他职业的人最多，共44人，占133个有效数值的33.1%。而其他职业涵盖了村委会工作，家庭主妇，退休人员，无业、待业、下岗人员以及工人、服务人员等，其次是个体户，这部分人占到了被访问者的24.1%；再次是务农人员，占到了18.8%。同时，可以发现，对现代北京农村的许多村民来说，务农对他们的新引力大大减弱。

表3 受访者的职业

项　目	频　率	百分比（%）	有效百分比（%）
务农	25	18.8	18.8
乡镇企事业单位	11	8.3	8.3
政府机关	7	5.3	5.3
个体	32	24.1	24.1
农民工	14	10.5	10.5
其他	44	33.1	33.1
合计	133	100.0	100.0

2.5 打工收入作为主要来源

表4显示出，所调查的村民的主要收入来源为其他收入来源，包括个体收入，村委会补助、政府绩效，国家照顾等收入，占到所有受访职业的29.3%；其次，是外出打工收入，占到有效数据的24.8%；再次，家庭副业、本地乡村企业收入与自己的企业的收入来源分别占到了10.5%。而农产品收入与养殖业收入分别占到了9.8%和4.5%。可见，打工或者从事工业、服务业等行业，要比农产品收入、养殖业收入效益好。所以，现代

农村出来打工的人员越来越多。

表4　收入主要来源

项　目	频　率	百分比（%）	有效百分比（%）	累积百分比（%）
农产品收入	13	9.8	9.8	9.8
养殖业	6	4.5	4.5	14.3
家庭副业	14	10.5	10.5	24.8
本地乡村企业收入	14	10.5	10.5	35.3
外出打工	33	24.8	24.8	60.2
自己的企业	14	10.5	10.5	70.7
其他	39	29.3	29.3	100.0
合计	133	100.0	100.0	

3　调查的主要发现

3.1　北京农村居民生活垃圾产生情况

3.1.1　种类丰富，厨房垃圾最多

从表5可以清楚地发现，在四大类主要的生活垃圾中，按照出现的频率可知，四大类主要生活垃圾的种类排序为厨房剩余垃圾，出现的频次为39.8%，而有98.5%的家庭选了这一项；其次，可回收物废纸、塑料瓶等垃圾，出现的频次为34.0%，有84.2%的家庭选了此项；再次为严重污染物废电池等垃圾，出现的频次为17.0%，有42.1%的家庭选了此项；最少的为难再利用物品碎玻璃等垃圾，出现的频次为9.1%，只有22.6%的家庭选了这一项。

作为村民，绝大多数家庭都自己做饭吃。所以，基本都会产生厨房垃圾。本调查中，有98.5%的农村居民家里产生了厨房垃圾，反之，还有1.5%的家庭没有产生厨房垃圾，原因可能是家

表 5　主要的生活垃圾种类

项　目		响应 N	响应 百分比（%）	个案百分比（%）
主要的生活垃圾[a]	厨房剩余垃圾	131	39.8	98.5
	可回收物废纸、塑料瓶等垃圾	112	34.0	84.2
	难再利用物品碎玻璃等垃圾	30	9.1	22.6
	严重污染物废电池等垃圾	56	17.0	42.1
总　计		329	100.0	247.4

a. 值为 1 时制表的二分组。

中人口少，自己基本不做饭，经常在村子里的乡村企业里吃饭或者在亲朋好友家里蹭饭。由上面家庭规模的分析可知，绝大部分家庭规模为三口人，如果有孩子上学的话，就会产生废纸垃圾。随着人们饮用矿泉水以及各种饮料、牛奶的日渐盛行，塑料瓶垃圾也不断增加。由上面职业类型的分析可知，很多农民自己搞个体，如装修、建筑之类，这样就会产生很多金属垃圾。现在，科技发展日新月异，人们对电子产品的消费与日俱增，农村也不例外，这无形之中就会产生很多废旧电池之类的严重污染物，而这些垃圾若不慎填埋，将会严重影响土壤利用率，严重的甚至会使土壤丧失生产能力。

3.1.2　生活垃圾产生量颇多

根据问卷，整理得出北京农村居民生活垃圾人均年产生量，如表 6 所示。

表 6　北京农村居民生活垃圾产生量

项　目	厨房剩余垃圾	可回收物品	难再利用的物品	严重污染物	生活垃圾总量
生活垃圾量（千克）	960	216.39	27.5	29.48	1 233.37
人均年垃圾产生量［千克/（人·年）］	228.22	51.44	6.54	7.01	293.21

表6定量分析的结果正好与表5定性分析的数据结论一致。表6显示，从北京农村居民生活垃圾产生量的角度出发，厨房剩余垃圾人均年产生量最多，为每人每年228.22千克；其次是可回收物垃圾，产生量为每人每年51.44千克；再次为严重污染物，产生量为每人每年7.01千克；最后为难再利用的物品，产生量为每人每年6.54千克。从人均生活垃圾的总量来看，北京农村居民生活垃圾产生量为每人每年293.21千克。

根据2010年人口普查数据，2010年北京市乡村家庭人口数为2 423 999人，若是以这个数字为基数，那么一年北京乡村就至少产生生活垃圾710 730吨。如果这么多的北京市乡村垃圾处理不当，那么美丽北京乡村就无从谈起。

3.1.3 一次性餐具的使用频率低

由表7可知，北京大部分村民根本就不使用一次性餐具，这部分人的比例为54.1%。不常使用一次性餐具的人数所占的比例为38.3%，这部分人可能是因为偶尔去村镇的饭馆吃饭而偶尔使用一次性餐具。经常使用一次性餐具的人数占到被调查者的7.5%，这部分人可能不常做饭，常去小饭馆或者生活习惯不好，不爱刷碗筷，直接买很多一次性筷子作为家常用。

表7 使用一次性餐具频率

项 目	频率（人）	百分比（%）	有效百分比（%）	累积百分比（%）
是	10	7.5	7.5	7.5
不常用	51	38.3	38.3	45.9
根本不用	72	54.1	54.1	100.0
合 计	133	100.0	100.0	

3.2 北京农村居民生活垃圾处理情况

3.2.1 垃圾主要处理方式——卖与放到指定地点相结合

由表8可知，大部分北京农村居民都能按照要求将生活垃圾放到指定地点，选择这一项的频次为64.3%，这部分人占被调查者的比例为89.5%；其次是卖到废品收费站，选择这一项的频次为18.9%，这部分人占被调查者的比例为26.3%；再次为自己回收再利用，选择这一项的频次为13.5%，这部分人占被调查者的比例为18.8%。但是，令人担忧的是，仍有部分人选择就地焚烧和随意乱倒，频次均为1.6%，这部分人占被调查者的比例均为2.3%。

表8 北京居民生活垃圾处理方式

项目		响应 N	响应 百分比（%）	个案百分比（%）
生活垃圾处理方式[a]	自己回收再利用	25	13.5	18.8
	就地焚烧	3	1.6	2.3
	随意乱倒	3	1.6	2.3
	卖到废品收费站	35	18.9	26.3
	放到指定地点	119	64.3	89.5
总计		185	100.0	139.1

a. 值为1时制表的二分组。

从整体看来，大部分北京农村居民有素质。但也有些人，或许不懂得就地焚烧对空气的污染程度，而无知地烧下去。还有人以为别人没看到就随意乱倒，不顾他人感受，心存侥幸心理。从这里可以看出，对居民的宣传教育还有待加强。

3.2.2 农村人勤俭——多数人回收生活垃圾

如图 2 所示，选择对生活垃圾进行回收的居民有 62.41%，占据绝大多数比例。选择对生活垃圾不进行回收的比例为 37.59%。可见，大部分北京农村居民都养成了垃圾回收的习惯，这有助于减轻垃圾处理负担。

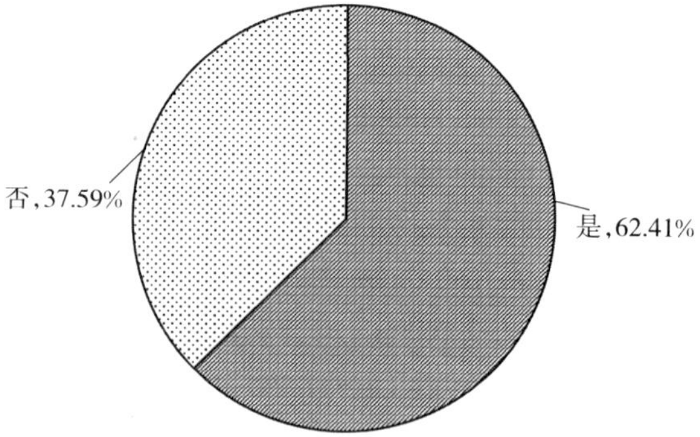

图 2 是否对生活垃圾进行回收

3.2.3 回收的生活废弃物——塑料瓶为主

由表 9 可知，有效数据为 83 个，占比为 62.4%，这正好与上题选择对生活垃圾进行回收的居民有 62.41%相符。这表明，有 83 个人选择了至少一种垃圾回收物。

表 9 个案摘要

项　目	个　案					
	有效的		缺　失		总　计	
	N	百分比（%）	N	百分比（%）	N	百分比（%）
回收的生活废弃物的种类[a]	83	62.4	50	37.6	133	100.0

a. 值为 1 时制表的二分组。

由表10可知，北京农村居民回收的生活废弃物的种类最多的是塑料瓶，选择这一项的频次为36.7%，有83.1%的被调查者选择了此项。这可能与大家都了解塑料瓶是可以卖钱的有关系，所以，村民会把塑料瓶留着卖钱；其次，回收的生活废弃物为纸类，选择这一项的频次为29.8%，有67.5%的被调查者选择了此项。这个与家中有孩子上学的有很大关系，家中有人读报纸也有很大关系；再次为金属类，选择这一项的频次为13.8%，有31.3%的被调查者选择了此项。这可能与受访者特定的职业有关系，比如建筑类；然后是玻璃器皿类，选择这一项的频次为10.6%，有24.1%的被调查者选择了此项。玻璃器皿类直接可以重复利用，例如，有些村民用罐头瓶自己做桃子罐头、山楂罐头等；最后是衣物类，选择这一项的频次为9.0%，有20.5%的被调查者选择了此项。这部分回收衣物的主要是送给亲朋好友或者捐赠，还有些用来拖地。

表10　回收的生活废弃物的种类

项　目		响应 N	响应 百分比（%）	个案百分比（%）
回收的生活废弃物的种类[a]	玻璃器皿	20	10.6	24.1
	纸　类	56	29.8	67.5
	金　属	26	13.8	31.3
	塑料瓶	69	36.7	83.1
	衣物类	17	9.0	20.5
总　计		188	100.0	226.5

a. 值为1时制表的二分组。

3.2.4　多数人无垃圾分类习惯

图3表明，对垃圾进行分类的只占少数，占被调查对象的44.36%；而不对垃圾进行分类的占到了被调查者的55.64%。可见，大部分村民都没有垃圾分类的习惯。通过调研我们了解

到，这与村里发的垃圾桶少有关，村民说每家只发 1 个垃圾桶，没有办法做到分类。另外，有些村民对垃圾分类的了解比较少，不知道怎么分类。甚至有些村民说，没必要分类，就算分类了也是全倾倒在 1 个垃圾点。

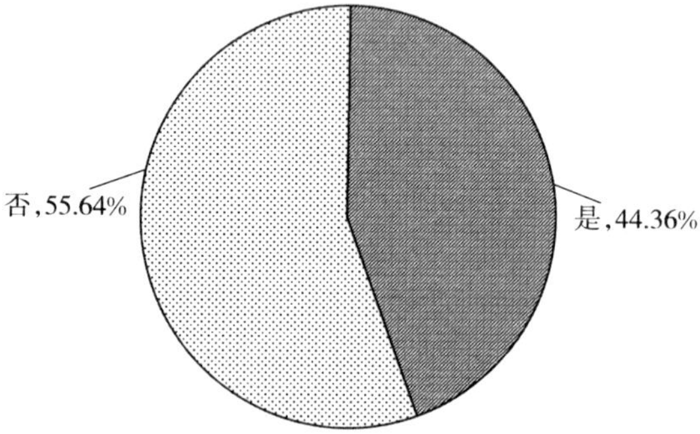

图 3　是否对垃圾进行分类

3.2.5　垃圾点离家距离不均衡

由表 11 可知，垃圾点离村民家的距离最近的为 5 米，最远的为 2 000 米，平均距离为 272.4 米。调研发现，有些村民抱怨垃圾点太少，并且离家里很远。希望政府多设垃圾点，让村民倒垃圾更方便。

表 11　描述统计量

项　目	N	极小值	极大值	均　值	标准差
垃圾点离家里的距离（米）	133	5.00	2 000.00	272.436 1	416.316 01
有效的 N（列表状态）	133				

3.3　北京农村居民对生活垃圾的处理态度

3.3.1　垃圾处理关注度——偶尔留意占多数

图 4 显示，对于垃圾处理问题的关注度，48.87%的村民偶

尔会留意一下，基本处于无意识状态；比较关注的占 29.32%，这部分人很关注民生、关注新闻；高度关注的访问者占比 12.03%，这部分人群主要是村委会等要职人员或者是思想觉悟超高的村民；仅有 9.77%的村民从来不关注垃圾处理问题，处于一种漠视状态。

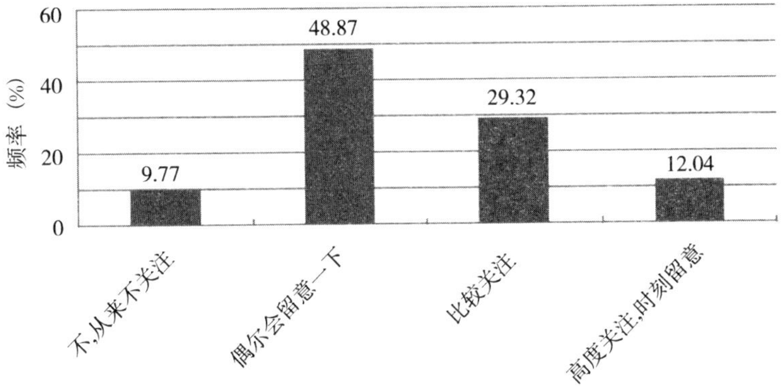

图 4　村民对垃圾处理问题的关注度

3.3.2　北京村民对乱倒生活垃圾危害的认知

（1）村民对乱倒生活垃圾危害的客观认知程度——浅知。如图 5 显示，大部分村民对乱倒垃圾的危害了解一点儿，占比为 60.15%；其次，认为自己对乱倒垃圾的危害非常了解的占比 35.34%；还有 4.51%的村民完全不懂，这说明政策宣传还不够到位，需要继续加强。

（2）村民对乱倒生活垃圾危害的主观认知程度——片面。从表 12 可以看出，村民对乱倒生活垃圾危害知道最多的是大气污染，选这一项的频次为 23.0%，有 76.7%的人选了此项；村民了解的第二位的危害是水污染，选这一项的频次为 21.2%，有 70.7%的人选了此项；第三位的危害是疾病污染，选这一项的频次为 19.2%，有 63.9%的人选了此项；第四位的危害是土壤污染，选这一项的频次为 18.7%，有 62.4%的人选了此项；第五

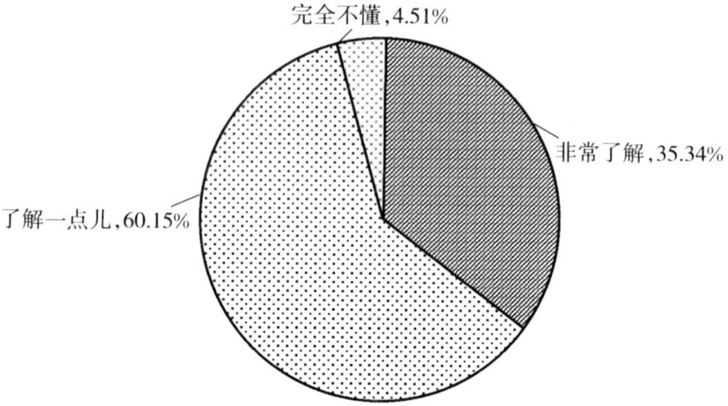

图 5　村民对乱倒垃圾危害的了解程度

位的危害是视觉污染，选这一项的频次为 17.8%，有 59.4%的人选了此项（表 12）。

表 12　垃圾对生活的影响

项　目		响应 N	响应 百分比（%）	个案百分比（%）
垃圾对生活的影响[a]	造成大气污染	102	23.0	76.7
	造成水污染	94	21.2	70.7
	造成土壤污染	83	18.7	62.4
	造成视觉污染	79	17.8	59.4
	造成疾病污染	85	19.2	63.9
总　计		443	100.0	333.1

a. 值为 1 时制表的二分组。

从这个结果来看，能够正确识别乱倒生活垃圾对生活产生 5 种影响的人，在被调查者中占的比例仅为 12.8%。可见，村民对垃圾的危害的正确判断，还需要进一步的修正，对乱倒垃圾危害的宣传还需要进一步加强。

3.3.3 村民觉悟高——垃圾处理很有必要

从表13可以看出，当问及"您认为有必要对垃圾进行处理吗?"93.9%的被调查者选择"很有必要"，仅有5.3%的人选择"没有必要"，还有0.8%的人选择了"可有可无"。这个结果说明，大部分村民对垃圾处理的必要性态度是端正的，仅有少部分人对垃圾处理缺乏认知，对这部分人需要进行重点教育。

表13 垃圾处理的必要性

项目	频率	百分比（%）	有效百分比（%）	累积百分比（%）
很有必要	125	93.9	93.9	93.9
没有必要	7	5.3	5.3	99.2
可有可无	1	0.8	0.8	100.0
合计	133	100.0	100.0	

3.3.4 环卫工人作用大，普通居民不可少

当被问及"您认为在垃圾回收实施过程中，哪个群体应发挥重要作用?"被调查者选的最多的是环卫工人，选这一项的频次为32.9%，有54.9%的被调查者选择了此项；其次是政府部分，选这一项的频次为29.7%，有49.6%的被调查者选择了此项；再次是普通居民，选这一项的频次为26.1%，有43.6%的被调查者选择了此项；最后是垃圾的最后处理者，选这一项的频次为11.3%，有18.8%的被调查者选择了此项。

表14 垃圾回收实施过程中的重要作用

项目		响应		个案百分比（%）
		N	百分比（%）	
垃圾回收实施过程中的主力[a]	普通居民	58	26.1	43.6
	环卫工人	73	32.9	54.9

（续）

项　目		响　应 N	响　应 百分比（%）	个案百分比（%）
垃圾回收实施过程中的主力[a]	政府部门	66	29.7	49.6
	垃圾的最后处理者（如填埋场、焚烧厂）	25	11.3	18.8
总　计		222	100.0	166.9

a. 值为1时制表的二分组。

通过这个结果，可以发现，仅有43.6%的被调查者认识到自己在垃圾回收实施过程中的作用最大，说明仍有56.4%的被调查者认识不到自己在垃圾回收过程中的重要作用。所以，在垃圾处理问题的宣传教育上，要强调居民主体的重要性（表14）。

3.3.5　环保意识弱，设施待完善

从表15可以看出，村民眼中的垃圾回收实施过程中的最大困难是公众环保意识薄弱，选这一项的频次为24.6%，有50.4%的被调查者选择了此项；第二位的是设施不完善，选这一项的频次为23.2%，有47.4%的被调查者选择了此项；第三位的是公众对垃圾分类的了解较少，选这一项的频次为21.7%，有44.4%的被调查者选择了此项；第四位的是政府宣传力度不够，选这一项的频次为16.2%，有33.1%的被调查者选择了此项；第五位的是职能部门没有跟进，选这一项的频次为16.2%，有33.1%的被调查者选择了此项；村民在其他困难中特别提出了离垃圾站太远，选这一项的频次为2.9%，有6.0%的被调查者选择了此项。

表 15　垃圾回收实施过程中的困难

项　目		响应 N	响应 百分比（%）	个案百分比（%）
垃圾回收实施过程中的困难[a]	公众环保意识薄弱	67	24.6	50.4
	公众对垃圾分类的了解较少	59	21.7	44.4
	政府宣传力度不够	44	16.2	33.1
	设施不完善	63	23.2	47.4
	职能部门没有跟进	31	11.4	23.3
	其他困难	8	2.9	6.0
总　计		272	100.0	204.5

a. 值为 1 时制表的二分组。

从上面的结果可以看出，每一个环节都要加强，尤其是提升公众的环保意识，完善垃圾处理的基础设施建设，严抓职能部门跟进。

3.3.6　垃圾分类的意愿高

当被问及“若有关部门要求对垃圾进行分类，您能接受吗?”大部分人选择了“能接受”，占被调查者的 73.68%；其次选择了“觉得麻烦，但是愿意接受”，占比为 19.55%；再次，有 4.51%的被调查者觉得没有必要；仅有 2.26%的人不愿意接受垃圾分类的要求（图 6）。

从这个结果可以看出，能接受垃圾分类的总比例为 93.2%。所以，在北京农村倡导垃圾分类是可行的，大部分村民是支持的。对于少数不支持或者认为没有必要的，要重点做好宣传教育工作。

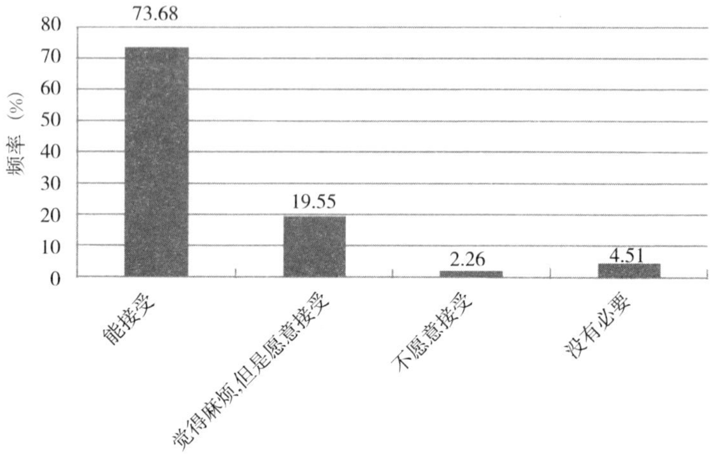

图 6　垃圾分类的意愿

4　建设北京美丽乡村的建议

根据以上分析，针对北京农村垃圾处理现状，我们小组为建设北京美丽乡村提出以下若干建议。

4.1　加强宣传教育，提高村民环保意识

广大农村群众在农村垃圾集中收集处理中发挥重要作用，因此必须充分激发广大农村群众的主体责任意识和自觉参与意识，充分发动广大农村群众参与的积极性和主动性，充分利用现有的宣传、教育设施，运用广播、电视及报纸等人民群众能经常接触到的大众媒体，大力宣传农村生态环境与资源保护的方针、政策和法规，让更多的人了解环保，支持环保，参与环保。要邀请专业人士或环保部门工作人员，以身边的事为素材，编印宣传材料，进村入户深入细致地宣传垃圾对身体及农业生产的危害性，提高居民村民对垃圾危害性的认识，教育村民养成文明健康的生

活习惯，使垃圾分类和有序堆放成为村民的自觉行为。逐步形成“洁净家园，从我做起”的新风尚。要规范村民卫生保洁公约，动员群众自觉投身村组卫生保洁工作，广泛开展“环境卫生知识进农家”等活动。

4.2 建立强有力的经费保障机制

一是积极协调有关部门，充分调动社会力量，广泛发动群众投资、投劳，采取财政补一点、乡镇筹一点、社会赞助一点的办法解决经费紧张的问题；二是涉及农村环境卫生与垃圾处理等基础设施建设的支农项目，要结合农村环卫保洁，给予项目倾斜支持；三是既要充分发挥财政支农作用，也要适时调动民间资本，支持农村事业发展。把资金合理利用，加强垃圾处理基础设施建设；四是垃圾点要合理分布，数量也要因地制宜，村干部要充分了解村民的需求。

4.3 加强机构和队伍建设

积极探索建立适合北京农村特点的垃圾分类、收集、清运、处理等各种长效管理机制，逐步建立各乡镇环卫所，把农村垃圾管理纳入公益性岗位或以钱养事的范畴，确定专门人员专职抓好日常管理；各乡镇村要制订切实可行的实施方案和年度工作计划，建立和完善农村环境卫生各种长效管理机制，将农村环卫工作列入干部驻村和年度工作目标考核的主要内容；按标准配备村庄专业保洁员队伍，签订保洁合同，落实保洁责任，实行目标考核；将垃圾规范处理、公共设施维护、保护村庄环境等内容纳入村规民约，建立与农户、企事业单位签订“门前三包”责任制度，落实农户、企事业单位门前屋后的保洁责任；发挥村两委以及老年人、妇女、青年和计生协会等组织的作用，成立卫生监督小组，对村级卫生实行监督检查制度，并实行通报制度。

4.4 创新制定奖励政策

北京各村镇要结合本村实际，创新制定适合本村的奖励政策。例如，各镇建立最整洁村评比激励机制，各村建立最整洁户激励机制，因地制宜，设立整洁星级制等评比激励机制等。另外，各村镇在能力范围内，力争建立严重污染物有偿回收制度，例如，有一个30岁村民提出，建议有价回收废旧电池，哪怕是一毛钱1个，家里的老太太多远都愿意送到村委会。有偿回收废旧电池，对于村民来说，是有吸引力的。这样，村民就不会把这些严重污染土壤、难以降解的垃圾混合到垃圾桶了。

4.5 打造特色农业，发挥环保效应

从调查的结果来看，北京农村居民务农的比例不到20%，家庭的主要收入来源靠农业收入的还不到10%。可见，农业对村民的新引力逐渐减弱。主要的原因，还是农业给村民带来的效益没有外出打工好，也没有外出打工来得快。另外，随着现代科技的发展，很多家庭注重使用无机肥，使得有机肥的利用率越来越低。有机肥的堆肥，实际上也有很多是由生活垃圾发酵而来。这在无形之中，就使生活垃圾的回收利用率大大降低，垃圾不分类也给垃圾的最后处理者带来了更多工作。

从农业由于存在较大的绿色覆盖面，具有正面的生态功能。由于城乡二元化的存在，也随着人们生活水平的提高，生活观念的转变，很多市民节假日都会去郊区农村放松。这时候的农业，正是发挥生活休闲功能的最佳机会。各乡镇要根据自己的实际情况，发展特色生态休闲、观光游、采摘体验等形式，把农业做好做强。同时，更好地将一些生活垃圾作为堆肥处理，使其真正回归自然。

5 结束语

通过这次调查，我们小组对北京农村垃圾处理问题有了较深入的了解，同时丰富了我们的实践经验，提高了我们的团队合作能力。这次暑期社会实践，让我们成长了许多，从中获得的收获将使我们受益一生。作为一个21世纪的大学生，社会实践是引导我们走出校门、步入社会并投身社会的良好形式。在调查中，小组成员积极思考，用村民易于接受的方式跟村民交流，性格内向的同学也最终克服了胆怯，最终能够大胆地跟陌生的村民交流。总体来说，调研进展顺利，大部分村民都很配合，在与村民交流的过程中，我们深刻体会到了那种来自民间的淳朴和厚道。总体来说，这次调研起到了积极的宣传教育作用。

作为当代大学生，我们要严格律已，垃圾入箱，做好分类。不仅如此，见到垃圾要随手捡起，投进垃圾箱。并且，做好宣传，把这种理念推广下去，把这种行为传递下去，不乱扔垃圾，从我做起，为了社会、为了大家，也为了自己和美丽的家园。

参考文献

褚巍．2007. 农村中生活垃圾管理与处理处置研究——基于合肥地区农村的调查［D］．合肥：合肥工业大学．

郭晓旺．2013. 农村垃圾污染防治的法律对策研究［D］．长沙：中南林业科技大学．

韩俊杰．2012. 我国农村环境污染防治法律问题研究［D］．哈尔滨：东北林业大学．

滕吉艳．2007. 上海市郊区农村市容环卫生态化建设指标体系和途径研究［D］．上海：华东师范大学．

王富军 . 2012. 农村公共文化服务体系建设研究 [D] . 福州：福建师范大学 .
武攀峰 . 2005. 经济发达地区农村生活垃圾的组成及管理与处置技术研究——以江苏省宜兴市渭渎村为例 [D] . 南京：南京农业大学 .
熊明强 . 2011. 农村生活垃圾管理法律制度研究——以岳麓区坪塘镇为例 [D] . 长沙：湖南师范大学 .
姚步慧 . 2010. 我国农村生活垃圾处理机制研究 [D] . 天津：天津商业大学 .
邹宗根 . 2011. 农村垃圾处理的运营机制创新研究 [D] . 天津：天津商业大学 .

基于SWOT理论的北京屋顶农业发展研究

张　城

（北京农村商业银行苏家坨支行，北京　100194）

摘　要： 文章运用SWOT分析法，对屋顶农业的现状、优势、劣势、机会、威胁进行了全面分析。屋顶农业是都市农业的一个分支，具有巨大的社会效益、经济效益、生态效益，它与打造低碳经济，构建生态城市，实现可持续发展，促进产业平衡的目标一致，符合城乡居民的多方面需求，具有广阔的市场发展空间；同时也应看到，因为规模总体尚小，宣传力度不够，缺乏具体的管理制度和资金制约等原因，导致人们对屋顶农业认知度不够。针对屋顶农业存在的劣势和所面临的威胁，从法律法规支持、技术支持、提高居民的认同感3个方面，提出了发展建议。

关键词：SWOT分析法　北京　屋顶农业

前　言

近几年来，北京的城市化进一步加速，耕地资源日益紧缺，

项目资助：2013年北京社科基金项目（13JGB118）、北京市属高等学校高层次人才引进与培养计划项目（CIT&TCD20140314）、2014年北京农学院学位与研究生教育改革与发展项目。

作者简介：张城，1990年出生，北京人，北京农商银行苏家坨支行柜员，北京农学院2014级农村与区域发展在职研究生，主要研究方向为都市型现代农业。

建筑屋顶作为有巨大开发潜力的可利用空地，逐步走入人们的视线。《2011 年北京市环境状况公报》表明，截至 2011 年，北京市在解决群众关心的环境问题等方面虽然取得了一定成绩，但是，北京市污染物排放总量大，同时受地理、气候等自然条件的限制，面临削减污染物“存量”和控制污染物“增量”的双重压力。

随着平面绿化愈发受到地域限制，屋顶绿化在各地逐步推进，简易屋顶绿化、复合屋顶绿化相关的理论、技术、材料不断更新，屋顶农业迅速发展起来，并走进业内外人士的视线。相关研究和实践表明，屋顶造地种植农作物是安全可行的，不仅可以保证农作物正常生长，带来经济收益，而且有利于房屋寿命延长。

同时，北京的城市化高速发展，随着居民收入提高，对体验传统农业、回归自然环境、购买优质绿色的农产品有较强需求。屋顶菜园不仅在遏制雾霾、降解大气飘尘方面具有明显成效，更具有经济、社会等多方面效益，符合北京市加强立体绿化的需要，也符合新时期农业发展的要求。作为与农业经济关系紧密的绿化形式，屋顶农业前景广阔。

世界范围内，德国、日本对屋顶绿化及其相关技术有了较深入的研究，并形成了一整套完善的技术，是世界上屋顶种植技术水平发展较快的国家。因为资源差异、发展进程等差异，我国的屋顶农业还在探索阶段。然而，在浙江、北京、上海等省（直辖市），屋顶农业已经呈现良好的发展势头。

1 北京市屋顶农业现状

北京市目前已经进入了全面建设现代化国际大都市的新阶段，各产业高速发展，第一产业的功能日渐丰富。2008 年中央 1 号文件中提出“农业不仅具有食品保障功能，而且具有原料供应、就业增收、生态保护、观光休闲、文化传承等功能，要开发农业多种功能，健全发展现代农业产业体系”。

北京市园林绿化局相关负责人介绍，自1984年首次建设屋顶绿化以来，首都已经陆续在中央机关、医院、学校、居住区推广屋顶绿化150万米²。随着人均收入提高，消费结构改变，都市人对农耕文化的向往日渐凸显。屋顶农业正符合这种需要，通过屋顶造地，种植能适应当地生长的农作物、瓜果、蔬菜等，与社区管理相结合，既丰富了社区景观，也让生活在远离乡村的都市人重见田园风光。

现在北京市已有多处成功的屋顶农业示范。如东城区史家胡同小学的屋顶菜园，被纪录片《舌尖上的中国》报道过的北京西草市街80号以及周边前门地区老居民区的屋顶菜园、西城区椿树街道民居；2012年，东城区在179中学、广渠门中学、史家胡同小学、崇文门小学等学校实施屋顶绿化改造工作，新增屋顶绿化2万米²；在朝阳区、昌平区、房山区等区县，也有屋顶农业的身影。城乡居民对屋顶农业也有了一定了解（图1）。

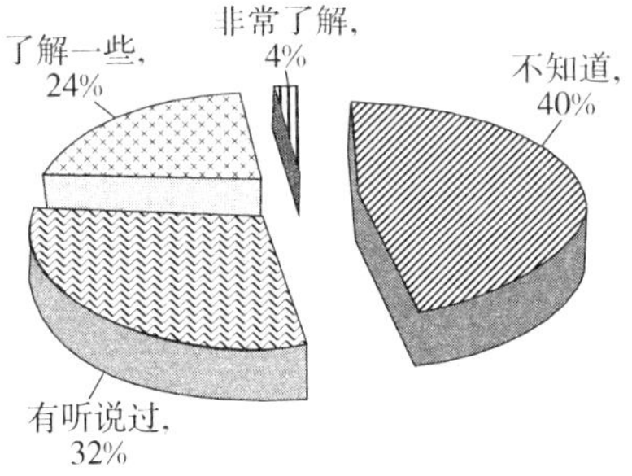

图1　市民对屋顶农业的了解度

资料来源：调查问卷。

以东城区史家胡同小学的“空中菜园”为例：在2 000余米²的教学楼顶种有40余个品种的花卉、农作物，是北京市农业技术推广站在本市校园中建成的首个空中农业科普园。该园区种有玉米、小麦、谷子等生长在大田里的粮食作物，有向日葵、大豆、花生、芝麻等油料作物，有辣椒、番茄、黄瓜等蔬菜，还有三七、袖珍番茄以及从未进入市场的紫色柿子椒等“稀罕物”。学生可以在空中小农庄进行植物认知、嫁接实验、绘画写生等多种课程与研究。这样的屋顶农业设施，可以增强孩子们对农业的认识，培养对农业的感情，塑造崇尚绿色生活的价值观。从景观效果的角度来说，这很好地诠释了人与自和谐然紧密联系在一起。

2　SWOT 分析

2.1　优势

2.1.1　成本较普通绿化更低

北京市正在逐年扩大城市绿化面积，然而目前的地面拆迁绿化成本高昂，每平方米 2 万～6 万元，屋顶绿化则可谓物美价廉，事半功倍。屋顶植草的成本为每平方米 1 000 元左右，而种植蔬菜则低廉许多。以前门大街旁的西草市街 80 号的张贵春家为例，2007 年，他在自己屋顶上平整出 60 米^2 的空地进行屋顶菜园建设，每平方米成本仅为 200～300 元。2012 年，该菜园经过扩建，面积达到 100 米^2，成本基本不变，加上旧设施更新，花费 1 万元。在前门地区，类似的屋顶菜园纷纷兴起。目前，除了北京的老城区外，房山区、朝阳区、昌平区等区也已经有不少这样的屋顶菜园。

2.1.2　节能效果显著

屋顶菜园对屋顶起到遮热、断热与冷却的作用。经测算，屋顶种菜后的夏季屋顶温度比未种植作物的屋顶低 1.3～4.0℃，冬季则高 1.0～5.0℃。未经植被覆盖的裸露屋顶表面的年温差最大可达 58.2℃，而进行屋顶造地并进行耕种的屋面表面年最大温差仅为 29.2℃，对室内温度的调节作用明显，可以减少空调的使用，起到很好的节能作用，还可以留住近一半的雨水，减轻了城市排水的压力。

2005 年，东城区环保局对东四六条 1 万多米^2 屋顶绿化的效果做了数据统计，与 2004 年未做绿化相比，东四地区好于全市平均值的天气由 83 天上升到 144 天；差于全市平均值的天气由 113 天减少到 44 天。同年，屋顶绿化纳入“政府要办的实事之一”。

2.1.3 为居民带来更多收益

据介绍，该区域凡采用屋顶菜园自己种菜的居民，每年可减少一半以上的买菜费用，甚至可以把多余的菜出售。据测算，如果在屋顶耕地种植粮食作物，平均可以满足 3 个人半年的粮食需求；如果种植蔬菜，平均可以满足 4～6 个人全年的蔬菜需求。就耕作制度而言，如果采用一年三季或四季栽培，屋顶耕地每年每亩* 可收获 5 000～10 000 千克蔬菜，如果蔬菜价格以每千克 1.5～2 元保守计算，那么，每亩每年可增收 1 万～2 万元。

以北京市椿树街道平房区的刘大妈家为例。2010 年，在花盆里随意撒下了几粒种子放在房顶上，让老人收获了 10 多千克番茄，省去了一个冬季的番茄购买费用。老人表示，会继续种植，改良品种，让来年大冬天里也能让孩子们吃上自产的番茄。目前，全市 6 城区已有 130 个小区的 9 000 户居民当上了刘大妈这样的“菜农”。据北京市园林绿化局介绍，与 5 年前相比，普通市民对蔬菜种子的采购量增加了 30%。

2.1.4 保护耕地资源。

土地资源是十分宝贵的，是人类赖以生存和发展的重要物质

---

* 亩为非法定计量单位。1 亩=1/15 公顷。

基础。目前，中国耕地面积仅约为 18.26 亿亩，比 1997 年的 19.49 亿亩减少 1.23 亿亩，中国人均耕地面积由 10 多年前的 1.58 亩减少到 1.38 亩，仅为世界平均水平的 40%，18 亿亩耕地红线岌岌可危，不利于粮食安全的保护。在建筑屋顶进行农业生产，既可以使闲置空地得到充分利用，也可以使建筑“只占空间不占地”的愿望成为现实，也可以维护粮食安全。

2.1.5 丰富市民生活

对瓜果蔬菜，人都有一种亲近的本能；对于瓜果蔬菜，人们有一种自然地想去触摸的感觉。自己种菜，放心、环保，还能给家里增加情趣。屋顶农业可以收获产量可观的粮食、蔬菜等作物，当形成一定的规模可以缓解居民的食品安全问题以及买菜难、买菜贵的问题。北京作为大型城市，现代农业发展迅速，日趋成熟，屋顶菜园的生产形式可作为一种休闲农业，势必吸引居民参与，提高参与程度，这样既满足了居民生理和心理对农业生产的亲近，增加愉悦感，同时会产生消费，丰富物质生活。于都市中的人际关系而言，与家庭紧密连接的屋顶种植可以增加社区交往的机会，消除人际冷漠的氛围和交流较少的社交僵局，利于人群沟通，增进感情，促进社区和谐。

2.1.6 有效扩展就业领域

推广屋顶农业融入城市，屋顶农业的设计、建设、运营维护可以形成一个新的产业链，为农学相关专业人才和农业劳动者提供新的工作领域，带来更加舒适的生产和生活条件。屋顶农业一旦建设成为产业，将会为城乡一体化的实现拓展空间。该产业的正规化将会把屋顶菜园、屋顶果园、屋顶花园等特色农业引入城市空间，催生新的工作岗位，造就培养一大批专职从事城市屋顶农业建设的新型产业工人，专职从事屋顶农业方向的种植，配套设施建设以及维护，有助于进一步满足城乡居民的就业需求，缓解就业压力，为城乡居民在创业，就业领域开辟一条新途径。

2.1.7 明显改善空气质量和气候

目前，城市绿化所需要的空间日渐减少。建筑物的屋顶和屋面是承接阳光、降水并与大气接触的重要平台。而城市中屋面的用地占城市面积的 30%左右。建筑屋顶的独特位置和条件决定了其在生态方面可以大有作为。屋顶菜园具备一般城市绿化所具有的吸收温室气体、吸收噪声、吸附粉尘、杀菌防病等功能。研究数据表明，采用房屋结构进行立体种植后，建筑的年平均滞尘量为 12.3 克/米^2，滞尘比率平均为 31.13%，对于缓解北京的空气质量有益。

屋顶绿化在充分利用日照资源的同时，在控制建筑物内部温度，增加空气湿度，减少城市光污染，改善小环境有显著效果。若干居民小区小气候的改善后的交叉作用可以改善城市整体的气候条件。针对大型城市居高不下的热岛效应，空中绿化是一条直接而有效的解决途径。这也是世界范围内，绿化用地日趋紧张的情况下，提高绿化水平，改善城市热岛效应的发展方向之一。

2.1.8 直接减少生活废弃物排放

种植土壤一般以腐熟垃圾、锯木屑、蒿秆、沼气池渣、菜籽饼等为主要原料，使这些生活垃圾变废为宝，得到充分利用，减少了环境污染。厨余垃圾等有机废弃物，也可被当作饲料或肥料加以利用，实现了有机垃圾资源化利用。其中较成熟的“生物链微循环自净系统”，可以达到长年不必换水、不孳生蚊虫的效果。

2.2 劣势

2.2.1 对建筑的要求较高

屋顶种植需要稳固的建筑结构作支撑，在此之上需要构筑防水层、基质层，建设灌溉、排水设施，是一个系统工程。结合北京的气候特点与城市结构，更需要注意栽培基质的采用、风灾预防、扬尘预防、中水及污水利用等。

以优势中研究的屋顶菜园为例，该案例属于最简单的开敞式种植，整体高度在 6～250 厘米，质量为 60～200 千克/米^2，这无疑增加了对防水功能和房屋承载力的要求，其中承载力是基础。由于房屋坚固，因此直接在屋顶增加 20 厘米厚的水泥层，而后又铺设防水层，使房屋有效避免了灌溉导致的渗漏。然而在推广中，应仔细考量建筑承载力，新建筑屋顶造地需由专业设计人员对建筑与结构精心设计，老旧建筑必须经专业人员对承载验算和防漏处理，不可盲目屋顶造地，以免发生危险。目前屋顶绿化在国内推行缓慢，特别是很大数量的既有建筑受到结构承载力的限制，推广难度较大。

2.2.2 受到高度制约

北京市人口稠密，无论何种形式的屋顶农业，在建造和运营中应固定好设施和用具。对于传统民居，如老城区的平房、四合院，因其高度通常为 4 米左右，屋顶的活动对周围环境影响有限，可以种植一般作物，适当搭建支架，采用常规的方式灌溉。

随着北京的城市化推进，高层建筑林立，2000—2003 年，高层住宅在住宅中比重占 50%～53%。此外，北京的高层公共建筑近年建设量也比较大，仅 2000—2003 年，北京每年建成 160 万～200 万米^{2}10 层以上非住宅建筑。北京的气候特点是春季多风沙，冬季寒冷干燥，且受季风影响明显。因此，高层建筑的屋顶造地如果采用普通基质栽培，选用植株高大的作物和脆弱的设施，容易产生扬尘、坠物等人为灾害，同时破坏种植的植被，造成经济损失。

在对于 3 层以上的建筑，在进行屋顶农业建设时，应选择采用低养护、免灌溉等特点的作物品种，且植株高度不宜过高；应尽量避免搭建简易支架，一旦物品或设施从屋顶掉落，可能会造成人员伤害，财产受损，影响城市的正常秩序，甚至可能造成城市环境的污染和破坏；在肥料和农药的使用上，要使用无毒、绿色、清洁的产品，尽量避免使用生物肥料，防止影响建筑物周围人员的正常生活。

2.3 机遇

2.3.1 环境问题日益凸显

北京是资源输入型城市，近年来随着城市的快速发展，环境的压力越来越大。近 10 年来，北京市常住人口每年增加 60 万人左右，年人均水资源拥有量只有 100 多米^3，污染物排放量大大超过环境承载力。2012 年开始，北京多次出现雾霾天气，以 PM2.5 为代表的空气质量问题受到广泛关注。据研究，北京市 PM2.5 约 60%来源于燃煤、机动车燃油、工业使用燃料等燃烧过程，23%来源于扬尘，17%来源于溶剂使用及其他。

在 PM2.5 受到全社会广泛关注后，北京市新增了 10 万米^2 的屋顶绿化，使全市的林木绿化率达到 55.5%，目的是要通过植被抑制 PM2.5，改善城市的空气质量。屋顶菜园兼有绿化功效，同时用地节约，可以加速植被覆盖，自然、社会效益丰富的特点，高度符合当前的环保理念。

目前，北京市已有 130 多万米^2 屋顶绿化，主要分布在机关、医院、学校等公益性社会单位。鉴于各区、县屋顶绿化的积极性都很高，2013 年北京市增添了 15 万米^2 的“空中花园”，主要集中在中心城区（图 2）。

2.3.2 北京都市农业发展迅速

都市农业是以满足城市多种需求为服务宗旨的多功能农业，在维护生态系统，建构人文环境、人与自然生态环境和谐等方面

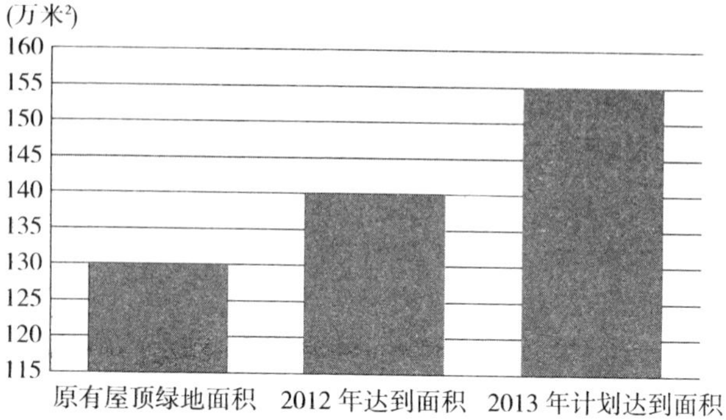

图 2　北京市屋顶绿地面积变化图

资料来源：北京市园林绿化局。

起着不可替代的作用。随着北京经济社会发展，人均 GDP 达到 76 543.88 元，约合 11 307.17 美元，在消费结构上有所变化，都市农业不仅符合城市建设需要，也可以满足市民对绿色安全农产品的需要，在城郊各种休闲、观光、示范园区发展迅速，初具规模；在城市内部，农耕也在融入普通市民的生活，例如在公园举办农耕节，市民广泛参与，阳台种植已成为比较普遍的消费，足不出户体验农耕的乐趣成为都市人的愿望。

屋顶农业是从传统的土培发展到新型栽培方法的应用，包括了无土栽培、漂浮栽培、管道栽培、水栽培等，集合了精准农业、免耕农业、物理农业等理念，是一种高科技农业的模式集成，也是未来实现低碳经济，实现都市可持续发展的一项重要工程。

目前，北京的都市农业已形成了以社会服务功能区、生态经济功能区、生态保障功能区为主的产业体系。由表 1 可以看出，农业龙头企业和农业科技园区大多分布于距离城市中心较近的范围内。这就意味着类似屋顶农业的技术含量高，理念新颖的生产方式在城市中心可以得到强有力的技术、资金方面的支撑。都市居民对休闲、观光农业的需求也决定了，屋顶农业具备在“钢筋水泥森林”的市区内发展的潜力。

表 1 北京市都市农业发展模式的区位特征

据中心城区距离（千米）	农业龙头企业数量（个）	农业观光园数量（个）	民俗旅游村数量（个）	农业科技园区数量（个）
<30	29	22	7	15
30～40	6	17	17	7
40～50	6	8	14	1
50～60	8	4	30	1
>60	2	14	99	6
全　市	51	65	167	30

资料来源：《北京都市农业的空间分异探析》。

2.3.3 相关政策的支持

从 2009 年年底开始，为鼓励市民进行屋顶绿化，北京市园林部门不仅免费提供技术支持，对于有计划实施屋顶绿化的单位，还可享受每平方米 50～100 元的政府补贴。2010 年，市园林绿化局编制完成了《北京市关于推进城市空间立体绿化建设工作的意见》。提出按照市或区不同权属，制定由市或区级财政给予绿化补助政策，并通过实施绿地率折算、防洪费减免优惠、义务植树考核折算、绿化资金补助等激励政策，协同推进北京市立体绿化工作的建设发展。2012 年，北京市出台政策，强制中心城区大规模进行立体绿化，全市全年增加屋顶绿化 10 万米^2，为屋顶菜园的发展提供了良好的发展环境。

2013 年 3 月，北京市市长王安顺提出，北京市将市民的身体健康置于优先考虑的地位，坚定不移地贯彻节约资源、保护环境的基本国策，坚持不懈地推进首都生态文明建设，推动美丽北京城市建设。同年，鼓励屋顶绿化已被正式写入《北京市绿化条例》。北京市计划在“十二五”期间完成 100 万米^2 的立体绿化任务，根据义务植树尽责率折算办法，每认建 1 平方米屋顶绿化可折算3株植树任务。

对于在推广中必须考虑的安全性问题，也有《北京屋顶绿化规范》等标准可参照。只要按照相关标准中的规定进行操作，采用新型材料，无论是在屋顶的防水上还是荷载上都可以保证安全。例如在荷载上，按照新规定，屋顶可分为两种类型，即不可上人屋顶（可承重150千克/米^2）和可上人屋顶（可承重300千克/米^2）。严格按照这种科学分类进行不同的类型，不同标准的绿化：前者只进行基本绿化，保证生态效益，种植简易的绿化植物，如景天类植物、佛手草等植物，甚至种植些蔬菜；后者可做“花园式”绿化，甚至可以布置农业设施，人们可以在屋顶上休憩、游览、活动。

2.3.4 相关技术较成熟

在我国的大城市，服务屋顶农业的公司正在兴起，市场潜力巨大。屋顶菜园可由专业人员按照有机标准进行管理，技术上采用农作物无土栽培、物理防治病虫害和无害化肥料，做到绿色环保，科学管理，节约资源。

就相关设施而言，各环节均有较成熟的技术可以采用。新建建筑一般具有合格的承载力，符合防水技术很好地解决了渗漏问题。栽培容器可以采用组合式活动栽培容器，可以很方便地拆卸移动，保证与屋面完全隔离，并通过合理选择植物品种等辅助措施，防止植物根系对建筑防水层的渗透破坏，使空中菜园对建筑物外表面只产生保护作用，不会影响建筑物日后的维修保养工作。灌溉方式环节可采用带蓄供水系统的栽培技术，耗水量极低，炎热季节即使多日不浇水，植物仍旧青翠依然。亦可安装滴灌装置，扳动开关即可轻松完成浇灌，提高管理效率。就培育方式而言，屋顶农业有很多种方法，包括土培、轻基质栽培、水培、箱式栽培和雾培。其中最适合居民推广的便是箱式栽培，铺设土壤或者基质，安装自动滴灌系统，每日用半小时灌溉1～2次，蔬菜即可生长。土壤厚度达到15厘米左右，基本可以保证能在地面上种植的蔬菜在屋顶存活。亦可以采用轻基质，或者水培，一般的蔬菜都可以存活。

2.4 威胁

2.4.1 资金和政策问题的制约

在推进屋顶农业的过程中还受资金、政策和认识问题的制约。据行业内的专业人士指出，资金不足是首要问题。在全市范围内仍存在着一些老旧建筑，在发展屋顶种植前，需要进行严格的防渗水处理和承重检测。这项工作需要资金上的大量投入。然而政府目前并没有此项专款，商品房作为私有财产，产权大多归属于住宅内的所有业主，屋顶的使用也需要得到广泛的认可。一个业主不同意，整个建筑就无法实施屋顶种植，这就引出了最重要的大多数居民的观念问题。不少业主在对新事物不够了解的情况下，存在着“多一事不如少一事”的想法。这就需要在行政层面，加强对屋顶农业的宣传引导工作，建立健全管理维护等配套制度，树立示范典型，消除业主的思想顾虑。在新建住宅或其他建筑的时候，要在政策层面予以支持或引导，从规划开始就将屋顶农业的理念融入其中，为屋顶农业的建设创造前期条件。这需要绿化、住宅、规划等诸多部门的共同协调。

2.4.2 市场供给缺乏秩序

屋顶种植的施工的要求和难度比地面种植高很多，虽然在北京等大型城市已经出台了相应的法规和技术规范，但是与此行业配套的良性市场秩序尚未形成。目前，国内关于屋顶绿化方面的研究较为广泛，专利很多，但是能真正应用于实践，能够成熟推广的却不多；市场上的屋顶绿化机构很多，选用的材料质量参差不齐，价格水平也差别很大；一些从事屋顶绿化的公司缺乏专业人才，也没有优秀的施工队伍；在市场监管方面，也缺乏屋顶农业施工的监督机制，存在现场监理不懂施工要领等问题。因此，屋顶农业的成熟还需经过一个长期的过程。

3 对策

3.1 进一步完善政策与法规

农业政策与法规在农业生产中起着引导和规范的作用。屋顶农业作为融入城市的农业生产方式，需要从充分发挥城市农业的生态、景观、文化、生活、休闲、教育、展示等多种功能的要求出发，根据北京城市人口密集，中高层建筑众多的空间特点，根据不同区域的空间结构，采取因地制宜的推广方式。因此，需要完善的政策法规对这一形式做出规范。面对城市中大量的屋顶闲置空间，要进行系统调查，做出科学具体的分析和论证，按不同规格进行适当的类型划分，进而在使用要求与类型上制定详细规范，使屋顶上建筑的菜园、花园、休闲农业园等场所的设计、建造、维护及运营在技术上有规章制度可遵循作为实际推行工作的科学依据。

针对高层建筑众多，进行农业作业风险较大，北京市已经做出规定，公共机构所属建筑，在符合建筑规范、满足建筑安全要求的前提下，建筑层数少于 12 层、高度低于 40 米的非坡屋顶新建、改建建筑（含裙房）和竣工时间不超过 20 年、屋顶坡度小于 15°的既有建筑，应当实施屋顶绿化。将屋顶绿化建筑层数定在 12 层、40 米以下，主要出于北京气候条件的考虑，12 层以下、低于 40 米的屋顶高度，在风速、温度等各方面相对适宜植物生长。公共建筑的新建或改建项目，符合条件但未将屋顶绿化纳入项目设计的，规划部门将不予审批。新政策对开展城市空间立体绿化建设还明确了鼓励措施。

3.2 继续完善技术支撑体系

屋顶造地涉及灌溉、排水、防水、基质等内容以及育种、植保、设施等不同学科，许多企业已经看到了“屋顶农业”蕴含的商机。在 2011 年的北京科技周上，有关方面展出了多种屋顶农业的装置，包括梯架式、立柱式和南瓜式，多样的种菜装置既美观又节省空间。这些装置均采用无土栽培的种植方法，有一套营养液自动循环系统，不需要人工手动浇水、施肥。

通过市场调研，技术集成，构建城市农业科技支撑体系。开展目前城市农业模式和技术发展现状调研，通过技术筛选和集成，构建城市农业作物种类及品种、种植设施、植保、施肥、灌溉等设备和技术支撑体系。

3.3 进一步提高居民的认同感

随着北京市人均收入的提高，居民消费习惯和消费结构也发生了变化，对于农业休闲的需求逐年提高。北京市政府已经提出，要进一步加快转变经济发展方式，坚持优化第一产业。政府应将增加城乡居民收入、大力发展休闲农业等措施，以增强城乡居民消费能力为重点，优化消费环境，释放消费需求。

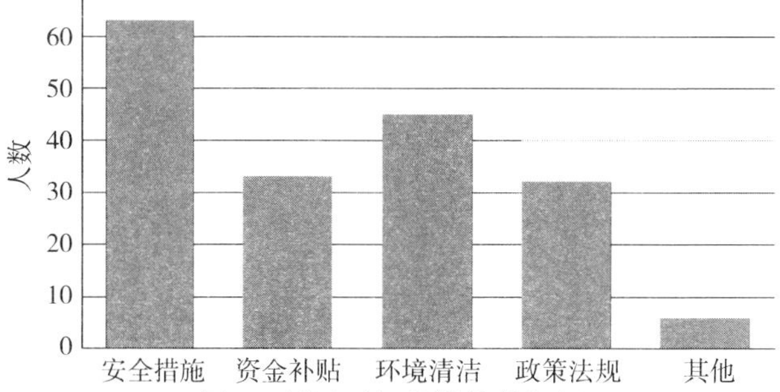

图 3 居民对相关措施的期望

资料来源：问卷调查。

图 3 显示了居民对屋顶农业相关措施的期望，然而也应该看到，任何事物都不能得到所有人的认同，屋顶农业涉及居民小区的产权问题。因此，在推广时应按照居民和社会团体自愿参与的原则，积极引导屋顶农业蓬勃健康发展。根据屋面用地的投资主体及经济补偿情况，屋面用地所属权应得到相关部门的明确和保障。然而，不论归属权与管理权归谁，最终应该建立起对屋顶农业化工作的有效管理模式，保护居民权益，并通过成功的管理，提高居民的认同感。

4 结论

屋顶农业是集生产、生活、生态于一体的农业，已不再是单纯农业生产，已成为休闲与观光为主的农业。因此，它是第一、第二、第三产业完全融合的新产业。发展屋顶农业对北京的农业发展具有积极作用。在生态效益上效果突出，可以为广大城镇居民提供更好的生存环境；在社会效益上影响广泛，具有极大的开发潜力，将有效地缓解建筑用地和农业争地的矛盾，缓解就业等社会问题；在经济方面，满足城市居民对绿色农产品的市场需求，扩展农产品供应渠道。屋顶农业的推广，有利于设施农业、精准农业等相关技术的发展，成为北京都市农业发展的一个新方向。

参考文献

艾学文．1994. 屋顶农业大有潜力［J］．中国土地（12）．

韩非，蔡建明，刘军萍．2010. 北京都市农业的空间分异探析［J］．农业系统科学与综合研究（3）．

李伯钧，孙崇波，戚行江，等．2012. 屋顶造地农业利用可行性研究初报［J］．浙江农业学报（3）．

罗艳红，李海燕．2011. 我国低层建筑中屋顶菜园的研究现状［C］// 中国环境科学学会. 2011 中国环境科学学会学术年会论文集：第四卷．北京：中国环境科学出版社．
史晓霞，杨宝祝．2011. 阳台农业——城市人居环境中的低碳新理念［J］. 2011 中国可持续发展论坛 2011 年专刊（一）：11-18.
宋治权．1993. “人造空中耕地”大有可为［J］．今日种业（2）．
谭天鹰．2007. 关于北京屋顶绿化的探讨［J］．北京园林（233）：7-11.
王建华，马亚明，江奔腾，等．2007. 杭州市都市农业发展的调查报告［J］. 杭州农业科技（3）．
魏道江，叶建军，李恒威．2012. 屋顶绿化的 SWOT 分析及发展建议［J］. 湖南农业科学（14）．
吴德权．2001. 屋顶农业妙不可言［J］．农业财务会计（1）：41.
许荷，瞿志．2006. 北京屋顶绿化构造［J］．北京园林（224）：77-80.
翟峰．2005. 让“绿色屋顶”成为都市保健师［J］．南方国土资源（6）．
张可桢．2004. 都市农业——屋顶简易栽培无公害蔬菜［J］．当代蔬菜（12）．
张原．2012. 屋顶农业之阳台种菜研究［J］．长江蔬菜（3）．

大城市郊区发展家庭农场研究

王　成

（北京农学院经济管理学院，北京　102206）

摘　要： 从20世纪末以来，我国部分经济发达地区的大中城市郊区率先积极探索发展家庭农场，取得了显著的成效并成为全国的发展典型。文章按照萌芽时期、初步发展时期、全面发展时期3个阶段，总结了大城市周边家庭农场的发展历程。探讨了大城市周边发展家庭农场的4种主要模式：上海松江粮食家庭农场发展模式、浙江宁波瓜蔬家庭农场发展模式、湖北武汉农旅结合家庭农场发展模式、北京通州区漷县高效节水家庭农场发展模式。最后针对存在的主要问题提出对策建议。

关键词： 大城市郊区　家庭农场　土地适度规模经营　新型农业经营主体

1　引　言

当前，我国农业农村发展进入新阶段，要解决谁来种地、怎样种好地的问题，亟须加快构建新型农业经营体系。家庭农场作为新型农业经营主体，以农民家庭成员为主要劳动力，以农业经营收入为主要收入来源，利用家庭承包土地或流转土地，从事规模化、集约化、商品化农业生产，保留了农户家庭经营的内核，

作者简介：王成，1983年出生，安徽全椒人，北京农学院2013级在职硕士研究生，主要研究方向为都市型现代农业。

坚持了家庭经营的基础性地位，适合我国基本国情，符合农业生产特点，契合经济社会发展阶段，是农户家庭承包经营的升级版，已成为引领适度规模经营、发展现代农业的有生力量。据农业部调查，截至2012年年底全国共有符合统计标准的家庭农场87.7万个，经营耕地面积1.76亿亩，平均经营规模200.2亩。

都市现代农业是当前我国大城市农业发展的主要方向，都市现代农业具政策扶持力度大、资金技术密集、物质装备水平高等特征，在大城市郊区，土地流转的速度更快，大多数青壮年已经进入二、三产业，“谁来种地”问题更加突出。在这种背景之下，家庭农场便是在浙江省宁波市、上海市松江区等城市郊区发展起来的。如何进一步发挥都市现代农业的优势，扶持家庭农场快速发展，推进农业产业转型升级，将成为我国都市现代农业发展的重要任务。

2 大城市周边家庭农场的发展历程

2.1 萌芽时期（2000年以前）

家庭农场的提法虽然比较新，实际上在我国已经发展了一个时期。从20世纪80～90年代开始，在一些经济发达地区的大中城市郊区，一些种田能手通过承包和流转土地，从事农业专业化、规模化生产，已经具备了家庭农场的基本特征。其中，以浙江宁波市为主要代表。

在20世纪80年代中后期，宁波市就有了家庭农场的雏形，出现了一批粮田适度规模经营大户；90年代后期，随着效益农业发展步伐加快，农业结构不断调整优化，出现了一批从事蔬菜、瓜果、畜禽养殖等多种经营的规模大户，一些大户在市场经济大潮中自发或在政府部门的引导下，将自己的经营行为进行了工商注册登记，以期寻求法律的保护，寻求进一步参与市场竞争的机会。浙江宁波慈溪市从20世纪80年代末开始培育扶持家庭农场，1988年，慈溪市允许试办家庭农场，这是政府引导家庭农场发展的开端；1989年在《关于推进土地适度规模经营的若干意见》中，对符合条件的家庭农场给予一定的优惠政策，这一时期，一批主体注册登记为法人实体，成为家庭农场侧雏形；截至2012年12月，登记为个体工商户的家庭农场有295家，登记为个人独资企业的有90家。

2.2 初步发展时期（2001—2012年）

进入21世纪以来，部分经济发达地区的城市郊区家庭农场发展迅速，上海松江区、湖北武汉市等地在培育家庭农场方面进行了积极探索，成为全国家庭农场发展的典范。

上海市松江区从21世纪以来积极探索培育家庭农场，2007年出台了《松江区关于鼓励发展粮食家庭农场的意见》、《关于认真规范做好家庭农场申报及补贴资金发放的工作意见》，加大对家庭农场的补贴扶持力度；制定了《松江区家庭农场服务规范》做好家庭农场社会化服务。截至2013年年底，全区家庭农场数量已由最初的20多家发展到1 267家，占水稻种植总面积的90%左右，探索了具有大城市特点的粮食生产新模式，在促进农业生产、增加农民收入、改善生态环境等方面发挥了积极作用。

武汉市从2007年开始推进土地流转和适度规模经营工作，成立了农村综合产权交易所；2009年开始探索家庭农场的发展，确立了首批5个市级家庭农场。2011年出台了《家庭农场申请财政补贴项目指南》，将家庭农场分为种植业、水产业、种养综合性及循环家庭型家庭农场。武汉市家庭农场扶持政策采取“先建后补”方式，对审核通过的申报材料首先立项，年底在各区全面检查验收基础上按《指南》标准逐一对家庭农场项目进行实地抽查，对达标者授予“示范性家庭农场”牌照，并下拨补贴资金。随后，为规范家庭农场管理，武汉市出台了《武汉市市级家庭农场申报认定和检测管理办法》，每年对家庭农场定期检测考核，优保劣汰，保证家庭农场的质量。武汉市 2009 年起试点家庭农场，逐步形成了都市现代农业家庭农场的典型模式，计划到“十二五”末，武汉市将建设 1 000 个家庭农场。

2.3 全面发展时期（2013 年以后）

2013 年中央 1 号文件《中共中央、国务院关于加快发展现代农业，进一步增强农村发展活力的若干意见》提出：鼓励和支持承包土地向专业大户、家庭农场、农民合作社流转。这是“家庭农场”首次在中央 1 号文件中出现，颇为引人注目。2014 年 2 月农业部下发了《关于促进家庭农场发展的指导意见》，从促进家庭农场发展的重要意义、把握家庭农场的基本特征、工作指导要求、管理服务制度、相关扶持政策、社会化服务、人才支撑政策、家庭农场的联合与合作等 10 个方面提出了指导性的意见。全国各地纷纷出台了扶持家庭农场发展的文件，并明确了具体扶持措施。这一时期，主要大城市的家庭农场发展速度明显加快，北京通州区、四川成都、陕西西安等地家庭农场发展迅速。

3 大城市周边发展家庭农场的主要模式

3.1 上海松江粮食家庭农场发展模式

上海松江粮食生产家庭农场的基本做法：一是坚持家庭经营。家庭农场的经营者是本地农民家庭，主要依靠家庭成员从事农业生产活动；二是规模适度。家庭农场经营土地规模要与经营者的劳动生产能力相适应。现阶段家庭农场的土地规模以 100～150 亩为宜，今后可逐步扩大土地规模；三是一业为主。家庭人员的主要职业是农业，家庭主要收入来源于农业收入；四是集约生产。通过专业化生产、集约化经营可以充分发挥适度规模效应和家庭经营优势，有效提高了劳动生产率、土地产出率和资源利用率。家庭农场增加了农民的收入，近年来松江农民人均收入1.8万～1.9万元，而种粮家庭农场和种养结合家庭农场的年收入分别达到了10万元和16万元，按人均计算分别达到3万多元和5万多元。家庭农场已吸引了第二代农民加入，松江家庭农场经营者的年龄以46～55岁这个年龄段为主体，比面上农业生产经营者平均年轻5岁，解决了农业后继无人问题。

3.2 浙江宁波瓜蔬家庭农场发展模式

宁波市以市场为主导，培育一批生产蔬菜、瓜果等规模大户，规模大户还进行了工商注册登记，成立了公司，进一步寻求贴近市场的发展方式。家庭农场比一般农户更迫切需要农业新技术、新品种、新设施，也更有能力接受推广和使用，成为实施科技兴农战略的主力军。慈溪市各类家庭农场累计引进甘蓝、草莓等优新品种100多个，成功推广优新品种17个，并成为应用测土配方施肥技术、无害化防治措施、先进农机具应用等方面的先行者。农场主既懂生产，又懂经营管理和市场营销，是典型的新型农民。同时，通过家庭农场效益农业的带动，一批农场主的下一代逐步对现代农业有了新的认识，成为家庭农业产业继承人；一批农户受影响带动加入家庭农场行列，成为新的农场主；一批大学生在家庭农场就业创业，培养了现代农业的新生力量；还有一些农民被吸纳到现代农场成为新一代农业产业工人，既有土地租金收入，又有薪金收入，收入水平大大提高。

3.3 湖北武汉农旅结合家庭农场发展模式

2011年确定“支持发展家庭农场等新型经营模式”，鼓励农村有文化、懂技术、会经营的农民，通过承包、投资入股等形式，集中当地分散的土地进行连片开发。武汉市东西湖区走马岭的蔬果专业大户杨家雄的“杨氏家庭农场”就是这类模式的典型代表之一。作为武汉市首批挂牌家庭农场，早在 2009 年他就把自家的 0.67 公顷地盖上了大棚，连片集中种植草莓，灌溉、供肥等配套设施齐全。近年来，杨家雄通过考察国内外市场，种植市场需求大的蔬菜和水果，通过专业化种植，提高单产，提早上市时间，实行自产自销的运作模式，种植面积扩大至 1.33 公顷，年收入达到 20 万元。同时，水果种植园对外开放，让顾客进入园内观光、采摘，不仅节省了采摘和运输成本，也树立和宣传了农场的品牌。

3.4 北京市通州区高效节水家庭农场发展模式

北京市通州区从 2014 年 6 月开始开展家庭农场试点，将农户分散经营的土地流转集中，从事粮食生产家庭农场经营，每户经营面积 140～240 亩，使用小麦、玉米两茬平播种植方式。通过实施“双百对接”科技能力提升工程与家庭农场对接，为家庭农场免费发放提供小麦良种，实施土地平整田埂夷平，在家庭农场区域实施集约式粮田喷灌改造工程，通过配套节水喷灌设施，推广水肥一体化技术，实现水肥高效利用，推动农业节水。北京市通州区家庭农场建设成效显著。家庭农场规模化经营后生产成本有所下降，亩增收 600 元以上，每户平均增收 10 万元以上。与之前的家庭分散经营相比较，实行规模化经营的家庭农场更有利于农业部门做好相关农业服务工作；粮食生产得到了进一步的稳定；农产品质量安全更有保障。

4 存在的主要问题

4.1 土地流转不畅

由于近年来城市郊区土地价格在不断攀升，一些农民的土地资产观念被唤醒，他们普遍地想把通过承包方式取得的土地作为不动产保留下来，等待日后增值，家庭农场主不容易获得稳定、足够的土地经营规模。因此，如何有效解决土地流转问题是大城市郊区发展家庭农场面临的巨大挑战。

4.2 农场融资困难

长期以来，由于农业投资周期较长，资金周转较慢，农业生产的自然风险大，风险保障水平低，导致银行不愿给农民提供贷款。尽管现在农村金融体系发展很快，但仍然不能满足家庭农场的需求，尤其家庭农场缺乏有效的抵押资产，且贷款手续烦琐，融资渠道不是十分通畅，这些制约了家庭农场集约化水平的提高。

4.3 农户经营管理能力较低

与传统农户相比，家庭农场主不仅要有较高的科学文化素质，还要有一定的经营管理能力。家庭农场相当于一个现代企业，家庭农场主必须有一定的科学文化基础去接受先进的生产技术；要有一定的理解和判断能力去投资新品种和运用现代农用机械；要有一定的组织管理能力使整个家庭农场稳定运转；要有一定的市场意识、风险意识、食品安全意识和法律意识；还要有洞察市场的头脑和一定的危机处理能力等。而现在多数农场主对农场的经营管理还停留在传统经验阶段，难以适应社会化大生产和日趋激烈的农产品市场竞争的需要。许多地方农业和农村发展都面临着“农无传人”的威胁，素质较好的农村劳动力纷纷转向非农产业或城市就业，农业经营者的素质普遍不高。因此，如何留住农村青年人才和提高农户文化素质水平与经营管理能力将是发展家庭农场面临的长期课题。

4.4 农业社会服务体系不完善

家庭农场的持续发展需要完善的社会化服务体系作支撑。家庭农场不仅需要技术服务，更重要的是获得经营管理的综合服务。在现有农业社会服务体制下，家庭农场获得经营性服务的渠道有限。现有社会化服务组织有政府部门、各种农民合作组织以及企业和农民经纪人，但缺乏有效的利益协调机制，服务盲点很多，影响服务效率。

5 对策与建议

5.1 完善土地流转机制，实现土地适当集中

要实现土地集中形成适度规模，必须在稳定家庭承包经营的基础上，完成土地确权、登记、颁证等工作，建立完善的土地流转交易机制与农民工市民化后的土地退出机制。通过规范的土地流转程序，明确集体土地所有权，稳定农户土地承包权，搞活土地使用权。一是稳步推进城镇化建设，让进城农民工在城市安居乐业，使其自愿出让土地；二是依照当地实际情况，对进城务工的农民，在租金方面给予价格上的优惠以集中部分土地，并包给种田大户，组建家庭农场；三是完善土地流转机制，保证土地租赁向长期、稳定方向发展，增强农场主对土地投资积极性，保证家庭农场的持续健康发展。

5.2 加强对家庭农场的扶持和保护

鼓励企业资本下乡发展家庭农场必须要有足够的资金支持，而农业生产风险大、保障低，家庭农场主很难获得企业和一般信贷机构的资金支持。因此，作为新兴事物，政府必须加强对家庭农场的扶持和保护，鼓励企业资本下乡。一是加大对农业基础设施建设的投入，扶持水利、电力、交通、通信等建设，改善家庭农场的生产条件，增强抵御自然灾害的能力；二是推进农村金融制度创新，逐步建立和完善农村贷款担保制度和农业保险制度，在信贷、税收、保

险等方面对家庭农场主采取优惠政策，为规模型家庭农场设立发展资金，为具备条件的家庭农场提供商业信贷担保；三是为民营企业投资兴办家庭农场创造条件，鼓励和支持民营资本下乡。

5.3 大力发展农村职业教育

培养现代农场主大力发展农村职业教育，提高家庭农场主及其成员的科技文化素质以及经营管理水平，提升食品安全意识、商品意识、市场意识，造就一大批现代农场主。一是开展职业技能培训，定期组织农业生产技术培训，推广农业新技术；二是鼓励成功的农民工返乡创业，兴办家庭农场，给予他们尽可能多的相关补贴和政策优惠，如创业奖金、创业资金贷款担保等支持。

5.4 健全家庭农场社会化服务体系

健全的农村社会化服务体系是发展家庭农场必需的环境条件。一是培育新型服务主体，重视龙头企业的带动作用，鼓励龙头企业在生产、加工、销售一体化经营过程中采用新技术，并对低碳农业生产、农业环保技术在融资和税收等方面予以倾斜支持，以多种方式开展为农服务；二是提升农民合作组织的专业化服务能力。农民专业合作组织是解决家庭农场与大市场的桥梁。政府要在资金信贷支持、服务场地、人员培训、内部运行管理等方面予以支持，促进农民合作组织的发展壮大；三是改革农产品流通体制，发展市场中介组织，如建立农产品交易站和配套的物流公司等，把家庭农场与开放的市场联接起来，健全农产品产中产后的收购、储存、运输、加工和销售的配套服务。

参 考 文 献

曹磊，刘莉，董风龙，等．2013．踏访家庭农场，触摸现代农业系列报道整理［N］．楚天都市报，02-16（14）．

陈光金 . 1995. 中国乡村现代化的回顾和前瞻［M］. 长沙：湖南出版社 .

邓宗兵 . 2013. 家庭农场要破“四道题”［N］. 光明日报，03-26（16）.

孔祥智，高强 . 2013. 家庭农场迎来春天［J］. 中国农村科技（3）：28-29.

李英锋 . 2013. 家庭农场符合农业发展需要［J］. 决策探索（4）：13.

彭聚先，谢茹 . 1996. 传统农区粮田适度规模经营探讨［J］. 中国农村经济（11）：31.

钱伟，孙小静 . 2013. 家庭农场，能否既赚钱又公平［N］. 人民日报，03-22（14）.

孙永正 . 1996. 规模经营者，农业增长方式转变的必由之路［J］. 农业经济（2）：12.

微士君 . 2013. 盘点全国“家庭农场”五种典型模式［EB/OL］. http：//www. tdzyw. com/2013/0228/27113. html. 02-28.

郑风田 . 2013. 中国式家庭农场须精心谋划［J］. 农村工作通讯（5）：42.

郑可峰 . 1996. 浙江粮田适度规模经营的完善和发展［J］. 中国农村经济（4）：25.

《中国农业全书》总编辑委员会，《中国农业全书·浙江卷》编辑委员会 . 1997. 中国农业全书（浙江卷）［M］. 北京：中国农业出版社 .

怀柔区九渡河镇沟域经济发展研究

何薇　刘蓬勃　余珊　范宣丽
孙自标　罗丽　庞洁

（北京农学院经济管理学院，北京　102206）

摘　要： 本文以怀柔区九渡河镇“水长城”为例，深入分析北京市沟域经济发展概况，发现当前怀柔九渡河镇发展沟域经济中出现的问题，并提出相关改进建议，以期促进北京山区的可持续发展。

关键词： 九渡河镇　水长城　沟域经济　发展建议

山区是北京市不可分割的有机组成部分，不仅承担着生态涵养功能，还是首都的生态屏障和水源保护地，更是保证北京可持续发展的关键区域。随着 2009 年沟域经济概念的提出，北京市各区、县的沟域经济呈现出蓬勃发展的态势，逐渐探索出了 5 种适合不同地区条件的发展模式，如以怀柔区“雁栖不夜谷”为代表的特色产业主导模式，以密云县汤河沟域“紫海香堤”为代表的文化创意先导模式，以房山区“十渡山水文化休闲走廊”为代表的龙头景区带动模式，以门头沟区“明清古建筑群”为代表的

项目资助：2013 年北京社科基金项目（13JGB118）、北京市属高等学校高层次人才引进与培养计划项目（CIT&TCD20140314）、2014 年北京农学院学位与研究生教育改革与发展项目。

作者简介：何薇，1990 年出生，河北唐山人，北京农学院 2013 级农业经济管理研究生，主要研究方向为都市型现代农业。

民俗文化展示模式，以延庆县“百里山水画廊”为代表的自然风光旅游模式等。

本文旨在对北京市近年来沟域经济发展经验的总结，以怀柔区九渡河镇水长城沟域这一小的着眼点入手，主要针对政府和农户两大主体，一方面，了解政府在沟域规划管理、基础设施的完善、产业体系的打造、自然资源的保护与利用等方面的推进工作；另一方面，对村民开展民俗旅游的现状进行调研分析，对以龙头景区带动的沟域发展模式的特色、“瓶颈”及发展路径进行深入挖掘，以期研究结果对于丰富沟域经济发展理论有所裨益。针对当前九渡河镇水长城沟域的发展制约因素，提出未来沟域发展的政策建议，期望对该沟域经济的发展添砖加瓦。

1 北京市怀柔区九渡河镇沟域经济发展现状

1.1 九渡河镇“水长城”沟域基础情况

1.1.1 基础资源禀赋

“水长城”沟域位于怀柔区九渡河镇，范围涉及黄花城、撞道口、石湖峪、西水峪 4 个村及其沿线形成的一条沟，全线长 4.9 千米，水长城旅游景区以秀为特色，融山川、碧水、古长城为一体的旅游休闲胜地，早年就素有“小西湖”之美称。这里三季有花，四季有景，山清水秀，鸟语花香。四周群山环抱，林木茂盛苍翠，形成了一年四季绚丽多姿的植物景观。这里的“三绝景”更是引人入胜，叹为观止。该镇以金色的板栗文化、银色的怀九河文化、青色的长城文化、红色的庙上第一党支部和红庙灯笼产业文化、绿色的生态文化，即“五色文化”为营销宣传点，旅游观光成为其主导产业，进而衍生“吃、住、行、娱”等各式休闲增值消费活动。沟域建设是以原有的乡村旅游和板栗、虹鳟、果品等产业为基础，结合长城文化，突出现有的资源优势，培育观光采摘园和乡村旅游产业。“水长城”沟域凭借水长城景区的优势，形成了北京市龙头景区带动的沟域经济发展模式。

1.1.2 社会产业环境

沟域内以板栗核桃为代表的干果生产是一产的主要产业，板栗核桃种植面积 25 000 亩，年产量 110 万千克。小杂粮、杏仁、杏干、栗树蘑等其他农副产品，品种众多，资源丰富，沟域内现有采摘园 2 处。新兴的乡村旅游业经过近几年的发展已经具备一定基础。沟域内有黄花城、撞道口、石湖峪、西水峪 4 个民俗旅游专业村。其中，西水峪村为市级民俗村、撞道口村为区级长城文化特色村共有民俗接待户 157 户餐饮饭店、虹鳟烧烤垂钓点 18 家。

1.1.3 政策支持力量

怀柔区“水长城”沟域的打造，得益于“十一五”期间怀柔区“以点促线、以线带面、集群式发展”的思路，坚持“资源用起来、山沟美起来、农民富裕起来”的发展理念，新农村建设、山区搬迁、十百千工程、文化新村、环境整治等各项政策的集合，有效提升了沟域内山水自然资源价值和区域发展的核心力，实现了以民俗旅游为代表的第一产业与第三产业的融合发展，促进了农村的全面发展，为当地农民提供了更加广阔的增收致富渠道，形成了“休闲怀柔、绿色怀柔、养生怀柔”的特色品牌，为首都市民休闲度假提供了重要场所。

1.2 “水长城”沟域发展历程

在水长城沟域带所涉及的 6 个村中，距离水长城最近的就是西水峪村，现在已经发展成为名副其实的民俗旅游村。在对 1 家经营了 10 多年的民俗户的访谈中，我们了解到沟域经济的发展很大程度上来自于对游客旅游过程中所产生需求的满足。

水长城沟域的发展属于旅游景点带动的产物。在2000年前后，游览水长城的游客产生了在水长城附近食宿的需求，进而距离水长城最近的西水峪村率先发展起了民俗旅游的模式，其他距离水长城较近的5个村也逐渐进行效仿，水长城沟域经济的发展开始初具雏形。随着游客游览过程中需求的升级，以西水峪村为例，村里在2004年进行了厕所改善的工程建设，并且对每家民俗户补贴500元用于厕所的改善。到2008年左右，随着沟域经济发展的需要，在怀柔区政府的高度重视下，西水峪村也积极响应政府号召，每家民俗户都更换了统一的菜单、床单、被罩等物品。同时在九渡河镇的大力支持下，西水峪村还对村里的基础设施进行了修建：设计别致的广告标识、连绵不断的五彩灯箱、内容丰富的景观小品、气势恢宏的长城浮雕、风景宜人的观景……而且，村里还经常组织村民学习英语、礼仪，进行厨师培训、考试等，以此来提升整个民俗村的服务水平。

就西水峪村而言，全村现有90多户，经营农家院的则有40～50户。其依托水长城发展沟域经济取得了一定的经济效益，现平均每年每人的纯收入能达到3万元左右，基本处于全区的领先位置。

1.3 “水长城”沟域发展的SWOT分析

1.3.1 优势分析

优势指的是沟域经济内部存在的有利于其发展的因素，水长城沟域发展的优势主要有以下几个方面：一是临近自然景观，环境优美。水长城沟域发展的最有利条件就是得天独厚的地理位置，包括西水峪村在内的6个村因临近水长城进而发展民俗旅游，促进了水长城沟域经济的发展。并且水长城沟域带远离喧嚣的市区，环境优美，空气清新；二是特色农业资源丰富。这是大部分沟域发展的优势所在，水长城沟域也不例外。山区气温较低，冬季寒冷，夏季作物生育期较短，病虫害相对较少，有利于发展绿色农产品的生产。但在九渡河镇沟域经济的发展中，其主导产业主要是板栗和核桃；三是农村剩余劳动力得到有效解决。在沟域经济发展之前，该沟域带的农民主要从事板栗、核桃等传统产业的种植，许多劳动力被闲置。但现在而言，在水长城沟域所涉及的 4 个村，将近 50%的农户都加入到了民俗旅游接待的队伍中来，农村剩余劳动力得到了有效地解决。

1.3.2 劣势分析

劣势指的是沟域经济内部存在的可能会阻碍其发展的因素，主要是：一方面景点特色不够，吸引力不大。“水长城”沟域主要依托的是水长城景区发展起来的，但是该景区在北京市的旅游景点中特色不够突出，对游客的吸引力并没有多大。另一方面民俗旅游接待较为低端。水长城沟域的民俗旅游接待主要以食宿为主，对于京内自驾游的游客而言，并没有太多的消费需求，民俗旅游的消费客户群不够宽泛。

1.3.3 机遇分析

机遇指的是在沟域经济发展的外部环境中，对其发展有利的条件。水长城沟域发展的机遇主要是：一方面，都市人的休闲需求增加。随着越来越快的都市生活节奏，人们在闲暇之余希望回归自然。而水长城则是个不错的选择，不仅能够游览到历史文化遗产，还能够在大自然中放松心情。尤其在夏天，对于有山有水的地方，人们更是格外青睐。另一方面，上级政府部门的大力支持。2008 年，九渡河镇水长城沿线被列为怀柔重点沟域建设项目，在上级部门的大力支持下，工程进展顺利。景观小品完工后，将从进镇四渡河村开始到水长城景区门口，沿途修建 260 处广告标识，修建公园 4 处，绿化面积 7 000 米^2。同时，还对镇内民俗户进行改造，提升接待能力和服务水平，把九渡河水长城沿线打造成可为游人提供吃、住、行、游、购、娱综合服务的绿色生态谷。

1.3.4 威胁分析

威胁指的是沟域经济发展过程中，可能会对其造成不良影响的若干因素。对于水长城沟域经济的发展，存在的威胁主要有：其一是沟域经济缺乏特色性。水长城沟域带仅有的景点是黄花城水长城，相对于北京市其他区、县的沟域而言，景点较为单一且特色不够明显，在整个北京市沟域经济发展的竞争中处于不利地位；其二是当地环境承载力存在较大考验。随着游客数量的增多，对当地生态环境和资源环境势必会带来不利的影响。在沟域经济发展的过程中，如何衡量经济效益和资源环境效益之间的利弊，如何在当地环境承载力范围内发展沟域经济显得尤为重要。

2 九渡河镇沟域经济发展中的问题

2.1 政府缺乏沟域整体规划，发展意识不强

目前“水长城”沟域经济整体发展水平仍处于起步阶段，带动作用有限。一方面，政府缺乏沟域整体规划，只有长城周围进行修葺改造，部分沟域资源未被开发，价值未能最大化，对于现有的林果资源、沿路的道边景观等没有合理整合；另一方面，政府发展沟域的意识不强，尚未形成主动出击、大力发展、有效作为的积极局面，对沟域经济建设的领导力度有待进一步加强。目前，九渡河镇发展沟域经济的总体意见几经修改还未出台，沟域经济具体的可以操作的规划没有完全到位。在前期建设资金的基础上，建议政策倾斜，进一步加大后续资金投入力度。

2.2 沟域内各要素耦合方式简单、低效

通过对怀柔九渡河镇的调研发现，九渡河镇的“沟域经济”发展的天然区位优势为拥有黄花城长城、水长城景区、鹞子峪堡等风景点。然而，经过多年的沟域经济模式发展，增长极的辐射半径过窄，产业、村落、环境和资源等要素的空间耦合关系出现断层。一方面，紧靠风景区的村庄经济发展较好，如在水长城下的西水峪村、黄花城，依托区位优势，发展民俗旅游、饮食和住宿，居民生活富足且充实。而对稍远些的下游其他村，如黄坎等村落就相对落后，成为典型的京郊村落，可以实现的经济辐射效应就是简单的劳动力吸收，要素耦合方式落后、低效。另一方面，各景区之间的联动效应并没有发挥出来。从地图上看，水长城风景区到鹞子峪堡自驾车约 40 分钟，乘公交方式出行的话近 2 小时，地理距离不算太近，然而查询旅游网站，拥有近 10 个大小景点的九渡河镇的建议游玩时间仅为 1 天，可见各景区之间并没有形成有效的联动吸引力。

2.3 简单的一、三产融合，经济带动后劲不足

北京沟域经济发展多数是依靠先天的地理或人文历史优势，发展观光旅游为其主导产业，这就很容易给人一种思维定势：沟域经济就是观光旅游，其实不然。根据现代产业经济学理论，任何区域经济的发展过程，同时也是产业结构不断优化调整的过程。经济增长总是先由主导产业开始，随着区域内经济的发展，主导产业也会出现更迭。产业结构调整是区域经济发展的重要内容。任何一阶段主导产业都是在特定条件下选择的结果，一旦条件发生变化，原有的主导产业对经济的带动作用就会弱化。通过对九渡河镇政府相关负责人访谈和调研，我们也了解到九渡河的沟域经济其实也到了主导产业更迭的时期。九渡河现阶段的主导产业就是依托水长城风景区的旅游观光业，辅助的是 7 个采摘园，在

镇政府的引导下，准备新增16个约1 000亩的蓝莓采摘园，典型的一、三产融合经济。在发展初期，依靠先天自然、历史优势发展三产旅游进行资本、人力与名气的集聚，初期效果明显，到中后期就显得后劲不足。虽然都知道一产种植业经济增值效果差，但并不是所有人都清楚三产是在有条件的情形下，经济附加值才比较高的，而这高附加值又往往体现在其持续性的带动效应上。通过简单的一、三产融合，建几个采摘园附加值就高了吗？这是明显的误区。通过跟当地人聊天，他们就劝我们别在采摘园买水果，太贵。试问如此环境下的采摘园，面对理性经济人，效益会好吗?其实注重生态的沟域经济并不代表不能发展二产加工业，实际上工业在北京山区经济发展中一直都占有主导地位。在节能减排的前提下，结合现有和新增的采摘园，发展农产品加工业，营销出自己的品牌，其经济带动效应要远比简单的旅游经济要好得多。

3 怀柔区九渡河镇发展沟域经济的对策建议

3.1 科学规划，合理布局

政府相关部门首先要树立绿色、生态沟域的理念；其次，坚持农民主体、市场导向、可持续发展、突出特色的原则；最后，颁布更加完善的生态补偿政策、生态治理工程，发展生态绿色产业，提升农民素养，改进山区基础设施。九渡河镇目前发展沟域经济虽然有一些初步规划，但整体而言还是处于自发的、无序的发展，仅仅依靠水长城、民俗村，无法实现经济的发展、生态的保护、农民收入的增加。因此，必须坚持上述理念、原则与工程，科学规划、合理布局，以促进九渡河镇沟域经济的发展。

3.2 三个结合，发挥特色

发展九渡河镇沟域经济，要发挥特色产业，实现“三个结合”，即努力实现公园化与景观化相结合、文化消费与高端消费相结合、发展特色产业与淘汰低端产业相结合。公园化与景观化相结合是指，在九渡河镇条件优越的地方发展公园经济，适宜游客休闲养生，并由此产生一系列消费点，例如，在九渡河镇“水长城沟域”沿线可以选择合适地点建立公园，让游人停下来消费。同时，建立采摘园，进一步引导游客消费，采摘园要建的有特色，形成景观。而沟域里的民俗村则应当由食宿升级为文化消费、高端消费，借鉴外地成功经验，利用优美风光，“好山好水好风景，蓝天白云原生态”，引导游人进行文化消费、生态消费，既可增收，又打造京郊第一游的品牌。在上述基础上，九渡河镇沟域经济应当发展特色产业，并淘汰、提升低端产业。2014 年，九渡河镇大力发展蓝莓采摘园，是一个好的方向，应当进一步发展采摘、观景、加工、休闲、养生产业；而板栗作为传统产业，经济效益低，休闲发展效果差。因此，可以减少规模，发展历史文化类的休闲产业，作为一种文化消费促进当地经济、生态以及农户的发展。另外，发展红色旅游，即使无法获得较高经济收益，也要把名声打出去，打造“华北第一红色党支部”。

3.3 统筹发展，延长纵深

通过发展沟域经济统筹九渡河镇城乡发展，促进生态安全、农民增收。九渡河镇作为沟域经济的典型代表，当全面发展沟域经济，同时盘活土地流转及资产经营，使产业融合起来。在发展沟域经济的过程中，一要体现文化，二要体现大美景观，三要保留传统乡村，四要开发乡村文化，五要延长产业链纵深。通过九渡河镇沟域经济的发展，实现对九渡河镇山水林田路村和产业发展的统一规划、有序打造，实现产业发展与生态环境相和谐，一、二、三产业相融合，点线面相协调，带动九渡河镇社会经济的发展。充分运用社会资本，解决资金不足的问题，充分发挥各村特色、各区域特色，做到不重复、不简单、不低端，政府引导、企业运转、农户提升，形成九渡河镇沟域经济发展的有机整体，从而推动整个沟域经济的发展。

3.4 处理好几大关系

充分合理利用有限资源，处理好资源与生态、资源与发展、资源与农民增收的关系，转变经济发展方式。九渡河镇的旅游资源尽管非常丰富，但也要节约使用，处理好资源与生态的关系，不过度开发山水资源，保护好生态环境，既生态涵养又促进当地居民增收；处理好资源与发展的关系，不以耗竭资源为代价来发展，大力发展集约型、低碳环保型沟域经济。

参考文献

陈俊红．2011．北京沟域经济发展研究［C］．中国农业科学院（6）．

何忠伟，王有年，郑一淳．2011．北京沟域经济发展研究［M］．北京：中国农业出版社．

蒋和平，王有年，孙玮琳．2003．高新技术改造传统农业的思路与实践［M］．北京：中国农业出版社．

李鹏，韩洁，马兴，等．2011．北京山区发展现状与沟域经济发展研究［J］．农业科技管理，30（1）：10-13．

彭美丽．2011．北京山区沟域经济发展及政策建议［D］．北京：首都经济贸易大学．

邵晖．2012．北京山区沟域经济发展动力与对策研究［J］．安徽农业科学，40（2）：1100-1102．

史亚军，唐衡，黄映辉，等．2009．基于山区产业发展的北京沟域经济发展模式研究［J］．中国农业通报（18）：500-503．

仝刘革，常水明．2001．特色经济：山区调整产业结构的主攻方向［J］．山西农经（1）：24-27．

王有年，等．2009．沟域经济开辟首都山区养山富民持续发展之路［N］．

北京日报，10（4）.

吴春霞，刘瑞涵，何忠伟.2010. 北京沟域经济背景下山区生态旅游市场开发研究［J］. 中国农学通报，26（14）：400-404.

A. Said，G. Sehlke，D. K. Stevens，et al. 2006. Exploring an innovative watershed management approach：From feasibility to sustainability［J］. Energy，14（3）：2373-2386.

B. Münier，K. Birr-Pedersen，J. S. Schou. 2004. Combined ecological and economic modeling in agricultural land use scenarios［J］. Ecological Modeling（174）：5-18.

Bernd Münier，B. Nygaard b，R. Ejrnæs b，H. G. 2011. Bruun a，A biotope landscape model for prediction of semi-natural vegetation in Denmark［J］. Ecological Modelling（139）：221-233.

怀柔区“虹鳟一条沟”农村休闲旅游发展现状及对策研究

雷思雨　吴夏梦　苏娟　王轩
康育聪　张家生　张晋京　郝国强
马立根　谭雅蓉

（北京农学院经济管理学院，北京　102206）

摘　要：近年来，北京郊区旅游农业迅猛发展，产生了一批优秀的特色旅游农业区域，其中怀柔区以“虹鳟一条沟”为成功代表的休闲旅游。对当地经济发展、富余劳动力就业等，产生了积极的作用。本文针对北京怀柔区“虹鳟一条沟”农村休闲旅游发展现状进行了问卷调查，结合对调查问卷的结果统计，采用聚类分析和因子分析的方法，对消费者和经营者两方面进行了分析，结合“虹鳟一条沟”农村休闲旅游的发展现状以及所存在的问题，试图从开发地域特色、完善基础设施、加强监督管理、加强人员培训4个方面，对怀柔旅游农业发展提出一些建议。

关键词：农村休闲旅游　虹鳟一条沟

随着中国经济社会的发展、城镇化步伐的加快，越来越多的人进入城市生活，越来越远离清新自然的生态环境。因此，城市居民回归自然、返璞归真的需求愈发旺盛，引发了一股追求自然的绿色消费热潮。“农家乐”这一独特的旅游方式就是于20世纪

作者简介：雷思雨，1989年出生，北京人，北京农学院2013级农村与区域发展专业研究生。

80 年代迎合人们的这一消费需求在国内兴起的。"农家乐"的发展，对促进农村旅游、调整产业结构、建设区域经济、加快农业市场化进程产生了良好的经济效益，为当地经济的发展提供了契机。

1 北京市农村休闲旅游的发展现状

北京郊区旅游资源十分丰富，近些年来，通过自筹和招商引资等方式，各区、县利用各自资源优势，如自然风光、长城文化以及其遗迹、宗教寺庙、陵墓等资源，陆续开发建成了一些景点，旅游景区和宾馆饭店接待服务都达到了一定规模。目前，全市郊区已有 1 283 个观光农业园区、8 367 户民俗旅游户，乡村旅游的交通、餐饮、旅游条件都大为改善。2013 年，北京仅观光农业收入就 26.88 亿元，接待人数多达 1 939.9 万人次，观光农业生产高峰期从业人数 48 906 人；北京民俗旅游收入达 9.05 亿元，接待民俗旅游客人 1 695.8 万人次，从事郊区民俗旅游接待的人数达到 18 705 人次。

怀柔区是北京市最早发展沟域经济的地方之一，"虹鳟一条沟"是最早一批积极探索大胆尝试改变，并走出了一条以山区沟域为单元的特色发展道路的，集生态治理、新农村建设、种植养殖业、民俗旅游业、观光农业发展为一体的山区区域经济发展新模式的沟域。怀柔"虹鳟一条沟"位于怀柔区雁栖镇，全长 50 千米，是以自然风景区、虹鳟垂钓烧烤、果品采摘等为特色的民俗旅游一条沟，也是北京郊区较早开发出的旅游项目。多年来的精心打造，这里逐步形成了以养殖、游钓、餐饮、加工、销售一条龙的产业格局，成为人们耳熟能详的每逢节假日"雁栖不夜谷休闲观光渔业带"。"虹鳟一条沟"如今共有垂钓园、度假村 108 处，其中，投资在百万元以上的度假场所 54 处，可同时接纳 1.2 万人就业和住宿。有民俗户 480 多户，从事旅游及相关服务产业的人员达 2 800 余人，先后有 108 家旅游休闲项目落户"虹鳟一条沟"。

2 “虹鳟一条沟”SWOT分析

2.1 优势

2.1.1 食客的天堂

“虹鳟一条沟”依托虹鳟的优势，吸引了大量市民和游客前来品尝美食，了解怀柔美食背后蕴涵的地域文化和风土民情。随着生活水平的提高以及对食品多样化的需求不断增强，在泉水里生长的虹鳟，除了肉质鲜嫩，更重要的是在绿色无污染环境下生长起来的鱼类营养十分丰富，具有高蛋白、低脂肪的特点，更是令广大游客慕名而来。

2.1.2 景色优美

著名的“虹鳟一条沟”，沿东线以游山为主的神堂峪民俗旅游产业沟，采取了以神堂峪旅游景区为龙头，带动沟域内的农业、休闲旅游等其他产业发展的沟域经济发展模式。发展方式走的是以点带面，官地村起步和典型带动。雁栖湖区更是气候宜人，水面宽阔，湖水是开展水上娱乐活动和休闲度假的理想场所。

2.1.3 交通便利

“虹鳟一条沟”无论是自驾车还是乘坐公共交通前往都非常便利，为游客的到达提供了非常便利的交通条件。

2.2 劣势

2.2.1 环境承载力有限

由于度假空间的限制，目前在旅游旺季期间，鉴于“虹鳟一条沟”的良好口碑和品牌效应，大量的游客来此休闲旅游，造成了沟域内交通拥堵现象、停车困难现象等交通问题；农户污水、垃圾由村统一处理，但河水仍有污染现象，对环境还存在一定的破坏。

2.2.2 缺乏有效的管理，虹鳟品质正在逐步下降

据调查，“虹鳟一条沟”内上百家“农家乐”和大型农业休闲园并不是每一家的虹鳟都自产自销。虹鳟的养殖对水温、水的洁净程度、饲料等的要求非常严格。有的养殖户为降低成本，不经过选种，大量养殖和售卖后代的虹鳟，缺乏有效地管理，虹鳟品质正逐步下降。

2.2.3 娱乐活动贫乏而雷同，基础设施有所欠缺

目前，旅游农业开发是以农民自发为主，受农民素质和资金的影响，很多人看到身边“农家乐”暂时火爆，就盲目模仿。这种旅游农业的低水平扩展导致从旅游内容到娱乐活动千篇一律，几乎停留在吃农家饭、喝茶、聊天、打牌、打麻将、唱歌、跳舞等常规活动层面上，缺乏趣味性和参与性。娱乐活动的贫乏只是配套基础设施欠缺的一部分，停车不便带给游客的感受更为直接。

2.2.4 收益不高限制了整体水平的提升

旅游农业的特点决定了周末才是其营业高峰，而一些小型“农家乐”不一定每个周末都有客人，只有法定节假日才确定会有收入。面对沟内旅游农业竞争日趋激烈和整体经济形势的走低，需要发展以走出经营的困境。然而由于现在的旅游农业发展还不是很成熟，主要是以收益较低的餐饮、住宿为主，娱乐、购物方面的收入基本很少，整体处于低质量、低收入的经营状态之中。资金的缺乏使原本效益就不高的经营者们难以付诸行动。这

种困境普遍存在于“虹鳟一条沟”内的小型“农家乐”经营者中，增加了行业整体水平提升的难度。

2.3 机会

2.3.1 立足资源，突出特色发展

怀柔“虹鳟一条沟”，可以立足现有资源，分别采取旅游景区带动和特色产业驱动两种模式发展沟域经济。两种模式在沟域内相互协调，在产业、交通、功能等方面协同发展，共同推动一条沟经济发展。

旅游景区带动模式，良好的旅游景区是吸引游客和提高人气的途径之一，立足一条沟内的现有景观资源，规划改造现有旅游景区，提高现有旅游景区的质量和接待能力，吸引更多的观光游客。特色产业驱动模式，充分利用山区空气清新、污染少、山泉水资源丰富等优势，大力发展虹鳟养殖产业，并积极引导山区农民搞好农业产业结构调整，通过与旅游业的有效结合，延长、拓宽特色种植业的产业链条，以此带动整条沟域经济发展的重要模式。

2.3.2 利用平台，吸收社会资金

“虹鳟一条沟”蕴藏着巨大的旅游商机，当地的镇政府可以根据“虹鳟一条沟”的现实情况，出台相关的投资优惠政策，鼓励当地村民发展垂钓养殖和民俗旅游业。政府还可以利用现有的机会，如农村城镇化建设和怀柔区承办 APEC 会议，发展一条沟的经济，实施旧村改造、夜景照明、美化环境等多项工程，从而给投资者增加投资信心。

山区自然优美的生态环境对社会资金有着强大的吸引力。随着“虹鳟一条沟”沟域经济环境的日益完善，交通日趋便利，政策逐渐放宽，吸引了不少社会资金。政府和当地民俗旅

游户可以借此机会，吸收社会资金，发展对沟域内有带动力的产业项目。

2.3.3 打造环境，丰富文化底蕴

良好的景区环境是提高游客游览满意度的基础，一条沟可以抓住政策和资金的机会，努力打造优美的旅游环境，为一条沟包含的行政村进行资源整合，合理分配，美化游览路线，实施夜景照明工程，民居改造，环境整治，优化公共服务设施，营造人工景观。文化是每个地区的特色名片，丰富沟域文化内涵，可以吸引更多的游客前来游玩。

2.3.4 引入循环经济，发展新型模式

循环经济要基于一定的规模，目前，怀柔虹鳟主题旅游农业区域已经基本成型，根据现阶段的调查资料，政府已在一定程度上参与环境保护，随着主题旅游农业区域规模不断扩大，游客渐渐增多，这种被动的处理方法将会面临越来越重的负担，政府在这些方面将需要投入更多的资金，且这些单方面的投入无法产生进一步的经济效益。在环境尚可以承受，且这些投入尚可以承受的时候，应立足长远，提前考虑好将来的发展方向，发展农业循环经济，合理利用资源和能源。

2.4 威胁

2.4.1 产业同构同质化现象

“虹鳟一条沟”目前的发展停留在一、三产业融合的民俗旅游阶段，但由于缺乏第二产业的支撑，“虹鳟一条沟”的休闲旅游产品档次提高存在着技术制约和服务水平制约等多方面的问题。“虹鳟一条沟”沿线的家休闲度假场所，不论从外观环境，还是经营方式，都存在同质化现象，甚至偶尔也

有因不当竞争发生的纠纷。尽管“虹鳟一条沟”整体服务质量相对较高，但是距离实现会议会展区、国际休闲度假区、生态宜居区的三大沟域功能定位，承担起接纳大量高端客人，打造国际一流的旅游休闲服务区的目标而言尚有距离。为此，转变一条沟产业发展方式，促进沟域其软硬环境条件升级迫在眉睫。

2.4.2 环境保护工作有欠缺

一是水环境保护问题。“虹鳟一条沟”沟域内闻名的虹鳟养殖业，由于部分地区存在过度开发利用水资源问题，加上旅游餐饮业经营过程的污水排放净化程序不完善，使得河道污染依然存在；二是沟域内的垃圾处理机制也不够健全，尤其是在旅游旺季游客过多时，产生的生活垃圾难以及时清理。这两个问题的存在，暗示着目前一条沟的环境，生态承载力已趋于饱和。环境问题威胁着“虹鳟一条沟”的经济发展。

2.4.3 组织管理不完善

一是规划滞后，出现产业节点景观等布局不合理迹象。许多产业节点都有建后再规划倾向，因而只能对沟域进行修修补补的工作，很难做大的调整；二是建设过程中监管不力，一条沟内有多项服务设施存在私搭乱建现象，有违建之嫌，甚至有些建筑直接建在非常狭窄的防洪河道上，造成安全隐患，且再整理难度大；三是营销管理方式落后，一条沟民俗旅游在市场营销方面，对各种营销方式意识不到位，面临旅游经营者资金有限，营销投入不足，联合营销意识薄弱。导致单体营销力量不强、经营者水平有限、市场分析不足等问题。组织管理不完善制约了“虹鳟一条沟”产业的发展。

3 “虹鳟一条沟”农村休闲旅游实证分析

3.1 数据来源与说明

在众多研究和问卷设计内容的基础上，此次调研的分析采用描述性统计分析法与层次分析的方法。由于产业的发展既离不开消费者也离不开经营者，考虑到分析的完整性，从“农家乐”的经营者与消费者设计了2份问卷，分析作为市场不同参与者的基本情况。本次调研采用Likert五级量表，由于消费者的态度可以从多个层面来测量，在实际的测量中，应对消费者的各个陈述意见上的量值进行汇总，来获得消费者在此态度范畴里的综合得分。“虹鳟一条沟”的“农家乐”休闲旅游发展已经步入了较为成熟的阶段，调研发放了经营者调查问卷35份，收回有效的问卷30份，有效率85.7%；消费者调查问卷130份，收回有效问卷110份，问卷有效率为84.6%。

3.2 描述性统计分析

3.2.1 经营者问卷调查的基本情况

被调查者基本情况如表1所示，在年龄方面，“农家乐”供给方的年龄主要集中在36～51岁，在30位被调查者中，有19位的年龄在36～45岁，占总人数的63%。其他年龄段的都比较少。这表明从事“农家乐”的主要以中年人为主。这可能与其所处的年龄阶段密切相关。中年人在前期积累了较好的资金、场地、人脉关系等条件，因而可以顺利地开办“农家乐”。而青年人很多并不愿意开办“农家乐”或是没有条件开办“农家乐”。老年人则大多数在家颐养天年，很少有人还在外经营。

在文化程度方面，从事“农家乐”经营的人群的文化程度主要集中在初中、高中、中专，拥有初中、高中、中专文化水平的被调查者有22位，占总人数的73.3%，还有3位被调查者的文化程度是大专、大学本科这一类，而研究生及以上都没有，“农家乐”供给方的文化程度在一定程度上影响了其经营效益。在被调查的“农家乐”供给方中，文化程度基本属于中低等水平。

表1　被调查样本基本信息

样本特征	细分变量	频率	有效百分比（%）
性别	男	18	60
	女	12	40
年龄	18岁以下	0	0
	18～30岁	2	7
	31～55岁	19	63
	56岁及以上	9	30
学历	小学及以下	5	17
	初　中	12	40
	高中/中专/职高/技校	10	33
	大　专	2	7
	大学本科	1	3
	研究生及以上	0	0

资料来源：根据调研结果整理所得。

根据调查数据显示，30位被调查者经营“农家乐”的时间基本低于10年，而且平均经营时间为6年。可能作为一个新兴产业，“农家乐”在北京的发展时间并不长，属餐饮业新军，今后“农家乐”的发展还可以进一步扩大，形成当地的品牌。

对于经营的鱼类来源渠道，如图1所示，30家被调查经营者有18家自己饲养，有12家是市场购买，自己饲养占到一半以上，自己饲养的虹鳟相对于市场购买虹鳟，味道要鲜美很多，而且更具有自家特色，更能吸引到更多的顾客。

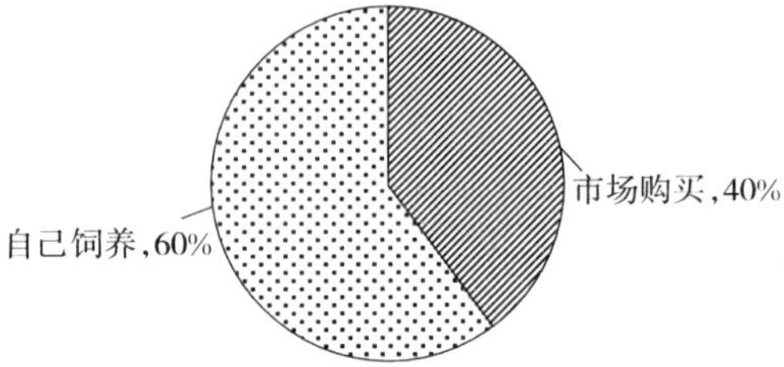

图1　经营鱼类来源渠道

资料来源：调研结果整理所得。

对于分池养殖情况，调研发现，30家被调查经营者有9户严格分池，15户自己分类混养，6户完全不分池，说明分池的经营者占到绝大部分。进行分池能促进鱼苗快速生长，减少互残机会，说明经营者养殖的管理经验还是比较成熟的。

对于“农家乐”的宣传方面，调查数据显示经常宣传的为12户，不怎么进行宣传的为16户，从没有进行过宣传的为2户，分别占40%、53%、7%，说明在大部分经营者通过宣传来提升自己的知名度。

对于分池养殖情况，调研发现，30家被调查经营者有9户严格分池，15户自己分类混养，6户完全不分池，说明分池的经营者占到绝大部分，进行分池能促进鱼苗快速生长，减少互残机会，说明经营者养殖的管理经验还是比较成熟的。

对于“农家乐”的宣传方面，如图2所示，经常宣传的为12户，不怎么进行宣传的为16户，从没有进行过宣传的为2户，分别占40%、53%、7%，说明在大部分经营者通过宣传来提升自己的知名度。

对于知名度方面，从商家的角度，调研发现商家认为自己的“农家乐”非常知名的为6家，占20%；比较知名的为13家，占42%；不太知名为10户，占33%；非常不知名的为1家，占3.3%。从数据上可以看出，大部分“农家乐”的知名度较好，

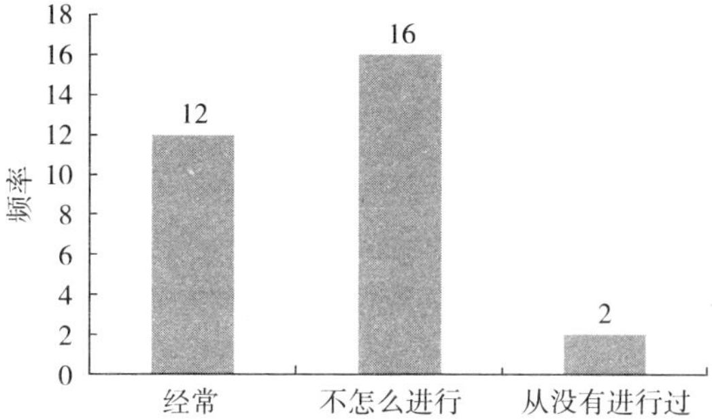

图 2　“农家乐”宣传活动频率

资料来源：调研结果整理所得。

从另外一个角度来说，他们的家经营情况相对也是相对较好的。

对于政府支持方面，如图 3 所示，证照办理方面有 4 户，占 13.3%；税收方面为 3 户，占 10%；信贷方面为 9 户，占 30%；专项资金方面为 14 户，占 46.7%。由此可以看出，首先，为了促进“农家乐”旅游的发展，政府及相关部门应该加大重视力度。政府制定相关的政策，扶持“农家乐”的发展。如减免部分税费、信贷方面降低相应利率等措施，刺激“农家乐”供给方的积极性。出台扶持“农家乐”发展的政策，从政策上对“农家

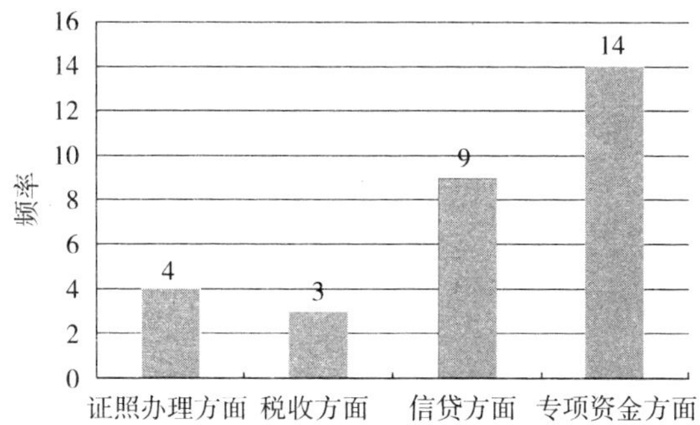

图 3　经营者对政策期望的统计情况

资料来源：调研结果整理所得。

乐”发展予以一定的倾斜。另外，在资金方面给予一定的支持，通过对“农家乐”旅游产业的资金支持，加大对“农家乐”旅游村的基础设施投入，加强“农家乐”旅游村镇建设和公路建设，提高农村基础设施的配套标准，从整体上提高“农家乐”的基础设施和整体情况。

3.2.2 消费者问卷调查的基本情况

3.2.2.1 消费者样本量基本情况

从性别、年龄、学历、月收入和居住地5个方面对消费者进行基本情况进行了调研。从表2的统计信息可以看出，在性别方面，“农家乐”消费者的差异并不大，男性51位，女性59位，男女比例几乎各占一半，男性会选择来“农家乐”等休闲场所放松身心，女性多为体验“农家乐”聚会。从年龄分布的情况来看，18～35岁和36～50岁的2个年龄阶段的人数占主要构成部分，分别为45人和42人。18～35岁的人群为年轻人，平时工作压力较大，选择“农家乐”休闲旅游业可以愉悦心情，消除疲劳；中老年人群多亲近自然，喜好公园等安静的场所，故36～50岁年龄段人数也较多。如何吸引其他的年龄段人群来“农家乐”休闲旅游消费需要经营者考虑。

从学历构成来看，初中及以下有4人，高中有20人，大专、本科及研究生以上分别有46人和40人，可以看出学历越高的人群，休闲旅游的意识约强烈，则越倾向于选择“农家乐”休闲旅游。收入的高低也会直接影响消费者的旅游行为，从调研数据来看，低收入人群仅有10人次，占总人数的9%，低收入的人群多出生在乡村，对“农家乐”休闲旅游并没有太大的消费意向；高收入人群比例也不足10%，可以看出月收入8 000元以上的消费者仅有7人，高收入人群平日的闲暇时间并不多，这可能是造成消费力度小的原因；中收入人群为主要消费群体，占总数81%，他们既有一定的经济基础，也有较充裕的时间。由于地理位置的原因，消费人群以本市居民为主，但仍有15%的外省市消费者，说明“虹鳟一条沟”的“农家乐”休闲旅游在消费者中知名度较高。

表2　被调查样本基本信息

样本特征	细分变量		频率	总有效百分比（%）
性别	男		51	46
	女		59	54
年龄	18岁以下		4	4
	18～35岁		45	41
	36～50岁		42	38
	51～65岁		14	13
	66岁及以上		5	5
学历	初中及以下		4	4
	高中/中专/职高/技校		20	18
	大专及本科		46	42
	研究生及以上		40	36
月收入	低收入	无收入	9	8
		800元及以下	1	1
	中低收入	801～1 600元	9	8
		1 601～3 000元	28	25
	中收入	3 001～4 500元	26	24
		4 501～6 000元	19	17
	中高收入	6 001～8 000元	11	10
		8 001～10 000元	5	5
	高收入	10 001元以上	2	2
居住地	外省市		17	15
	北京市		93	85

资料来源：根据调研结果整理所得。

3.2.2.2 消费者认知方面

从问卷中选择A7和A9题作为消费者认知的具体指标，分别为：您对“虹鳟一条沟”的了解程度和您认为虹鳟的营养价值怎么样。虽然“农家乐”近几年的发展比较好，吸引了多个阶层多个年龄段的消费者，但在调研中发现，消费者真正对“虹鳟一条沟”的了解程度并不高，仅有6.4%的消费者非常了解（表3），28.2%的消费者并不了解当地“农家乐”的基本情况，消费者对“虹鳟一条沟”的认知程度并不高，这需要经营者提高宣传的意识，提高消费者对本地“农家乐”休闲旅游的了解程度。

表3　了解程度

项　目	频　率	百分比（%）	有效百分比（%）	累积百分比（%）
非常了解	7	6.4	6.4	6.4
比较了解	22	20	20	26.4
一　般	50	45.4	45.5	71.8
不太了解	25	22.7	22.7	94.5
非常不了解	6	5.5	5.5	100
合　计	110	100	100	

资料来源：根据调研结果整理所得。

图4反映的是消费者对虹鳟营养价值的认知情况，虽然消费

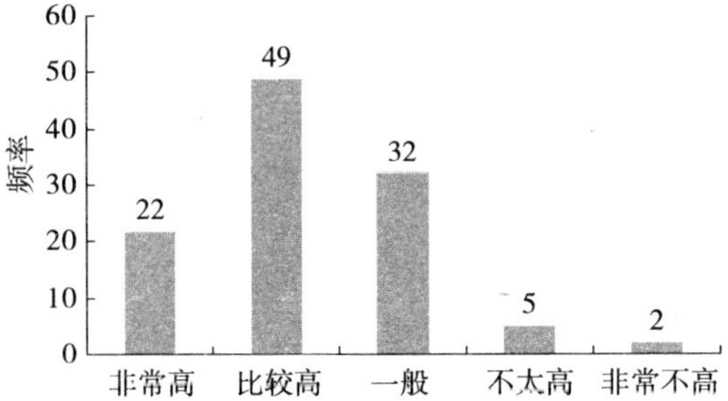

图4　消费者对虹鳟营养价值认知程度

资料来源：根据调研结果整理所得。

者对本地“农家乐”的了解程度不高，但在虹鳟营养价值方面，有 22 个消费者认为营养价值非常高，49 个认为比较高，仅有 7 个认为营养价值不高，说明消费者的消费目的比较明确，虹鳟的高营养价值吸引了消费者。经营者可以制作鱼片、鱼丸、鱼罐头或者保健品等虹鳟加工品，来扩展经营类目提高收入。

3.2.2.3 消费者态度方面

从问卷中选择 A8、A11 和 B2 题作为消费者态度的具体指标。从图 5 可以看出，在对“虹鳟一条沟”休闲旅游开发的整体印象中，有 10.9%的人认为开发程度非常好，整体印象比较好占 56.4%，可以看出消费者对“虹鳟一条沟”的整体印象较好，但仍有 4.5%的消费者认为不太好，需要经营者仔细考虑开发的深度。

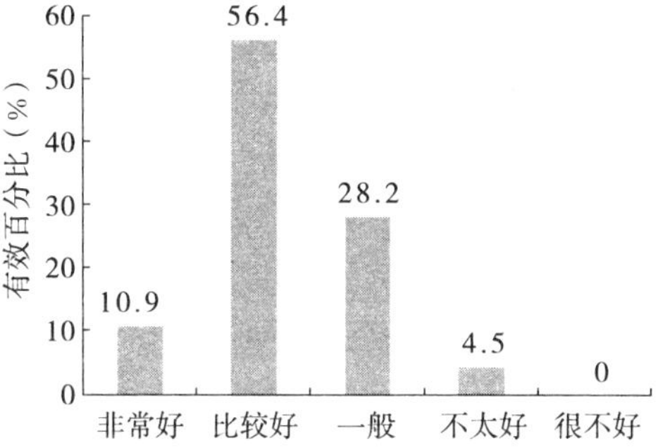

图 5　消费者对“虹鳟一条沟”开发的整体印象

资料来源：根据调研结果整理所得。

“农家乐”休闲旅游可以参与的活动类型有很多，从图 6 可以看出，21%、23%和 22%的消费者将吃农家饭、欣赏风景和自助烧烤作为主要活动，参与垂钓活动和水上娱乐活动的消费者分别占 16%和 13%，仅有 5%的消费者会参与团体游戏活动，这可能是部分“农家乐”的基础设施并不完善，消费者的多方面需求不能得到很好的满足。

在参与目的调研方面，选取了体验垂钓乐趣、广告宣传到

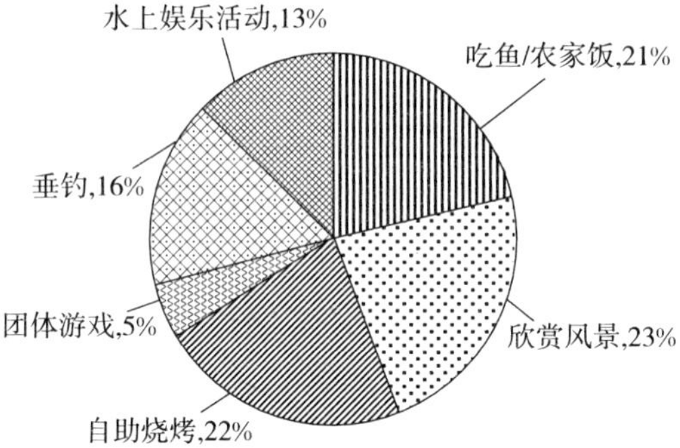

图 6　消费者主要参与的活动

资料来源：根据调研结果整理所得。

位、地域组合性好等 11 个具体指标，表 4 所显示的是消费者参与“农家乐”休闲旅游的目的测量结果。表 4 中前 5 行数据表示的是选择该分值的人数有多少个，即在体验垂钓乐趣这一列，有 6 个人打了 1 分，18 个人打了 18 分，以此类推。最后一行是对分数进行加权平均后所得出的最终分数。从表 4 中的数据可以看出，选择此地放松身心、欣赏风景以及聚会的目的得分最高，分别为 3.89、3.84 和 3.79，由于平日的工作压力较大，更多的消费者选择在周末或休息的日子亲近大自然，体验乡村气息，放松身心。得分最低的目的为工作需要，分数为 2.99，因为“农家乐”休闲旅游更多还是进行家庭聚会、朋友游玩，进行工作商谈之类的并不合适，故目的得分较低。

表 4　“农家乐”休闲旅游参与目的测量表

分数	体验垂钓乐趣	水上娱乐活动	广告宣传	放松身心	锻炼身体	增进感情	欣赏风景	拓展知识面	附近其他景点	聚会	工作需要
1	6	1	12	4	4	8	2	3	4	3	10
2	18	16	12	13	7	5	8	23	18	9	30
3	37	39	34	42	20	25	29	53	36	22	33

（续）

分数	体验垂钓乐趣	水上娱乐活动	广告宣传	放松身心	锻炼身体	增进感情	欣赏风景	拓展知识面	附近其他景点	聚会	工作需要
4	37	39	46	31	45	43	39	25	45	50	25
5	12	15	6	20	34	29	31	6	7	26	12
得分	3.28	3.46	3.20	3.89	3.45	3.73	3.84	3.07	3.30	3.79	2.99

资料来源：根据调研结果整理所得。

3.2.2.4 消费者评价方面

从问卷中选择 A10 和 B4 题作为消费者评价的具体指标。从图 7 可以看出，在对消费者旅游是否达到心中期望的调研结果中发现，9 人认为和预想相比较差，16 个人建议某些方面再进行完善，认为超过心中期望的有 8 人，大部分的消费者认为这次旅游达到了心中的期望，共有 77 人。说明“虹鳟一条沟”的休闲旅游现有条件可以满足消费者的基本需要。

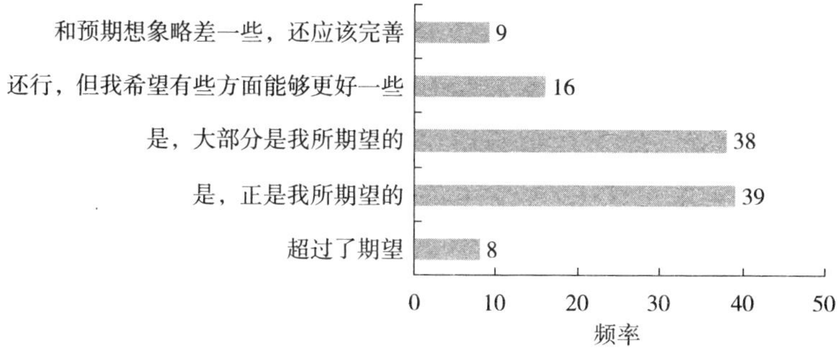

图 7　消费者对旅游活动达到心中期望的评价

资料来源：根据调研结果整理所得。

在“虹鳟一条沟”旅游满意度评分方面，选择了服务质量、价格合理、鱼类新鲜程度等 12 个具体指标。从表 5 中可以看出，这 12 个方面的分数基本都在 3.5 分左右，但仍然存在个别的差异。消费者对“农家乐”饭菜特色最为满意，评分 3.94 分；其次是对鱼类的新鲜程度较为满意，评分 3.88；最不满意的是厕所清洁程度，仅有3.27分，虽然现在的农村基础设施都比较完善，“农家乐”的设施服务也在日益建设中，但仍存在不清洁、不卫生的情况，经营者需要针对这方面做一些改善。

表5 “虹鳟一条沟”旅游满意度评分表

分数	服务质量	价格	新鲜程度	沿途路标	交通	环境	厕所清洁	休息设施	娱乐设施	住宿条件	饭菜特色	宣传资料
1	1	1	0	2	2	2	4	4	0	0	0	2
2	9	9	4	5	10	6	13	4	8	6	1	8
3	43	43	40	27	50	46	54	50	45	53	35	51
4	47	47	54	46	37	44	27	39	38	38	44	42
5	10	10	12	30	11	12	12	13	19	13	30	7
得分	3.51	3.67	3.88	3.41	3.35	3.53	3.27	3.48	3.62	3.53	3.94	3.40

资料来源：根据调研结果整理所得。

3.2.2.5 消费行为方面

从问卷中选择A1、A4题作为消费行为的具体指标。从表6可以看出，在对来“虹鳟一条沟”消费频率的分析中发现，只有14个消费者经常来此地消费，忠诚的消费者较少；相反，有57.3%的消费者较少或几乎不来消费。产品吸引和时间压力都作为影响消费者对旅游地形成重复游玩与忠诚的原因，经营者应该开发“农家乐”的潜在功能，完善娱乐设施，激发消费者的需求，通过这种刺激，吸引消费者进行重复游玩，绑定老顾客比增加一个新顾客所花的成本要低，经营者要合理利用当地的资源。

表6 消费频率

项目	频率	百分比（%）	有效百分比（%）	累积百分比（%）
经常消费	14	12.7	12.7	12.7
偶尔消费	33	30	30	42.7
较少消费	46	41.8	41.8	84.5

（续）

项目	频率	百分比（%）	有效百分比（%）	累积百分比（%）
几乎不来	17	15.5	15.5	100
合　计	110	100	100	

资料来源：根据调研结果整理所得。

在旅游花费方面，从图8可以看出，有23.6%的消费者花费为50～100元，29.1%的花费为100～150元，说明“虹鳟一条沟”的“农家乐”休闲旅游消费花费适中，价格比较合理，适合多种收入阶层的人群消费。但从另一方面来分析，也反映了“农家乐”休闲旅游的项目较为单一，大多为吃“农家乐”和采摘为主，这方面的花费并不需要太多，消费者的需求满足则受到局限。

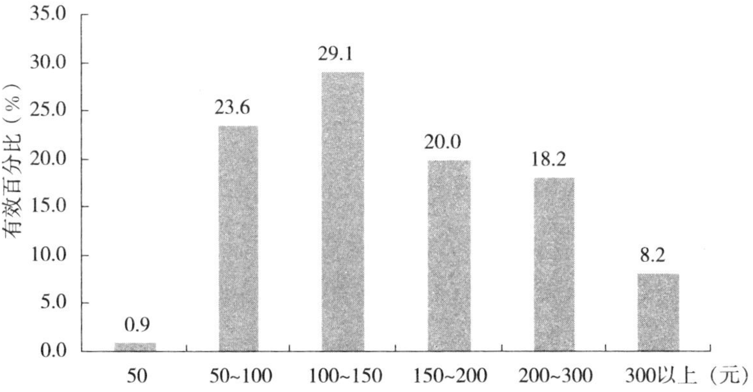

图8　消费者休闲旅游花费

资料来源：根据调研结果整理所得。

3.3　消费者满意度分析

3.3.1　消费者整体满意度情况分析

在此采用李克特量评分1～5分标准来进行考察，1.0～2.4

表示不支持，2.5～3.4 表示中立，3.5～5.0 表示支持，分数越高，表明赞同程度越高。消费者对“虹鳟一条沟”总体满意度主要从其总体评价和是否推荐给他人来考量，具体结果得出消费者对其总体评价均值为 3.53>3.5，属于支持态度，对是否愿意推荐给他人的均值为 3.55>3.5，同样属于支持态度，表明对“虹鳟一条沟”发展的认可（表 7）。

表 7　消费者总体满意度评价

总体评价			是否推荐给他人		
评价等级	人数	百分比（%）	评价等级	人数	百分比（%）
1=很不足	3	2.73	1=非常不愿意	1	0.91
2=不足	9	8.18	2=不愿意	2	1.82
3=一般	25	22.73	3=一般	23	20.91
4=比较好	41	37.27	4=很愿意	52	47.27
5=很好	32	29.09	5=非常愿意	32	29.09
李克特量均值	3.53		李克特量均值	3.55	

3.3.2　消费者感知情况分析

消费者感知也按照 1～5 分评分，对“虹鳟一条沟”的客观环境、项目特色、基础设施、服务质量、当地居民好客度、项目宣传等方面进行分析评价（表 8）。

表 8　消费者感知情况统计

项　目	比例（%）					李克特量均值	排序
	非常不满意	不满意	一般	满意	非常满意		
服务质量	1	9	43	47	10	3.33	11
价　格	1	9	43	47	10	3.34	10
鱼类新鲜程度	0	4	40	54	12	3.38	6
沿途路标	2	5	27	46	30	3.53	1

（续）

项目	比例（%）					李克特量均值	排序
	非常不满意	不满意	一般	满意	非常满意		
交通	2	10	50	37	11	3.35	9
环境	2	6	46	44	12	3.36	7
厕所清洁	4	13	54	27	12	3.36	8
休息	4	4	50	39	13	3.41	4
娱乐	0	8	45	38	19	3.46	3
住宿	0	6	53	38	13	3.40	5
饭菜	0	1	35	44	30	3.52	2
宣传	2	8	51	42	7	3.25	12

从消费者感知分析评价统计结果（表8）看出，消费者对“虹鳟一条沟”的沿途路标（3.53>3.5；67.7%）、饭菜（3.52>3.5；69.9%）持支持态度，即满意。消费者对“虹鳟一条沟”的娱乐（3.51>3.5；66.8%）持支持态度，即满意。其余考察各项的均值均在3～3.5，基本持中立态度。排名位于中间项的是住宿（3.40）、环境（3.37）、服务（3.33），这些项目的均值虽然小于3.5，但是从满意百分比看还是有优势和继续上升潜力的。排名较为靠后的考察项目是丰富特产、体验活动丰富、餐饮条件、特色民俗民风，这是由于“虹鳟一条沟”的地理条件、自然资源、农作物构成使其特产品种的多样性受到限制；体验活动丰富、餐饮条件、特色民俗民风是“虹鳟一条沟”今后要发展并不断完善的重要方面。

3.3.3 消费者预期实现分析

在对消费者具体感知分析的基础上，通过对消费者预期实现的分析，进一步验证消费者对“虹鳟一条沟”的整体满意度，具体结果见表9。消费者的预期实现均值为4.28>3.5，持赞成态度，表示实现预期，对"虹鳟一条沟"项目参与表示满意，这也再次验证了前面对消费者的总体评价及实际感知，结果相符。

表 9　消费者预期实现分析

项　目	人　数	百分比（%）
超过了期望	8	7.27
是，正是我所期望的	15	13.64
是，大部分是我所期望的	41	37.26
还行，但我希望有些方面能够更好一些	27	24.55
和预期想象略差一些，还应该完善	16	14.55
不，只有很少的地方符合我的需要	2	1.82
不，这里没有我需要的	1	0.91

3.4　消费者体验因子分析

通过因子分析，不但能够找到变量的基本结构，而且能够把数据进行简化，并可以进行方差分析、聚类分析、回归分析等进一步研究。在做因子分析前，首先要进行 KMO 检验和信度检验，只有通过 KMO 和信度检验的统计量表才适合做因子分析。KMO 用于比较变量间相关系数的大小。如果 KMO 接近 1，表示适合做因子分析；如果 KMO 接近 0，表示不适合做因子分析。首先进行 KMO 和巴特利球体检验测度，看调查数据是否适合做因子分析（表 10）。

表 10　KMO 测度和 Bartlett 球体检验结果

KMO 样本测度		0.902
Bartlett 球体检验	近似卡方	2 431.472
	自由度 df	328
	显著性概率 Sig.	0.000

检验结果显示：KMO 样本测度值为 0.902，说明该组样本

数据适合做因子分析。表 10 中的巴特利特球体检验的显著性概率是 0.000，小于 1%，说明各个变量之间的相关性较强，可以提出有效的公因子。

本研究根据模型设计的 5 个方面，对 12 个变量提取 4 个公因子来解释模型。为了更好地解释公因子的实际涵义，使因子载荷矩阵中系数更加显著，采用默认的正交旋转，旋转了初始因子载荷矩阵，得到旋转后的成分矩阵如表 11 所示，每个部分的 Alpha 系数都大于 0.7，是比较可信的。

表 11　旋转成分矩阵

项　目	成　分			
	1	2	3	4
优美的自然风光	0.763	0.365	0.432	0.513
风俗民情等人文风光	0.712	0.423	0.308	0.506
良好的体验环境	0.683	0.376	0.368	0.315
交通便利程度	0.326	0.784	0.198	0.259
娱乐设施的多样性	0.286	0.723	0.329	0.196
餐饮等服务	0.513	0.692	0.517	0.326
远离都市喧嚣	0.506	0.308	0.802	0.335
增进与他人感情	0.315	0.436	0.793	0.423
缓解自身压力	0.259	0.432	0.768	0.376
活动参与程度	0.196	0.308	0.468	0.783
活动中的个性化服务	0.203	0.368	0.381	0.733
体验活动种类丰富	0.403	0.198	0.289	0.687
Alpha 系数	0.879	0.854	0.863	0.896

根据表 11 中因子负荷大小，选取大于 0.5 且更利于解释的值对应的因子，再以各因子实际意义为命名依据，将提取出来的 4 个公因子命名如下：

成分 1——环境体验因子：游客对自然、人文环境的体验，包括了景区优美的田园风光、景区所在地的乡土风情以及良好的体验环境等。

成分 2——设施体验因子：游客对景区各种娱乐、餐饮等设施的体验，包括了交通的便利程度、娱乐设施的丰富性、餐饮等配套服务设施的完善程度等。

成分 3——情感体验因子：游客在景区旅游得到的心理满足感，包括了远离都市喧嚣，得到逃离纷乱世界的遁世享受；放松了紧张的自我，释放了压力；增进了家人、朋友之间的感情等。

成分 4——活动体验因子：游客对景区各种休闲娱乐活动的体验，包括了体验活动参与程度、活动中的个性化服务、体验活动种类丰富等。

通过因子分析提取 4 个公因子后得到的解释的总方差如表 12 所示，提取的 4 个因子总共解释了 61.675%的方差，已经超过了六成，说明用这 4 个因子可以综合 12 个变量的大部分信息。旋转后的旋转平方和载入表显示：环境体验因子能解释游客旅游体验 19.145%的内容，解释能力最强；设施体验因子能解释客旅游体验 15.522%的内容，次之；情感体验因子能解释游客旅游体验 14.131%的内容，名列第三；活动体验因子能解释客旅游体验 12.876%的内容，列居最后。

表 12　解释的总方差表

成分	初始特征值			提取平方和载入			旋转平方和载入		
	合计	方差百分率（%）	累计百分率（%）	合计	方差百分率（%）	累计百分率（%）	合计	方差百分率（%）	累计百分率（%）
1	10.842	51.629	51.629	10.842	51.629	51.629	4.021	19.145	19.145
2	1.829	8.709	60.338	1.829	8.709	60.338	3.260	15.522	34.668
3	1.088	5.181	65.519	1.088	5.181	65.519	2.967	14.131	48.799
4	0.979	4.660	70.179	0.979	4.660	70.179	2.704	12.876	61.675
5	0.860	4.098	74.277						
6	0.660	3.143	77.420						
7	0.565	2.693	80.113						

（续）

成分	初始特征值			提取平方和载入			旋转平方和载入		
	合计	方差百分率（%）	累计百分率（%）	合计	方差百分率（%）	累计百分率（%）	合计	方差百分率（%）	累计百分率（%）
8	0.539	2.568	82.681						
9	0.528	2.365	85.014						
10	0.519	2.234	87.083						
11	0.383	1.186	88.905						
12	0.325	1.342	90.472						

4 “虹鳟一条沟”农村休闲旅游存在的问题

4.1 产品定位不清，缺乏品牌效应

由于盲目跟风，“虹鳟一条沟”的“农家乐”休闲旅游出现了严重雷同现象。多数经营者只是简单地将现有的屋舍、果园、养殖场加以美化和修饰，造成旅游产品的内容和形式基本雷同，往往局限于吃农家菜、观农家景、钓虹鳟，只能提供一般的住宿和餐饮服务，却忽视了对乡土风情、民俗传统、名胜古迹等文化内涵的挖掘和利用。因此，地方特色突出不够、同构性发展现象非常严重，不能满足不同游客的个性需求，而旅游产品的同质竞争激烈，也会导致削价竞争现象严重，游客的回头率不高。

4.2 基础设施建设滞后

由于“虹鳟一条沟”的“农家乐”休闲旅游的经营主体绝大多数是农民，开发的地点多处于靠近山的农村，基础设施相对薄弱，配套设施不完善。在旅游住宿、餐饮、购物等接待服务设施，游览步道、观赏休憩、旅游厕所、消防、垃圾收集等设施的

建设与管理等方面所存在的明显不足，随着游客大量的涌入，一些乡村旅游景点环境卫生条件越来越脏乱差，环境污染严重，甚至还有少数经营者认为，农村旅游越土越好，越是环境脏的地方越是返璞归真。这些问题如得不到很好解决，就会在很大程度上限制“农家乐”的发展。

4.3 经营管理人才欠缺

“虹鳟一条沟”的“农家乐”投资相对较少、规模较小、门槛较低，使得“农家乐”旅游的开发和研究均处于较低层次上。“农家乐”旅游的经营管理水平低，从业人员缺乏系统有效的培训，处于粗放式经营状态。这种情况导致“农家乐”在经营过程中往往不能把握全局和谋求长远的发展，各个区域的“农家乐”在管理上主要是农户凭主观意志在进行自我运作，难以建立科学的管理制度与方法。各地政府介入程度不同，管理水平不一，缺乏统一有效的管理模式。

4.4 食品安全规范管理机制不健全

由于气候因素的影响，“虹鳟一条沟”的“农家乐”有淡旺季之分。所以，很容易造成资金浪费和限制的现象。“农家乐”推崇的是以绿色环保和无污的食物为主，虽然虹鳟大部分都是自己饲养，但是没有经过安检，还是没有安全保障。对服务人员的健康检查问题不重视。还有一部分地区都没有规范的经营管理制度、标准的服务培训以及规范的管理制度。由于这些不合理的、不规范的管理机制将会引起游客的不满，从而导致“农家乐”的发展受阻等问题的出现。

4.5 旅游产品缺乏趣味性和知识性

随着社会的快速发展，“农家乐”旅游也要与时俱进，跟上时代的步伐，采用创新的、有趣的并富有文化底蕴的活动作为

“农家乐”的主要特色活动。目前，大部分“虹鳟一条沟”的“农家乐”都还在延续传统的以品尝农家饭菜为主，以较单一的形式为娱乐活动，缺少文化意蕴，而没有特色的旅游。在观赏过程中只有虹鳟的垂钓，能吸引游客目光的活动或景点很少。这些都是农业资源没有被充分地挖掘和利用，不能够满足游客对民族文化、农村生活等的求知与探索，也就直接影响了游客的重游率。

5 对策及建议

5.1 开发地域特色，突出文化内涵

独特的文化内涵是“农家乐”休闲旅游吸引力所在。把现代化的服务设施与农村古朴民居、民风、民俗紧密结合，体现旅游产品的独特性，是其持续发展的关键所在。“虹鳟一条沟”的“农家乐”休闲旅游不应局限于农舍民情、农家饭、农事等活动，还要结合怀柔当地特有资源，从饮食、衣着、节庆、婚嫁、房舍建筑、手工艺等方面入手，围绕虹鳟开发一系列充满浓郁的地方色彩的活动，从而避免严重的同质化现象。这样，既可以让游客接受乡土文化的熏陶，也可以丰富产品内涵，又能使民俗文化得到广泛传播。

5.2 完善基础设施，促进协调发展

完善的基础设施会让“虹鳟一条沟”的“农家乐”休闲旅游得到更大的发展。第一，要提高卫生质量。质量安全逐渐成为人们生活关注的焦点，部分消费者对食品安全存有顾虑。因此，餐饮设施要符合卫生标准，餐具卫生，有消毒柜，有灭蚊蝇等设施设备；客房被套、床单要一客一换，有独立、干净的水冲式公用卫生间。第二，要解决好交通问题，应根据市民出游情况，开辟

旅游专线。同时，提高“农家乐”旅游区的可进入性，配备停车场，在村口、岔路悬挂木制指示牌标明路线，方便游客寻找。第三，修建一些简单的休闲设施，如树荫下的凉亭、石凳、竹椅等，以供游客休息。修建医疗保健站、药店、小超市、茶室、理发店等配套设施，满足不同游客的需求。对于每个虹鳟餐饮接待点有限的基础设施建设能力，除了商家自身的改善之外，更多的还需要政府对于整个怀柔地区虹鳟餐饮旅游产业的基础设施的投资和建设，尤其是乡村公路、公交车站、公共服务设施等，以提高整个景区的旅游服务质量和服务能力。

5.3 加强监督管理，促进规范经营

针对目前部分农户经营不规范问题，怀柔区旅游管理部门应行使行政管理职能管理“农家乐”经营单位，划分责任，制定旨在规范“农家乐”经营服务行为的相关法律法规，进一步明确经营单位的权利与义务，这样才能既有效地打击个别经营单位的不法行为，保护消费者的消费利益，又起到规范市场的作用，使“农家乐”旅游的发展步入法制化、规范化的道路。此外，还可建立怀柔本区域内的“农家乐”旅游行业协会，通过制定有关行业规则，来使经营者自觉地规范其经营行为。如在餐饮服务建设上，要出台相关的怀柔“农家乐”经营食品安全与服务规范细则，特别是建立符合饮食安全的卫生标准并加强检查力度。

5.4 加强人才培训，提升服务水平

提高服务质量，“农家乐”旅游要发展，人才是关键。因此，要着力于提高虹鳟餐饮旅游产业从业人员的素质，增加服务类基本技能的培训，提高整个怀柔区旅游产业的服务质量和服务水平。通过有关职业培训，使虹鳟“农家乐”从业人员熟悉掌握各种旅游接待礼仪，提高其文明素质和服务水平；可效仿饭店管理人员资质要求，对“农家乐”从业人员进行培训，持证上岗。采

取多渠道、多层次方法，培养一批懂专业、懂管理、富有竞争意识的合格人才。同时，对其进行服务技能、职业道德、当地民俗风情、旅游政策法规以及环境保护等行业知识的培训，以提高从业人员的综合素质，使“农家乐”旅游适应市场的要求。经营农户只有不断提高服务质量，才能对游客保持长久的吸引力，实现“农家乐”旅游的可持续发展。

参考文献

邓捷.2012. 浅析北京郊区“农家乐”旅游产业的发展与规划［J］. 乡村旅游，23（3）.

李创.2011. 北京怀柔虹鳟鱼餐饮旅游现状研究［J］. 理论探讨（3）.

卢小丽，成宇行，王立伟.2014. 国内外乡村旅游研究热点——近20年文献回顾［J］. 资源科学，36（1）：200-205.

齐鑫，朱艳楠，郑丽.2013. 北京郊区“农家乐”旅游发展现状调查及研究［J］. 城市旅游规划（8）.

叶冉.2010. 怀柔虹鳟鱼主题旅游农业的现状考察及发展思路［J］. 新农村建设（9）.

郑治伟.2007. 北京乡村休闲旅游产业发展现状及思考［J］. 江苏商论（6）.

周静，卢东，杨宇.2007. 乡村旅游发展的起源及研究综述［J］. 资源开发与市场（8）.

门头沟区上清水村乡村旅游调查研究

朱聪　龙华平　刘伟
卢瑞雪　史何新　文学燕

（北京农学院经济管理学院，北京　102206）

摘　要： 门头沟区为落实生态涵养区功能定位，将旅游产业确定为主导产业，带动了乡村旅游业的快速的发展。为本文通过实地调研，进一步了解门头沟区上清水村乡村旅游业的发展现状，并为上清水村发展乡村旅游提供了可借鉴的建议。

关键词： 门头沟　旅游业　乡村旅游

1　门头沟旅游业发展现状

门头沟区是北京西部以采矿业为传统主导产业的远郊区县，受历史原因和客观条件的制约，经济总量、基础设施条件在北京市均处于落后位置。经济总量如何提升、产业结构如何转型一直是困扰门头沟区发展的难题。近年来，门头沟区积极改善交通设施和旅游环境，重点推进旅游项目建设，逐步使旅游产业向高端化发展，相继举办了“山水相约绿海畅游”旅游推介会、北京旅游山会和国际山地徒步大会等系列活动，极大地提高了门头沟区旅游知名度。

作者简介：朱聪，1988 年出生，山东人，北京农学院 2011 级农业经济管理研究生。

1.1 旅游资源丰富

全市10个远郊区、县只保存有54个古村落，其中，门头沟区33个，占61%；平谷、密云、延庆、昌平、房山一共才有21个。以灵水为代表的古迹山庄都保存着明清建筑风貌，包括关城、古道及石刻等文物，而且民间艺术、寺庙文化丰富多彩。斋堂杜家庄邓宋会师旧址、马栏、塔河挺进军司令部驻地旧址等爱国主义教育基地的确立，也促进了门头沟区红色旅游业发展。

截至2012年年底，从事乡村旅游业的观光园和民俗户的单位数为1 162个，比2011年增加了100个，其中，民俗旅游户数增加了94户。尽管单位数量同比增长了9.4%，但受2012年二季度以来不利天气因素和“7.21”强降水因素影响，乡村旅游业实现收入由一季度59.1%的高速增长态势转为同比小幅下降。2012年，乡村旅游共实现收入1.3亿元，同比下降1.4%，接待人数114.3万人，同比下降5.4%。

1.2 乡村旅游收入持续增长

2012年，门头沟区共实现旅游综合收入16.8亿元，同比增长15.0%。从2012年各个季度的累计数据显示（表1），2012年，门头沟区实现旅游收入16.8亿元，比2011年净增2.2亿元，其中旅游商业全年实现收入4.8亿元，比2011年净增8 268.1万元，所占比重及对旅游增长的贡献率均最高，分别达到28.4%和37.7%，收入同比增长20.9%。2006—2011年，门头沟区观光园、民俗旅游总收入持续增长，年均增速50%以上。2011年，总收入1.3亿元，为2006年的8.1倍，占全区旅游收入的8.7%。

从消费结构看，2012年1～10月门头沟区限额以上住宿餐饮业累计实现集团消费收入1.1亿元，占营业总额的28.1%，同比增长1.5%。随着人们生活水平的提高，住宿餐饮业对居民消费已显现出巨大的发展空间和发展潜力。目前，在全区 20 家限额以上住宿业企业中，旅游饭店达到了 18 家，占据九成份额，2012 年 1～10 月旅游饭店累计实现营业额 1.7 亿元，占全区限额以上住宿业营业总额的 92.0%，同比增长 3.0%，已占据全区住宿业发展的主导地位，特别是一些有特色的山庄型宾馆，依托生态环境优势，越来越受到消费者的青睐，如西峰山庄、京西酒店等均连续数月保持两位数的增长势头。

表 1　门头沟区 2012 年旅游业同比增长情况

指标名称	2012 年	2011 年	同比增长（%）
旅游综合收入（万元）	168 443.0	146 490.6	15.0
住宿业（万元）	30 563.8	26 444.3	15.6
旅游景区（万元）	19 161.4	18 062.5	6.1
旅行社（万元）	28 125.2	22 508.1	25.0
旅游餐饮（万元）	16 431.6	14 281.7	15.1
旅游商业（万元）	47 797.4	39 529.3	20.9
旅游交通（万元）	13 739.8	12 858.2	6.9
乡村旅游（万元）	12 623.8	12 806.5	－1.4
接待总人数（万人次）	282.2	292.8	－3.7
住宿业（万元次）	37.2	39.7	－6.3
旅游景区（万元次）	129.6	129.5	0.0
旅行社（万元次）	1.2	2.8	－58.0
乡村旅游（万元次）	114.3	120.8	－5.4

资料来源：北京市统计局网站。

1.3　受交通因素影响较大

门头沟区地处北京西郊，98.5%为山区，山区旅游景观丰富，但这也成为阻隔游客的屏障。特殊的地理地貌，决定了门头沟路网状况与北京其他郊区县相比存在较大差距。截至 2010 年

(表2)，公路总量共974.589千米，仅占全市公路总里程4.7%，排倒数第一位。全市路网密度每百平方千米为167.22千米，门头沟每百平方千米为67.18千米，排倒数第一位。路网布局不合理，辖区路网呈鱼刺状布局，断头路多，路网连通度低，整体服务功能差。实现规划水平较低，实现111千米、在施49千米，仅占全区公路网（骨架）规划总里程420千米的38%。目前，门头沟区主要是以国省干线为主，县、乡公路与之相连的鱼骨刺形公路网结构。深山区主要依靠一条109国道。交通的不便限制了深山区乡村旅游资源的进一步开发。针对门头沟特殊的地理环境，潜山区和深山区的游客主要是选择自驾游，深山区公共交通不发达，公交车班次少、路线长、停靠站多，阻隔了相当一部分选择公共交通出行的游客。即使是自驾游，也基本无法做到当日往返。

表2　门头沟区“十一五”末公路里程年底到达数

行政等级	条数	合计（千米）	一级公路	二级公路	三级公路	四级公路
国道	2	118.050	8.2	109.85	0	0
省道	4	65.070	7.909	40.111	17.05	0
县道	32	266.84	5.24	43.69	183.587	34.323
乡道	71	350.398	0	18.531	89.971	241.896
专用公路	13	9.04	0	6.748	0.8	1.492
村道	123	165.191	0	0	5.001	160.19

资料来源：门头沟区统计局。

1.4　受气候影响较大

门头沟区由于多山，海拔高，尤其是山上气候多变。夏季山区气候凉爽，成为游客避暑休闲的最佳去处。但夏季多雷雨，雨水较多容易在山区造成泥石流等自然灾害，为人们出行造成了不利因素。2012年，“7.21”特大暴雨对门头沟区旅游景区的影响较大，旅游景区实现累计收入同比增速从一季度的18.5%和二季度的26.0%一下由升转为三季度−0.1%的负增长，灾情对景区的基础设施破坏较大，各大景区虽然营业但旅游接待人数出现了大幅下降。截至2012年年底，从事乡村旅游业的观光园和民俗户的单位数为1 162个，比2011年增加了100个，其中民俗旅游户数增加了94户。尽管单位数量同比增长了9.4%，但受2012年二季度以来不利天气因素和“7.21”强降水因素影响，乡村旅游业实现收入由一季度59.1%的高速增长态势转为同比小幅下降。2012年，乡村旅游共实现收入1.3亿元，同比下降1.4%，接待人数114.3万人，同比下降5.4%。冬季，高海拔地区降雪较多，深山区受影响最大，基本处于封山状态。

2 上清水村概况

上清水村位于清水镇西部，在京西著名的灵山脚下，旅游资源丰富。上清水村土地总面积为34 911.3亩，其中，耕地面积481.3亩，山场面积34 230亩，果园面积200亩，用材林200亩。总人数1 262人，其中，农业人口803人，非农业人口459人，从业人员有685人。2011年，人均收入为6 775元。

村内基本实现了由煤炭产业向食用菌、葡萄、枸杞等“高效、特色”农业的转变，共解决了100多名闲散村民的就业问题。2006年，开始建设食用菌种植基地，投资总额达到800余万元，占地面积10 000余米^2。目前，食用菌基地已经建设完成，引进了先进食用菌生产、加工设备。2008年，已进行200亩葡萄地的种植工作，种植葡萄21 000株，对葡萄园进行整地，投资总额近500万元；村内还由政府投资种植了100余亩的枸杞，建成枸杞采摘园；凭借位于京西著名的灵山脚下的地理优势，水质优越，建立了龙涧矿泉水厂。

3 调研概况

本次调研围绕上清水村的乡村旅游景点展开，主要调研地点为百花人家饭店、清水镇虹鳟渔场、清水龙江居酒家和枸杞采摘园；调研对象主要是经营者和部分游客。由于上清水村紧邻109国道，且村落狭长，距离国道最远的虹鳟渔场也不过200米远，步行即可。地理位置都极为便捷。

3.1 游客特点

由于上清水村据城区较远，且地处西部深山区，1天只有2班公交车，公共交通极为不方便，在调查游客当中全部是由自驾游、旅行团构成。个人月收入集中在5 000元以上。出行目的地多为灵山等自然风景区，多为在此停歇食宿，属于过路游客。

3.2 经营者特点

3.2.1 百花人家饭店、清水龙江居酒家

百花人家饭店、清水龙江居酒家为单纯的餐饮接待酒店，较有名气的百花人家饭店规模较大，但配套相关休闲项目和设施较少。2家主要接待游客主要以去灵山风景区的旅行团和自驾游旅客为主。2家饮食都很具特色，主要以当地特产的山野菜和农家饭吸引顾客。

3.2.2 清水镇虹鳟渔场

清水镇虹鳟渔场是门头沟区唯一一家虹鳟养殖场，集养殖和餐饮于一身。目前，渔场自身宣传力度不够，经营对象主要是回头客。渔场规模化发展遇到“瓶颈”期，主要是资金不足，宣传

方式单一，再就是受政策限制，渔场一部分扩建建筑都因违规已搁置。

3.2.3 枸杞采摘园

枸杞采摘园占地100余亩，由于目的地游客较少，基本处于闲置状态，没能进入商业化运营阶段。

4 上清水村乡村旅游存在的问题

4.1 形式种类单一

乡村旅游是以休闲为主要目的，让身心放松是休闲旅游的基本要求。现代都市居民对旅游体验的要求越来越高，更注重旅游者的精神享受，在紧张工作后到心仪的度假地度假，使身心完全放松，成为他们的主要目的。乡村独特的生产形态、民俗风情、生活形式、乡村风光、乡村居所和乡村文化等，成为吸引游客最重要的因素。目前，上清水村乡村旅游业主要集中在餐饮方面，对民俗文化和体验式旅游等形式开发不足，形式单一且相互独立，无法满足目前消费者的需求。

4.2 整体规划不完善，配套服务环节缺失

上清水村旅游设施及景点地理位置较为集中，但是没有形成规划合理的旅游圈，功能互补作用无法发挥。几家商户自身实力不足，单靠自身实力无法吸引目的游游客。相关配套服务环节缺失，尤其是交通方面，游客若不自驾或跟团，只能是高价打黑车。

5 对策建议

门头沟区目前正处在经济发展转型的关键时期，如何利用自

身的旅游资源，迎合消费者需求，将是今后一个阶段面临的重要挑战。现代城市居民日益崇尚健康、环保、绿色理念的，低碳的生态环境、绿色的健康食品都是备受消费者青睐的时代新宠。上清水村要将乡村旅游做出自己的特色和品牌，就要把握住消费者的心态和需求，充分利用地理位置和环境资源的优势，注重结合区域特色培育自有品牌，将乡野风光等自然旅游资源与乡村民俗、乡村文化、乡村饮食、农业景观和农事活动等人文旅游资源有机结合。

5.1　进行整体规划，打造区域品牌

充分利用资源地理位置集中的优势，对村辖区旅游资源进行分类整合，按功能划分旅游板块，重点规划各板块间旅游线路。通过体验式旅游形式，将食用菌厂和矿泉水厂等与第三产业相融合，柔和到整个乡村旅游的环节中来，提高原有产业附加值。完善的整体规划，有利于打造上清水村乡村旅游品牌，使各商户协同经营、利益共享，最终使之成为旅游目的地。为规范管理和统一经营，还可在政府牵头下，各商户按股份成立公司，根据旅游资源的产权，将乡村旅游资源界定为国家产权、乡村集体产权、村民小组产权和农户个人产权 4 种产权主体。在开发乡村旅游资源时，采取国家、集体和农户个体合作的方式，以土地、资金、技术、劳动等多种形式入股，各持一定股权，并且把旅游资源、劳动量、特殊技术等转化成股本，采取按“股份分红”与“按劳分红”相结合的分配方式，进行股份合作经营。不但可以提高经营效率、为游客提供更好的服务，而且还能有效解决农村剩余劳动力。

5.2　完善产业链条，政府、企业、旅行社有机配合

上清水村乡村旅游规划不完善，游客来源不固定且多为过路游客，要想有效解决就要充分发挥各方职能，并有效配合。政府

从前期的规划、设计，到投入资金进行基础设施建设、人员培训，再到制定评定标准进行星级评定，给予政策支持；企业负责或参与乡村旅游经营管理、商业运作等，使用当地的农产品、食品、物资等带动相关产业发展，招募当地村民到企业就业，并且组织一些节庆活动和表演等；旅行社则负责开拓市场，组织客源，可以有效避免农民从事乡村旅游业可能造成的过度商业化氛围，最大限度地保持了当地民俗文化的原真性，让游客能够感受到真实而自然的乡村淳朴民风。

参考文献

郭焕成，孙艺惠，任国柱，等 . 2008. 北京休闲农业与乡村旅游发展研究 [J] . 地球信息科学 (4)：453-461.

潘顺安 . 2007. 中国乡村旅游驱动机制与开发模式研究 [D] . 长春：东北师范大学 .

王兵，罗振鹏，郝四平 . 2006. 对北京郊区乡村旅游发展现状的调查研究 [J] . 旅游学刊 (10)：63-69.

王敏娴 . 2004. 乡村旅游社区参与机制研究 [D] . 杭州：浙江大学 .

王琼英，冯学钢 . 2006. 乡村旅游研究综述 [J] . 北京第二外国语学院学报 (1)：115-120.

尹振华 . 2004. 开发我国乡村旅游的新思路 [J] . 旅游学刊 (5)：40-44.

张迪 . 2006. 乡村旅游游客感知价值研究 [D] . 杭州：浙江大学 .

张艳，张勇 . 2007. 乡村文化与乡村旅游开发 [J] . 经济地理 (3)：509-512.

邹统钎 . 2005. 中国乡村旅游发展模式研究——成都农家乐与北京民俗村的比较与对策分析 [J] . 旅游学刊 (3)：63-68.

北京山区沟域经济特色案例研究

夏胜银　陈学锋

（北京市农村工作委员会山区建设处，北京　100053）

摘　要： 沟域经济是北京山区转变发展方式的创新。在近几年探索实践中，涌现出了怀柔白河湾等各具特色的典型案例。本文以怀柔白河湾、延庆四季花海、密云酒乡之路、房山上方花海等沟域节点为样本，一一剖析沟域建设的发展思路、经验做法和取得成效，从而得出“生态是底线、整合是要领、特色是生命、服务是路径”等成功启示，为北京沟域经济以及山区经济建设的跨越式发展提供参考和借鉴。

关键词： 沟域经济　生态　产业　富民　机制

沟域经济已成为北京山区转变发展方式、建设生态文明、带动农民致富以及提升市民郊游体验的重要途径。近年来，市委市政府高度重视沟域经济建设，各山区县也结合实际大胆实践、积极推进，集中达到了修复提升生态、发展特色产业、富裕山区农民等发展效果；陆续探索出了生态修复切入型、自然风光引导型、特色产业发展型、民俗文化展示型、龙头景区带动型、文化创意先导型6种发展模式；先后涌现出了怀柔白河湾、延庆四季花海、密云酒乡之路、房山上方花海等沟域经济发展典型。

作者简介：夏胜银，1972年出生，重庆人，北京农学院2015级农村与区域发展在职研究生。

1 北京沟域经济发展案例分析

1.1 典型一：怀柔区白河湾沟域

琉璃庙镇位于怀柔北部山区，距怀柔城区 40 千米。全镇总面积 225 千米^2，植被覆盖率达 86%，辖 25 个行政村，7 906 人。围绕“生态涵养发展区”的功能定位，琉璃庙镇确立了“探索低碳循环路径、拓展高端休闲养生、打造沟域经济典型、建设生态旅游强镇”的发展战略，集中打造白河湾沟域。白河湾全长 13 千米，总面积 45 千米^2，涉及 7 个行政村 633 户、1 398 人。该镇以水为灵魂，以新村为依托，以生态环境治理、特色产业培育为抓手，初步打造出了集观光旅游、赛事体验、民俗接待、书画创作、影视拍摄于一体的白河湾沟域经济品牌。

1.1.1 打造白河湾的主要做法

2008—2011 年，3 期打造完成后，白河湾从过去鲜为人知的穷山僻沟一跃而成为京北具有鲜明特色的金山银沟。“山水白河湾，京北‘小江南’”的印象在广大市民中间不断复制。实践中，琉璃庙镇着重从 4 个方面推进白河湾打造。

1.1.1.1 整体规划，分点实施

实践中，整条沟域打破镇村界限，进行整体规划，着力在环境建设、生态治理、产业发展、村庄建设 4 个方面加强完善，分时分段分点推进。根据土地利用和镇域总体规划，通过区相关部门审核，确定了白河湾的沟域规划和实施方案，根据沟域的自然条件、产业基础、历史文化，确定了白河湾发展方向。在整体布局中注重“点”的建设，对沿线 7 个村进行科学规划，各具特色。例如，民居建设上，狼虎哨为剪纸上墙、八宝堂为仿明清古村落；产业发展上，西湾子村为葡萄产业、双文铺村为养生民俗

游产业、青石岭为影视文化产业、狼虎哨为汽车文化产业等。以沟域为框架，以河流为纽带，每个村如沟域中的“明珠”，“一村一品”格局实现了“点”的发展，“点”与“点”之间的联动，促成以“点”带“线”促“面”，体现了“三化”即：农业产业化、公园化和休闲化；形成了“三个结合”，即：山与水相结合、村庄与文化相结合、第一产业与第三产业相结合；实现了“三个转变”，即：农业资源、生活资源、农产品资源向休闲旅游资源转变。

1.1.1.2 集成政策，调动主体

白河湾建设中，以政策集成为重要法门，截至目前，累计整合集成山区农民搬迁、新农村建设、环境整治、生态造林、小流域治理等政策资金近 1.5 亿元。同时，注重发挥农民的主体作用和积极性、创造性，使当地农民参与到沟域经济建设中。通过充分集成各项政策，沿线已实施新整建制搬迁村 6 个，搬迁新村农户依托生态资源，利用新居设施，发展民俗接待等后续产业，截至 2013 年年底，沟域沿线 7 个村发展民俗户 200 余户，集中了全镇 2/3 的民俗接待户，实现了生活资料向生产资料、旅游资源的转变。

1.1.1.3 融合产业，富裕农民

几年来，该镇从转变发展方式的高度认识沟域经济、发展沟域经济，通过白河湾建设，沿线各村生态环境、民俗接待能力和水平、农产品附加值以及种养殖业等方面都得到综合提高，更加适应了市场需要。为进一步增强沟域竞争力，该镇在沟域内各村相继打造了特色养殖园区、湿地观光园、特色种植园区、影视基地、汽车运动园区、云蒙书画院等，丰富了沟域内涵，挖掘了旅游资源，提高了旅游综合接待能力，为村民带来了可观的经济效益。白河北村过去以务农为生，90 户村民的年收入仅有 130 万元左右。2013 年新村建成后，充分发挥资源优势，成立了云蒙山书画创作园区，通过书法、绘画、古琴、陶瓷等传统艺术与自

然山水的完美融合，各界艺术家与游客络绎不绝，带动村民民俗接待迅速发展。新村落成仅半年，该村接待各类人群3万余人，总收入已达到400多万元，村民收入翻两番，民俗户最低者收入3万余元，最高者近50万元。

1.1.1.4 注入文化，提升品位

文化是民俗旅游的核心，在沟域发展过程中，琉璃庙镇始终注重文化与建设的融合，不断挖掘历史、传承保护文化，一是双文铺新村依山就势而建，错落有致，外墙统一采用青灰色涂料粉刷，并分别以“喜梅、兰雅、竹韵、菊香”和福、禄、寿、禧等为主要图案的青灰色砖雕作为墙饰，既体现了中国传统文化元素，又与村庄的整体色调和谐统一；二是作为白河湾的核心区域，八宝堂自然村具有悠久的历史文化和优美的生态环境，在建设过程中，新村建设统一规划成三合院式布局的仿明末清初建筑风格的古民居形成独具魅力的古文化村落，将佛教文化与村里的历史文化进行结合；三是狼虎哨村的建筑格局和整体色调凸显现代新农村风格，墙体装饰为通体透红的手工剪纸造型，内容为吉庆有余、五谷丰登等传统文化，使得全村充满了祥和喜庆氛围；四是白河北村以独栋别墅群展现出了浓郁的现代农村建筑风格，给游客带来高端舒适的享受。

1.1.2 打造白河湾的成效

1.1.2.1 基础设施不断完善，生态环境明显提升

通过农村绿化美化、道路硬化、污水处理、河道整治等工程的建设，改善了沟域内的环境，使村庄更加优美、交通更加便捷；通过木栈道和景观节点的建设，促进了游客与自然更加亲近、融合，实现了人与自然的和谐。琉璃庙镇积极贯彻生态优先的发展理念，不断加强生态建设和村庄整治，实施了小流域治理、植树造林等一系列生态治理工程，严格控制污水和垃圾排放，巩固生态涵养和水源保护成果，自然资源优势正逐渐转化为

经济发展优势。新农村建设，促进了农村生产生活条件改善，农民在衣、食、住、行各个方面都深切感受到了沟域经济带来的实惠和便利，双文铺村已经被评为“北京最美的乡村”，青石岭成为电影《让子弹飞》外景地。

1.1.2.2 休闲产业快速发展，产业融合步伐加快

沟域经济的打造，促进了资源开采向生态休闲产业的转变，促进了传统农业向都市型现代农业转变。目前，白河湾琉璃庙段已发展乡村旅游村 5 个，沿途分布“汽车公园”、“湿地公园”、“滨水沙滩”、“垂钓园”、“采摘园”五大公园及万米木栈道和 74 处景观小品，组成了以休闲、旅游、度假、放慢生活节奏于一体的特色沟域。沟域经济发展，变农民日常的生活资料为节假日的生产资料，满足市民消费的需求，推进农产品增值，实现了第一产业与第三产业的有机融合。自开沟以来，已累计接待游客 120 余万人次，解决劳动力就业近千人，旅游综合收入上亿元，沿线 7 个村农民人均纯收入由建设前的不足7 900元到 2013 年的 18 766元，高出全镇平均水平2 022元。

1.1.2.3 文化创意元素集聚，沟域发展活力增强

沟域经济的打造，以其独特的生态环境、良好的接待水平、淳朴的民风乡情，吸引大量画家、摄影家、影视剧组、游客来到这里，休闲、创作、写生、拍摄影视作品。借此优势，该镇打造了青石岭村影视外景地，近几年来，《家的 N 次方》、《柳白猿》、《向着炮火前进》、《老北风》、《生死恋》、《乱世留声》等 10 多部影视剧组先后在琉璃庙镇取景拍摄，沟域内 200 余名农村人吃上了影视饭，人均每天收入 200 余元。青石岭村的《让子弹飞》外景基地自热播以来也已接待游客 20 余万人，画家千余人，实现旅游收入 7 000 余万元。白河北村云蒙山书画院，以“美丽琉璃”文化节为载体，先后开展了“中华瑰宝·美丽琉璃”摄影作品征集大赛、民革中央画院第三期山水画写生培训班、慈善捐赠笔会活动、“书画琉璃之雅韵”、“琉璃山水间·古琴旗袍秀”等

系列活动，吸引写生人员 8 000 余人次，创作书画作品近 200 幅，摄影作品 5 000 余张，提升了沟域名气，提高了沟域人气，带来了沟域财气。正在举办的“美丽琉璃”全国摄影大赛吸引摄影家 230 名，共征集作品 500 余幅。另外，打造赛事文化，狼虎哨村成功接办 8 届汽车、音乐、乡村游等多种时尚元素的全国汽车场地越野锦标赛，2013 年全国汽车场地越野锦标赛，吸引各界游客 1.6 万余人次，实现旅游综合收入 340 余万元。

白河湾的打造，为琉璃庙镇经济社会的发展注入了生机和活力。依托白河湾，该镇今后将以打造高端养生养老目的地为目标，利用好现有产业基础和设施条件，全面提升吃、住、行、游、购、娱为一体的旅游综合服务功能，形成“山水琉璃”、“文化琉璃”双轮驱动的发展格局。

1.2 典型二：延庆县四季花海之珍珠山水

珍珠泉乡地处延庆东北部，是延庆的深山区，著名的四季花海沟域珍珠山水位于此。乡域总面积 144.2 千米^2，地势西高东低，坡陡沟深，高山与小盆地相间，域内菜食河为密云水库的主要支流，森林覆盖率 68.39%，林木绿化率 88.13%，居全县前列。下辖 15 个行政村 29 个自然村 1 936 户 3 905 人，是北京市人口密度最低的乡镇。近年来，这样一个地广人稀，耕地匮乏，交通不便，经济发展相对滞后的山区小镇，依托四季花海沟域建设，全力打造珍珠山水景观，大力发展以乡村旅游产业为核心的第三产业，实现了山区经济发展的新跨越。加快推进乡村旅游发展过程中，强化机制保障，加强协调，统筹推进，促进了地区经济社会的科学快速发展。2012 年，跨入全县先进乡镇的行列；2013 年，获得“五好”乡镇党委和先进乡镇的荣誉。

1.2.1 坚持规划先行，强化方向引领机制

延庆县在“十二五”规划当中把东部山区确定为十个战略增

长极之一，珍珠泉乡作为东部山区的重要组成部分，紧紧抓住这一历史机遇，聘请北京市农林科学院专家，在深入调研的基础上，精心编制了《珍珠山水高端旅游休闲度假区发展规划》（以下简称“规划”），确立了“打造珍珠山水，发展沟域经济，建设高端旅游休闲度假区”的发展目标和“一带、三心、六区、十节点”的空间发展布局。规划目标的确立，进一步明确了地区经济发展方向，为科学合理统筹推进工作提供了依据。

1.2.2 坚持高位协调，强化工作推进机制

为确保规划的有效实施，乡党委、政府主要领导亲自跑项目，找政策，根据规划和全县工作的统筹安排，每年制定折子工程，量化指标进度，再分解到各个副职和主管科室，把工作完成情况和年度考核充分结合，既做到责任落实到人，又实行不落实或落实不利问责到人。这种高位协调的工作方式，一方面，让基层直接体会到了地区经济社会发展的核心内容；另一方面，也让群众切身感受到了党委、政府主要领导事必躬亲的工作作风，更重要的是形成了强有力的工作推进机制。

1.2.3 坚持资金聚焦，强化项目整合机制

珍珠泉乡是一个经济社会发展相对滞后的地区，对发展旅游业、进行基础设施进行配套建设的自有资金十分有限。为解决这一发展难题，党委、政府通过整合项目，聚焦资金，有效提高了资金使用效率。3 年来累计整合农业、交通、水利、林业、旅游、文化、宣传等大小项目近 30 个，集聚资金近 2 亿元，完成道路改造 35 千米，河道景观治理 6 000 米，修建登山步道 1.5 万米，停车场 15 处，2.3 万$米^2$；观景亭台 21 处，4 000 多$米^2$，新建生态厕所 12 座，各类休闲步道、栈道近 4 000 米，建设文化地标、文化墙和标志性雕塑 6 处，600 $米^2$，安装各类导游标识 256 块、电子显示屏 2 块、太阳能路灯 285 盏，绿化、美化面

积 6.7 万米^2，调整农业产业结构 2 000 多亩。项目和资金的整合，使得区域内公共基础设施日臻完善，生态环境质量明显提升，为旅游产业的快速发展奠定了坚实基础。

1.2.4 坚持部门联动，强化发展会商机制

任何一个地区的经济社会发展都离不开各个相关部门、单位的鼎力支持和积极参与。乡党委、政府确立了部门联动的会商机制，积极争取市、县相关部门给予项目和资金支持，定期邀请发改、农委、旅游、土地、规划、园林、市政、文化、宣传等相关部门的领导和工作人员就沟域经济建设过程中的项目申报、方案设计、施工进程、技术指导等方面进行研讨，把各部门所提出的合理化建议作为一种资源有效的配置到产业发展的各个环节。这种机制的建立，不但让部门在地区经济社会发展过程中的指导和支持作用得以充分发挥，更重要的是让党委、政府的引导作用得以放大，避免了少走弯路或不走弯路。

1.2.5 坚持外部参与，强化社会助推机制

一个地区的发展，离不开外界的参与和支持。珍珠泉乡依托独特的山水资源，在基础设施和公共服务设施不断完善，生态环境质量不断提升的同时，广纳贤士，多方引入社会资本，吸引了一批企业和个人来参与山区建设，助推沟域经济发展，全面提升乡村旅游的品位和档次。西单商街投资 1 亿元的高端商务休闲会所已经完成土地手续，正在进行规划设计；北京阳光凯讯公司投资 8 000 万元兴建的珍珠山水人家度假村项目，可行性研究报告已上报县发改委，现正进行场地平整；个人投资 2 000 万元兴建的绿茵溪谷休闲庄园 2013 年已经被评为国家三星级农业休闲园区；留香谷香草园通过 3 年的运营，在京郊也成为小有名气的婚纱摄影基地。这些社会力量的参与，为全乡旅游产业的健康发展和提升注入了新的活力，增添了新的内涵。

1.2.6 坚持扩大外宣，强化舆论导向机制

建设是手段，宣传是途径。在沟域经济建设过程中，注重宣传，并初步建成以电视、报纸、网站、电台等为主，微博、户外LED等为辅的宣传体系，多途径、多种类、多角度的宣传沟域经济建设成果，营造良好的发展氛围。区域的发展得到了中央财经频道、北京电视台、京郊日报、北京日报和晚报、法制晚报、北京青年报和新华网、搜狐等媒体的关注和报道，累计宣传报道100多次。此外，深入挖掘区域文化底蕴和资源，举办了丰富多彩的旅游、宣传推介活动，进一步提升了珍珠山水的知名度。一是成功举办了首届端午文化节。组织开展了采山泉茶、包苇粽、赏腰鼓，吃端午饭、咸鸭蛋彩绘、红葫芦祈福等活动。二是成功举办两届“村官”集体婚礼。2012年和2013年的8月18日，在珠泉喷玉主题广场举办了两届“村官”集体婚礼，全市累计34对“村官”参加了活动。

1.2.7 坚持富裕农民，强化政府引导机制

产业发展的出发点和落脚点都是为了富裕农民，这一点在实践中得到了充分的验证。近年来，政府多方筹措资金，在鼓励农民发展蛋鸭养殖，玫瑰、大榛子种植以及民俗户升级改造等方面给予资金扶持，取得了良好的效果。随着乡村旅游产业的不断发展，传统的农产品正在通过加工包装逐步向旅游产品转换，农民争相发展旅游接待的热情日益高涨。

生态环境质量的不断提升，基础设施的日益完善，旅游接待水平的持续提高，吸引了更多的游人前来观光度假。2013年，接待游客达到55万人次，同比增长37.5%；实现旅游综合收入1 560万元，同比增长30%。全乡旅游人次大幅攀升，农民收入再创新高，“珍珠山水”知名度大幅提升，沟域经济成效显著。珍珠泉——一个昔日落后闭塞的山区小镇，通过沟域经济的深入

发展，基础设施和公共服务设施更加完善，生态质量更加提升，农民的生产生活环境更加优美，农村经济结构更加科学合理。落后到进步，寂静到喧嚣，贫穷到富裕，传统到现代，一系列的变化将引领这一山区小镇走向更加富裕和灿烂的未来。

1.3 典型三：密云县酒乡之路

酒乡之路位于密云县巨各庄镇，距县城 7.5 千米，为 2013 年、2014 年全市重点推进的沟域之一，是县委 2013 年、2014 年“折子工程”。沟域以新密兴路和久黄路为主线，西起蔡家洼村，东抵前厂村，北至查子沟村，全长约 30 千米，面积约 80 千米^2，涉及 26 个行政村，12 876 户 24 585 人。

1.3.1 高端定位，高位规划

2013 年，巨各庄镇党委政府坚持“规划先行”理念，在市、县农委的大力支持下通过招投标，由中标单位中国建筑技术集团有限公司设计了《北京市密云县巨各庄镇“酒乡之路”沟域经济规划》。

巨各庄镇打造酒乡之路，围绕密云“绿色国际休闲之都”发展定位，以新密兴路为主轴，以葡萄酒庄产业带暨“酒乡之路”为主题，打造集精品农业、农产品加工业、旅游休闲业、文化创意产业于一体的“精致乡村生活的体验地，国际休闲梦想的实现地”。

在沟域经济建设过程中，按照“一轴、两带、三区”的总体发展布局。一轴：即沿新密兴路两侧，构筑一条由葡萄种植园，城堡酒庄，主题村落等构成的葡萄产业和葡萄酒文化主轴，形成“一条龙式”的系统化葡萄产业聚集带；“两带”，即龙湾水乡国际休闲度假产业带和潮河生态综合产业带。龙湾水乡国际休闲度假产业带，围绕龙湾水乡休闲假区，结合金鼎湖山水资源，发展精致高端旅游产业带；潮河生态综合产业带，沿潮河打造生态休闲综合产业带，发展生态亲水旅游，充分体现原生态和文化特色。“三区”是沿新密兴路，规划布置前置综合配套服务区、产业发展技术服务区和精致乡村生活体验区三大功能区。

1.3.2 “三双”措施，助力发展

为确保“出形象、有进展、见成效”，在酒乡之路的建设，围绕葡萄产业主题，实施了“三双”措施：

一是“双保障”夯实沟域建设基础。县、镇两级政府高度重视，从组织、资金两个方面，给予了坚实保障。组织上，县镇两级成立了沟域经济建设领导小组，为护航葡萄产业发展，“巨各庄镇葡萄产业协会”注册成立并投入运营，统一聘请葡萄专业技术人员不定期到田间地头进行培训服务，农业科技人员也逐步发挥出作用。资金上，充分运用好市级沟域经济启动和奖励资金，重点做了“酒乡之路”沟域环境提升。两年来，集成部门资金5.3亿元，用于支持酒乡之路沟域建设。

二是“双驱动”助力5项工程实施。针对沟域经济、环境、交通等条件良好的镇情域情，酒乡之路沟域建设，采取了公益性项目和产业性项目双轮驱动的模式：一方面，提升环境品质，投3 000余万元，对酒乡之路两侧600亩进行深层次绿化，在酒乡之路沿线打造20个景观节点，打造东白岩、达峪两个民俗旅游村，提升生态环境；另一方面，投入近1.6亿元，实施蔡家洼玫瑰情园、蔡家洼热带水果设施农业观光园、精品酒庄等项目，构筑葡萄主题、生态休闲、民俗接待相融合的产业构架。

三是“双要素”构筑特色产业模式。巨各庄镇位于北纬40.22°，为葡萄种植最适宜纬度。酒乡之路围绕葡萄主题，大作特色文章，借势张裕爱斐堡酒庄，“两条腿”走路，调动社会、农民“双要素”，实行高端项目、农民主体相结合。与张裕爱斐堡葡萄酒庄园等企业合作，撬动社会资金近5 000万元，发展酿

酒和鲜食葡萄 7 000 亩，最终形成万亩葡萄的基地规模，投资 7 800万元建设巨丰欣悦酒庄、橡树堡酒庄、骏熙伟业等 8 家精品葡萄酒庄，流动管护用房等项目配套跟进。另外，发挥农民主体，引导丰各庄、水峪等 11 个村 3 700 户农民中发展庭院经济，栽植葡萄种苗 14 800 株。“龙头辐射、农民参与、梯次分明、优势互补”的葡萄特色产业模式初步形成。

1.3.3 进展顺畅，初显成效

经过建设，酒乡之路沟域面貌明显变化，产业模式更加成熟，农民增收见到效果。

一是五项工程快速推进。2 年来，酒乡之路已经启动实施项目 37 个，完成投资 5.7 亿元；其中公益性项目 16 个，完成投资 4.1 亿元，产业性项目 5 个，1.6 亿元。酒乡之路两侧深层次绿化、百果长廊更新绿化、农民住宅单项改造、葡萄观光采摘园等项目已经完工。久远庄、康各庄等村建设葡萄长廊 9 000米；酒乡之路 20 个景观节点建设，已经建成 12 处。前厂村泥石流易发区 16 户搬迁新村建设已完工，水树峪村山区搬迁工程已启动，截至 2014 年 3 月底，已完成主体工程的 40%，年底可完成工程主体。在镇域内加强路网建设，最终形成三横四纵格局，重点实施潮东路扩建、巨四路新建工程，即将实施的京沈高铁建设东西贯穿全境，将建成的密云东站与巨各庄镇域西边接壤。

二是环境品质再迈新台阶。生态环境提升项目的实施，密兴路两侧 20 000 米的围栏，建有安全保障和景观美化的效果；牛角峪等 6 个村砌石护坝 12 000 米，对全镇 26 个村进行了住宅及建筑的外立面油饰，大大提高了沟域的生态品质和环境承载能力；蔡家洼村薰衣草和玫瑰组合形成的玫瑰情园，形成 1 600 亩的大地景观，与万亩葡萄产业基地，形成风景迥异、错落有致的沟域景观。

三是产业特色更加突出。张裕爱斐堡国际酒庄集种植、生产、销售、旅游、接待、餐饮、住宿、娱乐于一体的葡萄酒示范企业，年综合收入可实现2.02亿元。依托原有葡萄产业基础，酒乡之路对产业资源进行整合、提升，在八家庄、牛角峪等8个行政村新发展鲜食葡萄和酿酒基地近7 000亩，发展13个葡萄观光采摘项目。全域葡萄产业实现产值3 690万元，与之相呼应的生态休闲产业悄然兴起，蔡家洼观光工业园、生态农业园、玫瑰情园集观光、采摘、休闲旅游、婚纱摄影于一体，2013年接待游客30万人次，年收入可达1 000万元。随着特色日渐凸显，“酒乡之路”已经进行了商标注册。

四是农民增收见到实惠。葡萄产业的发展土地由个人经营流转到集体经营，农户拿土地租金，然后葡萄园就业拿工资，还有一部分人外出打工，这部分人人均收入每年可提高2万～3万元，沟域经济的实施带动旅游业的发展和相关企业的落户，预计全镇由此而带来的人均收入可提高1 500元。

建设成效的取得，得益于高端的规划和清晰的思路，更得益于领导的高度重视、充实的资金保障。酒乡之路将牢牢依托中国特色世界城市山区谋局，紧扣“绿色、休闲、精致”主题，依托葡萄产业带，打造集精品农业、农产品加工业、旅游休闲、文化创意发展于一体的酒乡之路，为生态提升、产业融合、农民致富铺就崭新的沟域经济之路，从而推动山区经济社会又好又快发展。

1.4 典型四：房山区上方花海

2013年，房山区韩村河镇上方花海被确定为市级重点沟域后，房山区紧紧围绕这项重点工作，着力打造一条精品线，营造两片生态景观区，建设5个特色产业园，努力抓好环境整治、生态建设、基础设施、新村民居、特色产业5项工程，取得了明显成效。

1.4.1 合理规划，明确沟域建设主题

打造上方花海沟域规划项目，既要立足本区山区现行的发展需要，又要具有超前的科学发展理念。为了体现沟域建设创新的规划理念和园林设计特色，经多方论证，最终选定北京农学院园林学院来设计完成韩村河镇上方花海沟域规划方案。规划方案中体现了 3 个特点。首先，确立以“花”文化为沟域发展主题，实现了规划设计与政府发展思路的有机结合，具有很强的可操作性，体现了规划的创新性和生命力；其次，以万亩“天开花海”为主体，形成连接上方山国家森林公园和“全国十大名村”韩村河村的新结点；最后，通过“一沟两湖五产业，三线八区十二景”的空间布局，形成了以“花海—农业景观—山水景观”和“寺庙—佛塔”为载体，自然景观和人文景观相融合的新特色，为上方花海绘制出美好的发展蓝图。

1.4.2 统筹协调，形成沟域建设合力

沟域经济契合了房山区山区经济转型发展的需要，成为山区资源型产业转型发展的新模式，得到各级领导的高度重视，2013 年，房山区将上方花海列为区政府实事工程之一。一是主要领导亲自抓。区委书记、区长等主要领导先后多次到沟域进行专题调研，组织区农委、发改委、旅游委、财政局、水务局、园林绿化局等相关部门深入工程一线，现场办公，全面推进各项工作；二是建立职能部门协调联动机制。成立由主管副区长任组长，区农委、区发改委、规划局、土地局等 17 个职能部门为成员单位的沟域经济发展工作领导小组，建立联席会议制度。各职能部门将上方花海建设列为重点扶持计划，集成各项政策和项目资金达 3.7 亿元；三是基层政府全面落实。充分发挥乡镇政府的积极性，韩村河镇党委、政府把实施上方花海建设列为“1 号工程”。成立由镇党委书记任政委，镇长任总指挥的沟域建设指

挥部，下设环境整治组、绿化美化及工程指导组、拆违治乱组等8个职能组，各科室、各村细化责任分工，全面落实沟域建设工作。

1.4.3 加强监管，确保沟域建设资金到位

为确保市级沟域经济专项资金及时到位，规范高效利用。区农委与区财政加强沟通，严格资金管理使用。一是严格资金拨付流程。区农委制定《沟域经济发展项目管理制度》，严格沟域经济规划建设资金管理。沟域经济项目由项目主管单位统一编写，并经区财政局审核，上报市财政局项目库。项目资金到位后，区农委致函区财政局，由财政局直接拨付项目建设单位，即乡镇人民政府。二是实行专项管理。乡镇政府开设沟域经济资金专户，对资金实行专人专账管理，所有资金都通过财政专户统收统支，做到资金安排到项目，支出核算到项目，会计凭证、账册及其他会计资料做到了定期整理归档。真正做到专款专用，即集中管理、统一使用、以收定支、加快周转、开源节流、提高效益。三是确保投放安全。区财政局严格拨付审核项目资金，工程项目建设完成后，由相关部门审核后，出具权威的审计报告后，由财政部门审核同意拨付全部资金。

1.4.4 美化环境，夯实沟域建设基础

生态环境是沟域的最大卖点，也是沟域建设的重要切入点。一是美化沟域大环境。通过小流域治理、绿化造林等大规模生态工程建设，营造了山青水美的大环境，先后完成上方山小流域治理10千米，清理河道75 000米^3，实施护岸加固500米；绿化造林7 395亩，实施平原造林水利配套工程6 908亩，新打机井7眼，配备水泵13台，安装供水管线133 640米，形成万亩森林景观带。二是细化沟域局部小环境。重点对村庄周围环境进行综合整治，全面清理垃圾、渣土、治理乱堆乱放、拆除违法建筑，

对沿线全部村庄进行外立面粉刷，绘制外墙宣传画和标语。清理垃圾 20 万米^3、乱堆乱放 122 处、违章建筑 53 处，粉刷墙面 1.3 万米^2、绘宣传画和标语 8 000 米^2；实施道路两侧绿化 8 万米^2，建设路边花园 12 处路、安装绿篱 1 000 米、护栏 3 000 米，改变过去杂草丛生、私搭乱建、垃圾乱堆乱放、污水横流的农村脏乱环境，实现了灰瓦、白墙、绿篱、鲜花相互呼应的美丽乡村。三是巩固沟域发展硬环境。修复“7.21”自然灾害中上方山国家森林公园被水毁的水、电、路、公厕、停车场等基础设施，加固了登山步道、云梯、观景亭、索道等旅游设施；“天开花海”景区建设自驾公路 1 500 米、生态停车场 5 000 米^2、公共卫生间 2 处、登山石子路 2 317 米、竹门楼 2 座，安装太阳能路灯 418 盏，提升旅游基础设施综合水平，为沟域旅游产业发展提供良好的硬件环境。结合险户搬迁工程，维修“7.21”洪灾水毁房屋 1 529 户、新建 342 户；对龙门口、皇后台村进行整体规划，集中建设新型社区，现规划已获批。

1.4.5 突出特色，打造沟域建设的产业支撑

产业特色是沟域经济的生命所在，是山区农民增收的有力保障。上方花海沟域依托特色优势，抓龙头、连农户、拓市场，打造出“两个一万、三个一千”特色产业工程，带动沟域内 10 个村农村经济总收入、农民人均收入、劳动力就业同比分别增长 13%、12%、8%；沟域沿线各村民俗接待户和餐饮店增加 185 户。一是培育特色产业。根据地域特点，开发农游结合特色产业——“天开花海”，现已建成对外收售门票的花海景区 2 000 亩。景区农户 1 020 家，每年可获土地流转费 318 万元，花海经济效益 70%分红，户均增收 5 000 元左右。同时，带动周边新发展“上方人家”民俗户 63 家。同时，为当地群众提供工程建设、景区管理、游客服务、特产销售等就业岗位 621 个；二是做大传统产业。借助“太湖牌上方山香椿”品牌和“罗家峪红薯”传统

种植经验，建设圣水绿洲万亩香椿种植园，实行有机标准化种植、冷链式贮藏运输，延长香椿销售期，拉升利润空间。同时，开发特色餐饮、休闲体验等相关产业；薯香苑千亩红薯种植园，发展加工、储备、物流等配套环节，建成产供销一体化的现代化加工企业，延长产业链条，提升农产品附加值；三是引入高端产业。积极引进社会资本参与沟域建设，改变过去单一产业结构，发展农业科普教育、农耕体验、拓展培训、休闲养老等高端业态。例如，引入北京尚大沃联福生态农庄，通过电子商务、DIY活动、儿童拓展训练项目等时尚销售方式，带动有机蔬菜产业发展；采取“QQ果场”经营模式，推出“游客亲手入园采摘，最好的果子论个儿卖”的新型营销模式，带动果品种植业发展，种植面积扩大到1 500亩；引入龙门生态园、韩建集团开发建设湿地养老公寓、夕阳红小镇休闲养老产业等新型业态。龙门湿地公园老年公寓项目，建设面积1万米^2、拥有床位500个，内设医疗门诊、老年活动中心、休闲街等，可为老人提供休养、健身、医疗、学习、娱乐等全方位的服务。

1.4.6 宣传造势，唱响上方花海沟域品牌

依托“天开花海”旅游观光季系列活动，开展了全方位、多层次舆论宣传，极大地提升沟域知名度。一是打造旅游品牌活动。先后推出“月满中秋”烟花节、“上方山杯”书画摄影大赛以及“天开花海”油菜花节、长跑节等一系列观光季活动，打造旅游品牌，吸引众多书画、摄影、自驾旅游爱好者和资深博客、婚纱拍摄者前来观光游览。二是发挥媒体宣传优势。积极邀请中央电视台、凤凰卫视、北京电视台、搜狐、腾讯等主流媒体多角度宣传旅游资源；在中央电视台《乡村大世界》、北京电视台《寻找北京最美的乡村》、《美丽乡村》、房山电视台《面对面》等栏目专题播出沟域建设成果宣传片，向全社会展示上方花海沟域建设成效。三是完善标识标牌系统。在沟域入口、龙门生态园、

“天开花海”等主要道路、重点地段及景点醒目位置，树立标志性景观石4块，设立大型宣传牌12块、灯箱广告150个、指示牌10处、道旗上百面，起到长期固定的宣传引导作用。通过宣传推介，吸引游客21.2万人次，实现旅游综合收入2 165万元，同比增长18.7%。

2 北京沟域经济发展的启示

剖析上述典型案例，给我们很好的启示，集中体现在4个方面。

2.1 生态是底线

沟域是大自然的造化，沟域经济是山区人民的选择，沟域经济发展的底线是生态，沟域生态环境，决定着北京市民的生活品质和幸福指数。沟域经济无论规划还是建设，必须牢牢把握生态文明的基调，追求人与自然相和谐、生态与产业相统一、山水林田路村及点线面相协调的可持续发展，坚持“一条条沟域，一个个山野公园”的理念，高起点规划、高标准建设。

2.2 整合是要领

山是北京最大的固定资产，沟域是重要的资源，推进沟域经济健康持续发展，仅靠沟域自身，仅靠山区县党委政府是远远不够的。要整合城乡资源要素，推动资金、人才、技术、信息向沟域流动。要创新部门联动机制，进一步强化“集成政策、聚焦资金、引进社会要素、调动农民主体”的机制，形成合力共建的发展格局。

2.3 特色是生命

沟域经济是以市场为导向的开放型经济，特色是沟域经济的生命。特色就是沟域的产业定位，每条沟域要有引人眼球、带有个性化的东西，要有面向市场的卖点。提倡一招鲜，防止千沟一面。沟域经济必须因沟制宜、因沟施策，突出特色，发挥优势，打响品牌，才能有底气、增名气、聚人气、生财气。

2.4 服务是路径

沟域必须立足服务首都、服务市民，加强基础设施及公共服务设施建设，提高沟域的环境承载力和旅游接待力；沟域建设要为广大市民休闲旅游搭建平台，创造自然和谐的生态环境，让游客“吃的放心、住的可心、游的舒心、玩的开心、购的称心”。

实践证明，沟域经济已经成为北京建设生态文明、富裕山区农民、引领跨越式发展的重要抓手和成功模式，只有不断总结经验，持续推进沟域经济上层次、创品牌、出效果，山区才能切实成为首都“山会招手、水会唱歌、树会说话”的生态屏障；成为推动京津冀协同发展的战略腹地，成为和谐宜居城市的有力支撑。

北京农民专业合作社绩效研究

韩　啸

（北京农学院经济管理学院，北京　102206）

摘　要： 本文根据我国农民专业合作社发展的状况，以北京周边农民专业合作社为研究背景，根据农民专业合作社绩效体系为支撑，分析了农民专业合作社组织管理机制对农民合作社的影响方式。研究结果表明，农民专业合作社的绩效和农民专业合作社的组织状况即股权结构、社长背景及理事会三大因素有非常强的因果关系。其中，以股权结构对农民专业合作社的影响最为显著。同时，农民专业合作社效益与合作社带头人的理论水平及管理经验，以及管理机制的完善程度呈正相关。

关键词： 北京　农民专业合作社　绩效　组织管理机制

前　言

根据我国《中华人民共和国农民专业合作社法》对农民专业合作社的定义："农民专业合作社是在农村家庭承包经营基础上，同类农产品的生产经营者或者同类农业生产经营服务的提供者、

基金项目：北京市属高等学校高层次人才引进与培养计划项目、现代农业产业技术体系北京市奶牛创新团队。

作者简介：韩啸，1988年出生，山东人，北京农学院2012级农业经济管理研究生，主要研究方向：都市型现代农业、农业技术经济。

利用者，自愿联合、民主管理的互助性经济组织。农民专业合作社以其成员为主要服务对象，提供农业生产资料的购买，农产品的销售、加工、运输、贮藏以及与农业生产经营有关的技术、信息等服务”。该定义明确了农民专业合作社是经济组织，并且是一种较为特殊的企业。农民专业合作社是在农村家庭承包经营基础上，同类农产品的生产经营者或者同类农业生产经营服务的提供者、利用者，自愿联合、民主管理的互助性经济组织。农民专业合作社以其成员为主要服务对象，提供农业生产资料的购买，农产品的销售、加工、运输、贮藏以及与农业生产经营有关的技术、信息等服务。近年来，按照“因地制宜，多方向发展，政府补贴，私有化运营”的原则，我国致力于农民组织化程度高，农民抵御市场风险能力强的农民专业合作社。根据有关部门统计资料显示，截至2012年年底，全国共注册农民专业合作社68.9万家，出资总额1.1万亿元，入社数量较2009年翻了两番。然而在这种增速迅猛的环境下，农民专业合作社却没有一个特定的标准来衡量其绩效的增减变化，突出的问题主要体现在以下3个方面：一是农民专业合作社的实际作用没有数据和研究成果来体现，仅仅是主观意向上的认为。二是农民专业合作社普遍存在不规范的问题，良莠不齐，鱼龙混杂。目前，全国68.9万家合作社中比较规范的最多只有20%，但是管理制度规范的合作社又苦于高成本的压力；三是组织管理机制在农民专业合作社绩效提升中的作用没有一个定量的方法进行明确的判断和界定。

冯开文（2000）运用制度变迁理论解释农民专业合作社，认为只有健全的组织管理制度和农民本身的利益诱导相结合才能找出一条发展壮大农民专业合作社的新方法。杨少平（2002）认为，农民专业合作社是一种新型的迎合时代背景的合作经济组织。它是农民不舍弃自己生活的根本，并能够更好的发展自身所从事的活动的良好平台。农民专业合作社是社会主义市场经济下的必然趋势，也是国家发展农业的一项重大创举。以上对于农民专业合作社的研究已经非常成熟，但是涉及对合作社绩效的评价体系的讨论较少。国内的徐旭初（2009）构建了农民专业合作社绩效评价体系，并界定了组织建设、运营活动、社员收益、组织发展、社会影响5方面的指标并用实际案例对评价体系进行了验证。至于农民专业合作社组织管理机制对于绩效的影响评价研究就较少，而从组织管理层面对合作社绩效的实证研究更是少之又少。因此，我国农民专业合作社正处于繁荣和壮大的历史性阶段，从合作社组织管理层面评价和探究如何提升农民专业合作社的业绩及社会价值，已成为当前我国发展农民合作社的关键问题。现有研究除了徐旭初（2009）从制度层面研究合作社绩效，并用了SEM模型分析其内部联系，且方法较为成熟完善外，既往少有对组织管理机制对合作社绩效的实证研究，有也仅限于发差分析和回归分析，难以确切定量的评估各个影响因素的作用大小，区分直接联系和间接联系。本文主要利用SPSS 19.0软件和AMOS 17.0软件进行数据统计和结构方程模型分析。用定量方式更加直观评价管理机制对绩效的影响，并提出针对性提出政策建议。

1 模型、研究方法及样本说明

1.1 模型及变量说明

组织管理机制是对绩效影响的重要因素之一，许多学者认为，组织管理机制是一种将农户外部交易内部化以避免加工企业或者其他农产品购买者的机会主义行为的管理机构。徐旭初（2009）认为组织管理机制主要包括理事会、股权、内部监督、社员退出等机制，它们是对组织管理机制的微观反应。

对于农民专业合作社组织管理机制与绩效的结构方程模型，本文把合作社基本状况、股权、理事会构成、监督情况、社长情况作为外生变量，农民专业合作社绩效作为内生变量。根据笔者对于合作社各个机制对绩效影响理论的现有理解，确立了初步的农民专业合作社组织管理机制对绩效影响路径图。

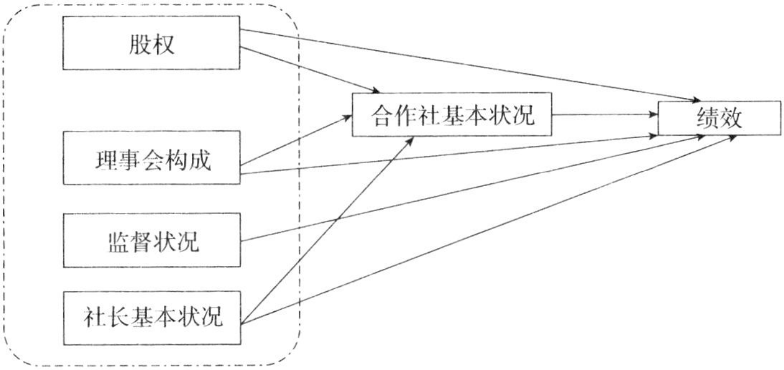

图 1　农民专业合作社组织管理机制对绩效影响路径图

图 1 所反映的是潜变量间的结构模型可以表示为：

$$E(\Phi) = B\Phi + \Gamma\theta + э$$

E 为潜变量的期望值，Φ 表示内生变量，θ 为外生潜变量，B 为内生潜变量的相关系数矩阵，Γ 为外生潜变量对内生潜变量的影响矩阵，э 是误差项。E（э）＝0。

内生潜变量和外生潜变量的测量分别为：

$$X = \lambda x\theta + э_1$$

$$Y = \lambda y\Phi + э_2$$

X 表示外生显变量的向量组合，y 表示内生变量的向量组合，λ 代表负载矩阵。

1.2　问卷设计及样本说明

问卷的设计主要涉及三大部分，第一部分是合作社的组织和管理状况，第二部分是合作社的基本情况，第三部分是合作社社长的基本情况。本研究所用数据皆通过北京市京郊区、县农民专业合作社发展现状开展实地调研。由于时间和经费原因，笔者采用抽样法，从北京市抽取了 3 个区、县，分别代表各自区域内的不同经济发展水平。本次调研共走访农民专业合作社 50 余家，发放问卷 64 余份，收回 64 份，其中有效问卷 55 份。所有问卷都是在团队同学的一问一答的方式由调查者自行填写的方式完成的。

2 农民专业合作社绩效的度量

本研究借鉴徐旭初（2009）提出的浙江省农民专业合作社的绩效评价体系，将农民专业合作社绩效分为行为性绩效和产出性绩效，由于农民专业合作社的特殊性和多重性，行为性绩效指的是农民专业合作社在组织运行和盈利两个方面的成绩。而产出性绩效应该体现在对社员本身以及社会层面以及合作社的贡献。结合以上想法以及现有研究成果，笔者将农民专业合作社绩效评价指标确定了 11 项（表 1）。另外，定性类的指标如“满意度”等都做了量化处理，采取从 0～10 打分的方式量化指标。

表 1　农民专业合作社绩效评价指标

一级指标	二级指标	指标内容
合作社绩效（1.0）	合作社营运状况（0.4）	1. 社长对合作社发展的总体满意度（分） 2. 合作社近年来的盈余分配比例（%） 3. 合作社获得过政府的相关支持度 4. 统一供种苗比例（由于统计难度，回收问卷中此项基本没有数据，故删除不做处理） 5. 统一采购农业投入品的比例（由于统计难度，回收问卷中此项基本没有数据，故删除不做处理） 统一标准化生产的比例（由于统计难度，回收问卷中此项基本没有数据，故删除不做处理） 6. 合作社年盈余 7. 社员人数

（续）

一级指标	二级指标	指标内容
合作社绩效（1.0）	社员收益（0.3）	1. 社员人均年收入（万元） 2. 社员比非社员年增收额（万元）
	社会影响（0.3）	1. 合作社带动当地非社员农户数（户） 2. 有无知名品牌 3. 有无相关农产品认证（无公害、绿色食品等） 4. 有无自己网站

注：各指标权重根据德尔菲法提出的20项指标权重，然后经过删除合并，重新分配了11项。

3 农民专业合作社组织管理机制测量

本模型中外生潜变量不能直接获得数据，需要通过各个二级指标进行侧面反映。表2中用于反映外生潜变量的指标有16个。是否是当地生产大户、得到政府和外界支持的强弱是衡量合作社基本状况的重要途径。社员退出能力越强表明合作社自由度越高，规章制度越健全，相反合作社的社员退出能力较弱表明合作社制度完善程度堪忧。股东股权集中度可以反应组织管理机制在社员中的认可程度，如果股权集中度过高，往往会导致农民归属感下降，从而降低效益。农民成员占总出资的比重对于评估合作社带动农民的能力有非常重要的作用。理事会开会次数的多少及其表决方式也从侧面反映理事会在合作社中的积极作用及正规程度。财务状况往往是衡量内部监督和管理透明度的一项非常重要单的指标。以上涉及的16个测量指标都是从不同角度来讨论他们对合作社绩效的影响。

表 2　农民专业合作社组织管理机制变量描述

外生潜变量	测量指标	
	指标代码	指标内容
合作社基本状况	A1	社员退出能力（分）
	A2	外部扶持（分）
	A3	是否为生产大户（分）
股权	A4	第一大股东股份比例（%）
	A5	农民成员占总出资的比重（%）
	A6	成员总出资额（万元）
理事会	A7	有无理事会（分）
	A8	理事会的表决方式（分）
	A9	理事会会议次数（次）
监督状况	A10	2012 年社员代表大会召开次数（次）
	A11	2012 年监事会会议召开次数（次）
	A12	公开财务状况和营运状况（次）
	A13	是否有完整的会计资料（分）
社长基本情况	A14	社长文化程度（分）
	A15	担任社长年限（分）
	A16	有无社会职务（分）

4　模型结果及意义

本研究用 AMOS 17.0 软件，对图 1 的路径模型进行拟合和验证，通过结构方程模型中路径系数的显著性检验及模型的整体评价得出合作社组织管理机制对绩效的影响的路径分析图（图 2）。

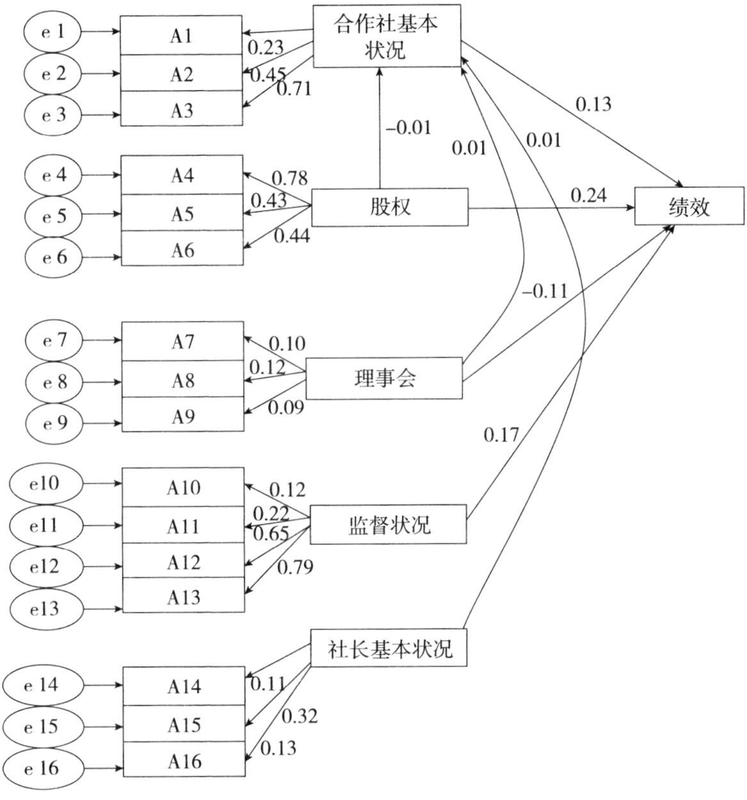

图 2　合作社组织管理机制对绩效影响路径分析

通过结构方程模型计算结果得出，在组织管理机制方面对合作社绩效影响最为重要的是股权的分配问题，其次是监督状况和理事会凸显的作用。但是社长的学历以及从业年龄对绩效影响微乎其微。

第一大股东的股权度越高，对绩效的影响就越强。也就是说，股权在合作社上的等额分配在一定程度上制约了合作社的发展。这是由于过度分散的股权在股权所有者看来干多少和得到多少与自身个体联系不大，完全平均主义思想将会严重制约那些企业制度不健全的企业的发展。适度的集中能够对合作社的员工和核心成员起到一种激励作用。

合作社财政透明度和内部监督状况对合作社绩效的提升作用虽然排在第二位，但是在影响组织管理机制上它是最为关键的因素。识别一个合作社的正规程度以及战略方向是离不开财务和内部监督状况的。如果合作社组织管理机制对合作社整体发展呈积极的促进作用，那么财务透明和内部监督状况对于合作社绩效也一定成正影响。

社长个人状况以及理事会对于合作社的整体影响都较小，甚至可以忽略，但是值得指出的是，社长个人的职务性质与合作社绩效呈现出正相关关系。社长是党员的合作社较非党员社长对于合作社绩效影响较大，而合作社年龄和社长从业年限对于合作社基本无影响，理事会开会次数对于绩效也不影响。

值得指出的是，外部扶持对于合作社绩效非常显著。这是由于合作社获得的外部扶持越高，其拥有的社会资源越多，在获得国家政策补助和合作社运营理念方面都优于其他合作。但是合作社越大有时获得的社会资源越多，这往往导致小合作社越来越难拿到外部扶持政策。

5 结论及建议

通过以上实证分析，本文可以得出以下结论：第一，组织管理机制对农民专业合作社绩效的提升不容忽视，且合作社股权的分配对农民专业合作社绩效影响最大。第二，理事会对于合作社绩效影响较小，或者说是合作社仅有部分其他核心成员掌握，理事会仅仅是框架。第三，财务公开程度和内部监督对于合作社绩效的提升也是非常显著的，财务的公开及员工内部的监督使得社员对合作社运营做到心中有数，认同感也同步加强。第四，外部资源即政府政策的偏重对合作社绩效影响非常大，但是这种优势资源仅仅掌握在少数规模较大的合作社中，使得小合作社及刚刚起步的合作社难以发展。

根据以上结论，本文提出以下政策启示：第一，合作社尽量不要将均股权分配到所有社员手中，要照顾部分核心成员，他们是现阶段发展合作社的关键力量。忽略合作社间各个股东的股份差异的问题，注重将领导权掌握在核心成员及高素质人才手中。解决好农民激励机制及利益分配问题，着实让社员归入合作社的发展轨道上来。第二，确保理事会及监事会核心成员保持理念上的一致，有一个团结有效的领导集体，做到存在的制度机制就要利用好，不要忽略或者架空某些关键机构，从而造成合作社的管理缺陷。第三，政府也应该充分认识到对合作社的投资方式，不要仅仅对大合作社锦上添花，应该做到重视和着实落实对中小型合作社的政策补贴及优惠措施。

参 考 文 献

布劳．1991．不平等和异质性［M］．北京：中国社会科学出版社．

孙艳华．2007．农民专业合作社增收绩效研究［J］．南京农业大学学报（2）．

徐旭初．2005．中国农民专业合作经济组织的制度分析［M］．北京：经济科学出版社．

徐旭初．2010．治理机制对农民专业合作社绩效的影响［J］．中国农村经济（5）．

北京市爱农星食用菌专业合作社成长调查

吴晓光　魏兰　王天琪
张硕黄　怡潮　贾楠

（北京农学院经济管理学院，北京　102206）

摘　要： 通过实地调研，了解北京市爱农星食用菌专业合作社成立的背景，梳理该食用菌合作社发展现状，并对合作社的成长路径选择进行探究，指出北京市爱农星食用菌专业合作社今后发展的道路。

关键词： 食用菌　专业合作社　发展现状　路径选择

前　　言

为了加大建设社会主义新农村的力度，构建城乡经济社会一体化的新格局，加强农村基层干部队伍建设，发扬从基层培养年轻干部的优良传统，培养有知识、有文化素养的新农村建设带头人，国家从2008年起在全国范围内启动了大学生“村官”计划，到2011年全国在任的大学生“村官”总数超过20万人，分布在除港澳台以外的31个省（直辖市、自治区），并取得了良好的效果。2010年，开始北京市农委联合市人力社保局尝试开展了大

作者简介：吴晓光，1989年出生，北京人，北京农学院2012级农村与区域发展研究生。

学生“村官”对接合作社的试点工作，提出了每年安排一定数量的大学生“村官”到有条件的农民专业合作社中工作，主要从事合作社财务管理、农产品营销、农产品加工及合作社日常管理的相关工作。20 世纪 80 年代以来，各类农民专业合作经济组织不断涌现，对我国农业的发展起到了重要的推动作用。自《农民专业合作社法》于 2007 年 7 月 1 日实施以来，我国以立法的形式推进农民的经济互助与合作，其对引导和促进农民专业合作社发展具有重大的现实意义和深远的历史意义。大学生“村官”对接农民专业合作社，一方面为农民专业合作社注入了新鲜血液，发挥了很好的促进作用；另一方面为大学生“村官”提供了施展才华和磨炼的平台，也为大学生“村官”今后自主创业奠定了基础。

本文以大学生“村官”创业为出发点，以北京市爱农星合作社的发展为研究主线，研究大学生“村官”创业之路及合作社成长模式。

1 北京市爱农星食用菌专业合作社成立的背景

1.1 合作社成立的背景

1.1.1 艰难的创业过程

2007 年，陈墨所在的保安庄的西瓜刚刚到了收获的时候，一场突如其来的冰雹砸碎了瓜农的心，几个月的辛勤劳动就这样付之东流了，天灾使得村民颗粒无收，连温饱都成了问题，缴纳新农村养老保险的资金更是大问题。而陈墨正是负责收取养老保险金的人，这件事在陈墨的心中引起了不小的波澜：勤劳的村民一年到头扎在地里，每天早出晚归不辞辛苦的劳作，然而面对对自己大有益处的养老保险时，资金再次难倒了他们。这时的陈墨第一次看到了农村真实的现状，他那时就想：一定要做点什么，改变村民只能靠天吃饭的现状。

心怀目标的他工作起来更加的干劲十足。每天他都走家串户，和村民聊天，了解村民所需。在与村民接触的过程中，细心的陈墨发现村中的年轻人大多选择离开村子到外面去寻求发展，只剩下老幼妇孺。但一个地方要发展没有劳动力是不行的，劳动力的大量流失就成为制约村子发展的主要因素。在经过冷静的思考分析之后，陈墨认为只有村中产业的建立与发展才能将劳动力吸引回来。但是，这个产业又在哪里呢？一个偶然的机会，他与同宿舍的另一名“村官”胡建党结识了，——一个来自河北的食用菌调研员。在交谈中，学过食用微生物的陈墨敏锐地察觉到——项目有“门”了！

陈墨将自己的想法告诉胡建党，一样想做出一番事业改变农村现状的胡建党同样认为种植食用菌这个想法可行。达成共识的两人决定利用周六日的时间到河北香菇产地遵化、“金针菇之乡”灵寿进行实地考察、学习，调查归来后，他们又频繁地出入北京市新发地批发市场，进行市场价格分析。3 个月后，同车轮一起运转的一个日渐成熟的计划终于出炉，鉴于食用菌周期短、见效快、经济效益相对较高的优势，陈墨和胡建党决定在王家场村进行食用菌生产试点。

从亲戚朋友那里东拼西凑，陈墨和胡建党合伙投资 16 万元，租下了王家场村 10 亩“能排能灌”的良田，就在这片田地里，陈墨和胡建党在他人怀疑的眼光中，搭起了第一个王家场村用于种植食用菌的大棚，真正开始干起了食用菌培养，并开始在两个村子推广。“黄金组合”中，陈墨负责技术方面的事情，胡建党则负责外联公关工作。

创业之初，什么都需要亲自动手——拿执照要跑遍工商局、国税局、地税局、银行、全程业务大厅，要弄懂营业执照、机构代码证、税务登记证等的办理知识以及相关法律法规；建基地要规划好土地、大棚、设备等；搞生产要管理好拌料、接种、灭菌、装棒等各个环节。这些事情很琐碎，执行起来却需要大量的时间。那时候，又得做好“村官”的本职工作，又要忙创业，工作量特别大，几乎是别人的3倍！为了就近照顾食用菌大棚，陈墨和胡建党就居住在一个不到10米^{2}的小屋里，饭要自己做，衣要自己洗。2008年冬至，大兴区的气温骤然降至－17℃，他们居住的简易小屋里没有暖气，室温只有零下10℃，两个人晚上不得不整晚地烧锅炉，清晨5点多，食用菌大棚的棚布被寒风刮开了，顶着凛冽的寒风，陈墨以最快速度扯下布帘，再压好。有风的夜晚，他们就怕棚布会被风掀开，冻死食用菌，只好轮流熬夜。

1.1.2　以创业带动就业

村民在看到食用菌项目的良好收益后，纷纷加入他们的工作中来，在陈墨和胡建党的16个大棚中，每天都会看到当地12位农民忙碌的身影。他们是食用菌产业第一批受益的村民。

2008年，基地已向8户村民提供了种植技术培训和生产用菌苗，并雇佣了12位村民帮助打理食用菌大棚，2009年他们还组织成立了北京“爱农星”食用菌专业合作社，建起了食用菌试验基地，该合作社把分散的农户组织起来，农户可以出资、入股，大家一起动手做，合作社有统一的销售和技术规范管理。合作社的建立将会使得更多的人走进创业基地，了解种植技术，为食用菌大规模种植提供理论指导，为村民增加收入提供可能。现在已经有30余户村民参与其中，2014年年底收回成本，村民也迎来了第一次分红。

1.1.3　合作社发展的现状

如今，村里人都加入了合作社，村里40%多的耕地搞起了大棚种植。而2007年时，这个数字还只是10%。最多的一家搞了7个大棚。2010年10月，陈墨和同伴又带领合作社建起育苗基地和蔬菜新品种示范基地，他还开办了田间学校，从市里、区里请来农技指导员，让更多村民掌握不同品种蔬菜的种植技术，也让村民们见都没见过的新品种能走进他们的大棚。合作社创始人还记得，刚开始请专家来村里进行技术指导时，并没有多少人感兴趣。可是看到技术指导的“成果”，村民开始兴奋了，不仅积极地去接受技术指导课，还总能学以致用。

2011年，爱农星食用菌专业合作社带动村民每亩地增收2 000～2 500元，销售果蔬25万千克，人均年收入达到14 000多元。对于这样的数字，陈墨并不满意。在他的设想中，他希望能建起这样一个产业链：有种植，有养殖，有物流，有旅游采摘，还有农家院。

走进爱农星的连栋蔬菜大棚，你会感觉像进了特菜大观园：桃形番茄、紫色西兰花、紫色马铃薯、香蕉西葫芦、白皮黄瓜等。几年前这里的村民都没有见过这些蔬菜，如今他们已经在“村官”陈墨的带动下逐渐种植起这些特殊的蔬菜品种，尝到了科技带来的甜头。村民告诉记者，2013年5月初的时候，离普通西瓜上市还有一个半月，陈墨在第五代温室大棚里种植的L600新型西瓜品种已经成熟，“这西瓜不仅皮薄瓤红，特别甜，还做过有机认证，上市价格是普通西瓜的5～6倍。”

如今，育苗基地和蔬菜新品种示范基地又成为农业科技示范展示区，村民们经常要到陈墨的连栋大棚和温室大棚里走走看看，向陈墨咨询可以种植哪些蔬菜。蔬菜基地不仅帮忙买种子、请专业技术人员向村民传授种植技术，还帮助村民销售蔬菜。2011年，合作社帮助村民销售蔬菜西瓜等农产品25万千克。

2 北京市爱农星食用菌专业合作社的发展现状

2.1 合作社组织制度

2.1.1 入社与退社管理制度

农业合作社重要的一方面是入社与退社，大兴王家场村耕地面积500多亩，全村共有72户，目前，共计20多户农民加入了爱农星食用菌专业合作社。大兴王家场的农民主要通过当地村委会参与或退出合作社，合作社对于入社成员没有特殊要求，合作社成员身份自由，符合合作社法的要求。

2.1.2 社员大会管理制度

爱农星合作社定期会开设社员大会，便于社员间的交流，更有利于确定合作社的发展方向，及时发现问题解决问题，但通过调查发现爱农星专业合作社大会章程比较简单，对于合作社的选举、罢免等情况只有内部几个人中比较了解，合作社成员虽然对于合作社拥有知情权，但选举权执行情况有待完善。

2.1.3 社务公开制度

合作社的发展规划、财务情况、入社、退社、除名、国家扶持情况、人员聘用情况等都应通过公开栏、社员大会、公开信等形式公开，让社员了解合作社的发展情况，一般一年一次，具体公开程序由理事会和监事执行。北京爱农星专业合作社在一般通过公开栏和村委会通知的方式进行公开，但财务、发展规划方面的公开情况不是很理想，同时农民关注程度不高，缺乏有力的监督主体。

2.1.4 生产销售管理制度

目前，众多合作社与公司都建立了合作关系，分担了合作社的风险，同时保证农产品及时供销，合作社＋公司的机制使合作社、企业、农民都得到了实惠，既发挥了规模优势，又提高了经济效益，还解决了一家一户难以解决的问题，使社会资源得到了有效配置。北京爱农星农业科技发展有限公司与北京爱农星食用菌专业合作社就是很好的例子，爱农星合作社依托公司将农产品销售出去，降低生产成本，保证了农民的利益。但通过调研发现，合作社的生产销售管理制度不很完善，没有建立生产、销售的标准、指导与服务，对于合作社的运行等方面没有细致的章程。

2.1.5 其他管理制度

合作社的其他管理制度包括理事会制度、监事会制度、档案管理制度、人员培训制度、盈余分配制度等方面。理事会是合作社的执行机构对社员大会负责，主要职责包括召开社员大会、公开发展计划、制定年度预算等；监事会是合作社的监督机构，监督财务和业务情况；凡是反应合作社活动的章程、管理办法、年度计划等都应归档，按照相应的档案管理办法实施；针对不同职位的工作人员应进行岗前培训，人员管理方面应具有详细的章程；合作社的盈余应按法定标准执行，确保社员利益。爱农星合作社建立了理事会、监事会，具有相应的规章制度，在档案管理、人员管理方面稍有不足，财务分配制度情况总之，爱农星专业合作社的组织制度有待完善。

2.2 合作社资金的筹措与使用

农民专业合作社作为法人，应当有必要的法人财产，并以这些财产独立的承担责任。专业合作社成立初期，其财产主要来源是成员出资，北京市爱农星食用菌专业合作成立初期主要是发起人进行投资。而且，《农民专业合作社法》规定：农民专业合作社成员以其账户内记载的出资额和公积金份额为限对农民专业合作社承担责任。在农民专业合作社成员承担义务的规定中也指出：成员要按照章程规定向合作社出资。因此，加入农民专业合作社，应当有一定形式的出资。但是，从我国现阶段农民专业合作社发展的实际情况考虑，《农民专业合作社法》没有规定农民专业合作社成员出资总额的最低限额。也没有规定成员出资的最低限额。这种出资制度为农民专业合作社提供了较大的灵活发展空间，体现了鼓励农民专业合作社发展的立法指导思想。根据《农民专业合作社法》的规定，农民专业合作社的财产由成员出资、公积金、国家财政直接补助、他人捐赠以及合法取得的其他资产这 5 个部分组成。

2008 年，北京市爱农星食用菌专业合作社成立之初，大学生“村官”胡建党与陈默一起投资 15 万元租下村里的 10 亩土地发展食用菌种植。直到 2012 年，《北京市小额担保贷款担保基金管理实施办法》发布后，规定符合条件的合同期满未就业的北京大学生“村官”在申请小额担保贷款时，可以不必提供任何担保。在此优惠政策的引导下，两人协调争取多方资金 300 万元，建设了 16 个食用菌大棚，同时还建起保鲜库、采菇房、发菌室、接菌室和拌料场，建设蔬菜育苗和新品种实验推广基地，年生产销售瓜菜 30 多万千克；带动 40 多户村民加入合作社，促进 80 余名劳动力就业。

2.3 合作社的主要业务

北京爱农星食用菌专业合作社与农户共同组成的以种植和销售农产品为主营业务的农民专业合作组织。目前，主要产品以蔬菜、瓜果、食用菌为主。2010 年共投资 150 余万元，建设起育苗基地和蔬菜新品种示范基地，基地采用穴盘育苗和特殊机制科技方法育苗，有效解决了弄明育苗难的问题，同时带动周边农民尝试种植蔬菜新品种。陈墨还建立了田间学校，已培训更多村民掌握不同品种蔬菜的种植技术，周边村民纷纷种起新、奇、特的蔬菜品种。

现在合作社正在筹划建设蔬菜配送中心，切实解决农户买菜难的问题。目前，合作社将逐步形成蔬菜瓜果育苗、种植和新品种科研、示范推广以及蔬菜配送一条龙的产业链条。在销售渠道上，爱农星合作社与北京爱农星有限公司相辅相成，以大学生“村官”为龙头的农业企业，以现代的经营理念，旨在生产优质、特色、安全的农产品，做到“从田间地头直接到百姓餐桌”的服务。不经中间流通环节，降低成本，减少流通环节造成的质量安全性下降。探索解决“菜贱伤农，菜贵伤民”的问题。爱农星有限公司负责产品的包装和销售，“爱农星”已经成为了独有的商标。除此之外，爱农星合作社还推出采摘和团购的销售模式和营销渠道，均取得了良好的效益。

3 北京市爱农星食用菌专业合作社成长路径选择

2008 年 9 月创业之初，陈默与同是大学生“村官”的胡建党在村里创立了北京爱农星食用菌专业合作社。在 2010 年 10 月，爱农星食用菌专业合作社进一步投资 150 余万元，建起了育苗基地和蔬菜新品种示范基地。基地采用穴盘育苗和特殊基质科技方法育苗。用这种方法，育苗数量大、成活率高，有效解决了村民育苗难的问题。紧接着，陈墨又从蔬菜之乡山东省寿光市引进第五代温室大棚技术，使大棚黄瓜、西瓜的上市时间大大提前。

如此好的发展现状加上对未来的美好展望，在种植食用菌的基础上，陈墨尝试用菌斑的废料培植有机蔬菜、瓜果，发展循环农业。周边 300 多户农民陆续种起新品种蔬菜瓜果，每亩地年增收 2 000～2 500 元。目前，已有西瓜、甜瓜、圣女果和辣椒 4 种瓜果蔬菜获得了有机认证。2014 年 5 月初，离普通西瓜上市还有一个半月的时间，在王场村，“村官”陈墨在第五代温室大棚里种植的 L600 新型西瓜品种已经成熟，这西瓜不仅甜，皮薄瓤红，还做过有机认证，上市价格是普通西瓜的 5～6 倍。

在面对扩大公司规模的问题上，爱农星是十分理智的。陈默与胡建党都认为农民的根基薄，不会拿出自己的所有积蓄搞温室大棚，只有在稳步发展保证社员收益的情况下，循序渐进的扩大规模，才是爱农星的发展之本。要想扩大公司规模，首先要把销售放在首位，销售渠道打开了，需求量提高了，才会使公司种植、培育规模扩大。在经市委办公厅刘耀明副主任和农委协调下，在新发地中央粮油批发市场开办了北京爱农星食用菌专业合作社的食用菌专卖店，这样北京爱农星食用菌专业合作社实现了产销一条龙的经营框架模式。所以，扩大公司规模不能激进，要循序渐进，这样才能使爱农星形成良性健康的发展。

目前，北京爱农星食用菌专业合作社的社员基本都集中在王家场村内，随着公司销售规模的扩大，公司要进一步扩大种植、培育规模，在未来的时间里，会逐步向周边村庄发展社员。合作社要向专业化的方向发展。借鉴德国、法国的经验，如建立水稻、牛奶、草莓、棉花等专业性比较强的合作社，因为专业的合作社更容易依靠科技。农村合作社依靠科技那么原始劳动力也就是人力就会减少。那么农村合作社除了社员数量预期之外，还会预期农村合作社的社员素质的提高。农村合作社会加大对专业人员的招募，加速农村合作社的成长。这也是农村合作社成长的必经之路。

4 结论

本文在相关理论研究基础上，通过实地调查，从合作社规章制度、民主管理机制等角度剖析爱农星农民专业合作社发展概况以及今后发展的主要方向，现对农民专业合作社的转型和发展方向做如下总结：

在农民专业合作社的成长道路选择模式上，一方面，要对运作无序、分配随意的专业合作社进行规范化和制度化建设，如规范章程和制度、股金设置、工商登记、组织和内部机构、社员管理、民主决策、财务管理、农业投入品供应、产品收购、盈余分配等制度建设，已发改造为合作社企业；另一方面，要全面拓展和提升专业合作社的服务功能和经营层次。专业合作社的合作领域主要包括生产、加工、销售合作：①生产领域主要是统一供应生产资料、统一技术、质量、品牌等方面的合作与联合；②加工合作是合作组织的主要方向与重要环节，可从产品的统一整理、冷藏、保鲜和初级产品加工入手开展合作；③销售合作主要包括统一收购、统一运输、统一品牌、物流配送等方面的合作与联合。此外，专业合作社的服务还可以向融资领域拓展，开展资金的互助合作。对于不具备向合作社企业转变的组织可以重新登记为专业协会或股份制企业。各类专业合作社应按企业化要求，改善办公设施，培训场所、产品收购场地、冷藏设施、加工场地等硬件设施，不断增强和提高为社员服务的水平。

农民专业合作社在我国农业和农村发展中发挥着举足轻重的作用，加快我国农民专业合作社的发展，是破解我国“三农”难题，加快社会主义新农村建设的有效途径和重要措施。

参考文献

罗井清.2012.湖南省烟农专业合作社发展模式选择研究［D］.长沙：中南大学.

骆清.2010.农民专业合作社带头人成长路径研究［J］.集体经济（1）.

宋箐.2011.农村合作社模式研究——以来安县小李庄为例［D］.合肥：

安徽大学．
孙亚范．2009．农民专业合作社经济组织利益机制分析［M］．北京：社会科学文献出版社．
文新．1995．农业合作社的资金来源［J］．国外社会科学文摘（2）．
应瑞瑶．2006．农民专业合作社的成长路径——以江苏省泰兴市七贤家禽产销合作社为例［J］．中国农村经济（6）．

北京居民乳品需求调查研究

危薇[1]　白燕飞[2]　范宣丽[2]

（1. 北京市昌平区政府，北京　102206；
2. 北京农学院经济管理学院，北京　102206）

摘　要： 随着人们生活水平的提高，居民对乳品需求也出现多元化，液态奶、酸奶及奶粉成为乳制品市场上主要消费品种，而影响这些乳品消费的因素也较多。本文主要针对北京乳制品消费人群展开问卷调查，发现消费者收入、乳品品牌、乳品质量等均会对消费者产生影响，从而提出相关建议。

关键词： 北京　乳制品　需求

近年来，中国经济飞速发展，居民的收入也不断提高，随着生活水平的不断改善，人们对健康的意识也更加强烈，对乳制品需求也不断增加，但 2008 年的“三聚氰胺事件”，严重地打击了消费者信心。2012 年全国的城市居民平均乳制品消费量为每人 26.79 千克，北京作为中国的大都市，平均水平为 32.37 千克，这远远高于全国的平均水平。为了更好地预测北京未来乳制品的需求数量和需求结构，更好地为北京消费者服务，此次调研对了

基金项目：2013 年度国家自然科学基金面上项目（71373025）、2014 年度国家自然科学基金面上项目（71473019）、北京市属高等学校高层次人才引进与培养计划项目（CIT&TCD20140314）、现代奶牛产业技术体系北京市创新团队。

作者简介：危薇，1987 年出生，重庆人，北京市昌平区大学生“村官”，研究方向：都市型现代农业。

解当前北京居民乳品需求情况具有一定意义。

1 引言

在我国关于居民乳制品需求、消费等方面，有许多学者对此进行研究，徐光增、王家传等（2004）对泰安市牛奶制品市场需求情况进行了抽样调查，并对泰安市乳品市场需求状况开展了实证研究，为促进泰安市乳品消费需求提供有效途径。彭秀芬（2008）在文中分析了中国的乳品消费现状，对城乡居民乳品消费结构变动情况加以阐述，并对根据预期的数量增长趋势线来预测未来 5 年中国乳品的需求量。孟惠婷（2010）对内蒙古的乳品消费进行研究，利用定性分析方法分析了内蒙古乳业发展现状、特征，从而得出收入水平是影响居民乳品消费的最主要因素。贺迎春（2011）通过采用双对数模型对时间序列数据进行回归估计，计算出我国居民乳品消费的需求弹性、收入弹性、消费习惯影响弹性等，来判断我国居民乳制品消费水平。对于北京的乳制品消费，沈文华等（2006）主要分析了乳制品消费的非经济影响因素，提出加强北京中小学学生奶推广等政策建议。王丽琼（2007）对北京近、远郊区县农村人口的家庭收入、乳品消费结构等情况进行调查，并找出影响乳品消费的因素。韩胜文（2008）应用消费者行为理论、市场细分理论、生活形态理论和消费决策理论对北京居民乳品消费行为进行了研究。

本文主要针对北京居民现阶段的乳品需求情况进行调查研究，调研主要区域为城六区（东城、西城、朝阳、海淀等）及远郊区县（昌平、房山、顺义等），共完成有效调查问卷 200 份。通过发放调查问卷的形式，让市民根据自己的情况填写，从问卷所填信息上了解当前北京居民对奶及奶制品的消费状况、影响奶及奶制品消费的因素、当地居民对奶制品中发现“三聚氰胺”等乳品质量问题的看法等。

调查数据使用 SPSS 统计软件进行分析整理。由于本次的问卷调查无法采取随机抽样方法进行选择，因此，本次调研的数据结果也不能代表北京居民乳品消费的数量和规模，本文结论仅仅说明是此次调查问卷的结果。

2 北京市居民乳品消费现状

2.1 受访者基本情况

根据 200 份的北京居民乳品需求调查问卷反映，受访者主要是女性居多，占问卷总量的 61.5%，男性所占比例为 38.5%（表 1）。从调研中发现，日常女性购买乳制品较多。从问卷来看，当前家庭人口数一般在 3 人左右，6 人以上的成员就非常少了，占 4.6%，而家庭成员 3 人以内的占 53.6%。3 口之家的家庭类型成为主要形式。

表 1 受访者性别

项　目	频　率	百分比（%）	有效百分比（%）	累积百分比（%）
男	77	38.5	38.5	38.5
女	123	61.5	61.5	100.0
合计	200	100.0	100.0	

资料来源：调研数据整理。

本次调研的受访者年龄最大的为 70 岁，最小的为 18 岁，40 岁以下的受访者占总人数的 72.5%，体现出购买的乳制品的对象是以中青年为主。可见，在当前的乳制品消费市场主要消费人群存在年轻化，居民的乳制品消费观念也转变，对乳制品营养价值的认识逐步增强。

在问卷调查过程中，分别对北京城六区及远郊区、县均发放了问卷，受访者为城六区的有 73 份，占总量的 36.5%，远郊区、县有127份，占63.5%。在受访者文化程度方面，高中以下占37.7%，为大学专科及以上学历的人占到62.3%（表2），说明受访居民的文化程度普遍较高。他们的职业有办公室职员、机关社会团体、管理高层、服务人员、在校学生、农民、失业、家庭主妇等，普通办公室职员较多。

表2 文化程度

项目		频率	百分比（%）	有效百分比（%）	累积百分比（%）
有效	小学	6	3.0	3.0	3.0
	初中	25	12.5	12.6	15.6
	高中/中专/技校	44	22.0	22.1	37.7
	大专	44	22.0	22.1	59.8
	大学本科	53	26.5	26.6	86.4
	研究生及以上	27	13.5	13.6	100.0
	合计	199	99.5	100.0	
缺失	系统	1	0.5		
合计		200	100.0		

资料来源：调研数据整理。

2.2 奶及奶制品消费现状

2.2.1 家庭普遍食用乳制品

从调研结果来看，受访者家中所有成员都食用乳制品占74.9%，不是全部成员都食用乳品的为25.1%，这部分家庭尽管不是全部成员均食用乳品，但是还是存在部分成员日常食用。因此，可以看出北京居民普遍在食用乳制品（表3）。

表3 家庭所有成员全部食用奶及奶制品情况

项目		频率	百分比（%）	有效百分比（%）	累积百分比（%）
有效	是	143	71.5	74.9	74.9

（续）

项目		频率	百分比（%）	有效百分比（%）	累积百分比（%）
有效	不是	48	24.0	25.1	100.0
	合计	191	95.5	100.0	
缺失系统		9	4.5		
合计		200	100.0		

资料来源：调研数据整理。

2.2.2 乳制品消费呈现出上升趋势

从2013年与2012年家庭成员在消费奶及奶制品情况来看，液态奶消费保持不变，占47.5%，也存在一定增长趋势，有34.3%的家庭液态奶消费有一定增加，但还是有一部分家庭在减少，在表4中能看出，液态奶和酸奶、奶粉相比，家庭消费减少趋势占比最大，达到14.1%。而酸奶的消费量增加较明显，占42.9%。奶粉的消费量就相对较少，在受访者家庭中59.8%是无人消费奶粉，这与家庭环境有极大关系，通常奶粉均为婴幼儿消费，若家庭中都是成年人，主要倾向于液态奶与酸奶。总体来说，乳制品消费呈上升趋势。

表4 2013年与2012年相比家庭成员消费奶及奶制品情况

项目	液态奶有效百分比（%）	酸奶有效百分比（%）	奶粉有效百分比（%）
显著增加	10.1	9.7	4.1
有所增加	24.2	33.2	9.3
保持不变	47.5	43.4	20.6
有所减少	14.1	9.7	5.2
显著减少	1.0	0.5	1.0
无人消费	3.0	3.6	59.8
合计	100.0	100.0	100.0

资料来源：调研数据整理。

在消费量上，2013年以来，居民每周购买液态奶平均1.5次，每次购买约1 817克，酸奶每周平均1.88次，每次926.19克，奶粉购买量是最少的，每周0.28次，每次245.4克。可以看出，受访者中每周购买酸奶的较多，其次是液态奶，最后是奶粉。

2.3 影响奶及奶制品消费因素

2.3.1 乳品品牌、保质期及质量为消费者首要考虑因素

从表5看出，居民在购买乳品时品牌、生产日期和保质期、产品质量及口感和口味占据了较大比例，达到88.5%。其中，品牌效应深入人心，占30.2%，现阶段绝大部分消费者对乳品大品牌比较信任；其次关注生产日期和保质期，也是对自己身体健康的保障，产品质量也是其中重要方面，口感和口味满足个人自身需求。

表5 居民在购买奶及奶制品时考虑因素

	项　目	频率	百分比（%）	有效百分比（%）	累积百分比（%）
有　效	品　牌	60	30.0	30.2	30.2
	口感与口味	37	18.5	18.6	48.7
	价　格	4	2.0	2.0	50.8
	产品质量	39	19.5	19.6	70.4
	产　地	3	1.5	1.5	71.9
	购买方便	3	1.5	1.5	73.4
	媒体报道宣传	1	0.5	0.5	73.9
	有促销活动	1	0.5	0.5	74.4
	生产日期和保质期	40	20.0	20.1	94.5
	包　装	1	0.5	0.5	95.0
	花色品种	2	1.0	1.0	96.0
	营养成分	6	3.0	3.0	99.0
	是否假冒伪劣	1	0.5	0.5	99.5
	容量大小	1	0.5	0.5	100.0
	合　计	199	99.5	100.0	

（续）

项　目	频率	百分比（%）	有效百分比（%）	累积百分比（%）
缺　失　系　统	1	0.5		
合　计	200	100.0		

资料来源：调研数据整理。

2.3.2　家庭人均月收入影响乳品消费量

家庭的人均月收入影响着家庭生活的各个方面，衣食住行都会以收入为前提，而乳制品的消费也会受居民收入的影响。从图1可以看出，人均月收入在800元以下的家庭，奶及奶制品的消费明显低于收入较高的家庭。液态奶的消费随着收入的增加有显著上升，酸奶消费也有增长趋势，图1中液态奶、酸奶、奶粉的趋势线说明了液态奶、酸奶消费量随着收入的增加逐步上升，而奶粉的消费比较平缓，这也与奶粉的消费群体有一定关系。因此，家庭人均月收入对乳制品消费存在一定影响。

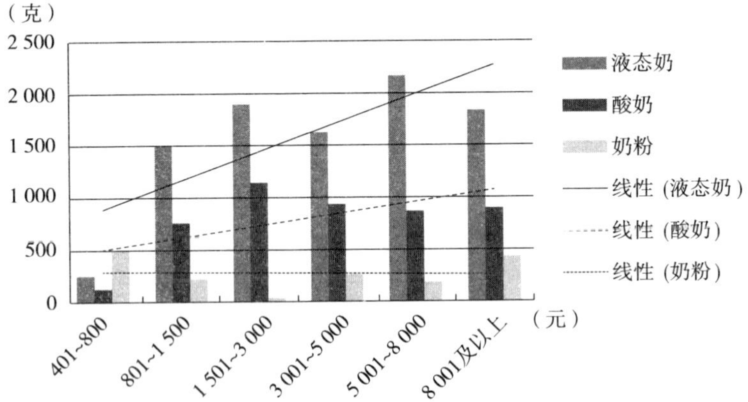

图1　居民每周平均购买奶及奶制品数量
资料来源：SPSS统计软件整理分析。

2.3.3 居民对奶粉的放心程度较低，更倾向购买品牌乳品

自从 2008 年“三聚氰胺事件”以来，消费者对乳制品质量安全问题存在各种担心，信任度大幅降低。从调研结果来看，目前居民对市场上出售的液态奶和酸奶放心程度相对奶粉较高，酸奶占比为 61.2%，液态奶为 52.5%，而奶粉的放心程度却仅仅为 22.5%（表 6）。可见，问题奶粉对消费者的打击巨大。

表 6　居民对市场上出售奶及奶制品放心程度

项　目	液态奶有效百分比（%）	酸奶有效百分比（%）	奶粉有效百分比（%）
放　心	12.1	16.1	5.9
比较放心	40.4	45.6	16.6
不太放心	38.9	29.5	33.2
很不放心	3.5	3.6	14.4
说不清	5.1	5.2	29.9
合　计	100.0	100.0	100.0

资料来源：调研数据整理。

尽管居民对奶粉的信任度有所下降，但是大部分消费对液态奶及酸奶的消费还是比较放心，通常会对乳品品牌进行有选择性的购买。在调研过程中了解到北京居民在购买液态奶、酸奶主要选择的品牌是伊利、蒙牛、三元、光明这 4 家乳品加工企业，占比分别为 95%和 92.7%。其中，伊利、蒙牛、三元为主要购买品牌。居民在购买奶粉时，选择的品牌就相对分散，目前市面上奶粉销售品名较多，为了保证奶粉质量，大多数家庭愿意购买国外品牌，主要选择惠氏、雅培、多美滋、雀巢等，此外还存在部分居民说不清日常购买哪个厂家的奶粉，表示没有充分的信任度。

2.3.4 居民普遍关心“三聚氰胺事件”

此次调研行动还发现对于“三聚氰胺事件”居民普遍都比较关心，“三聚氰胺事件”现在不仅仅是一次事件，而是体现出乳品的整个质量安全问题。35.7%的居民对此是十分关心，46.2%的居民也是比较关心。不关心此事件的居民存在少部分（表7）。因此，乳品质量安全问题影响着居民购买乳品。

“三聚氰胺事件”的发生，给我国整个奶业造成了巨大的负面影响，也严重打击了消费者对奶业的信心。从受访者的回答中了解到，有48.2%的购买者对我国奶业日后的发展不太有信心，38.7%的购买者比较有信心，如此对奶业信任度的缺失也会对我国奶业健康稳定发展带来一定影响。

表7 居民对奶及奶制品中发现“三聚氢胺事件”的关心程度

项　目	频　率	百分比（%）	有效百分比（%）	累积百分比（%）
十分关心	71	35.5	35.7	35.7
比较关心	92	46.0	46.2	81.9
不太关心	32	16.0	16.1	98.0
不关心	1	0.5	0.5	98.5
未听说	3	1.5	1.5	100.0
合　计	199	99.5	100.0	

资料来源：调研数据整理。

2.4 城乡居民乳品需求对比情况

将调查问卷进行分类整理，居民每周在购买奶及奶制品次数较多的是居住在城六区的居民，其中城六区居民购买酸奶的次数最高，而远郊城镇或居民小区在购买液态奶的次数最多，远郊乡镇居民购买的奶粉次数较多，而远郊农村（村镇）的居民无论是在购买液态奶、酸奶还是奶粉的次数上都是最少（表8）。

表 8　居民每周购买奶及奶制品次数

项　目	液态奶	酸　奶	奶　粉
城六区	1.54	1.96	0.35
远郊城镇或居民小区	1.70	1.93	0.23
远郊乡镇	0.85	1.79	0.38
远郊农村（村镇）	0.94	1.18	0.21

资料来源：调研数据整理。

家庭在今后一段时间里乳制品消费量整体稳定但伴有小幅度上升，这种消费持平的幅度均在58%左右。在远郊农村大幅增加的可能性较大，远郊乡镇的56.3%居民消费量在未来会有所增加，占比重较大，预计城六区、远郊城镇、农村都会有所增加。可见，乳品消费仍然具有一定市场（表9）。

表 9　家庭今后一段时间乳制品的消费量

项　目	城六区有效百分比（%）	远郊城镇或居民小区有效百分比（%）	远郊乡镇有效百分比（%）	远郊农村（村镇）有效百分比（%）
大幅增加	1.4	2.0	0	8.3
有所增加	24.7	24.5	56.3	33.3
持　　平	58.9	57.1	37.5	58.3
有所将少	13.7	13.3	0	0
大幅减少	1.4	1.0	6.3	0
说 不 清	0	2.0	0	0
合　　计	100.0	100.0	100.0	100.0

资料来源：调研数据整理。

3　主要结论

3.1　家庭收入影响乳品消费量

收入是一个家庭的生活来源，收入的多少决定了消费的程度，居民在购买乳制品时首先考虑到自身能否承受此笔消费。因此，无论是乳制品消费的数量还是消费金额，都与家庭收入水平有极大关系，收入较多的家庭可能更多会考虑高端的乳制品，收入较少的家庭有可能选择普通的乳品，更有可能不消费乳品。当然在收入稳定的前提，消费乳制品还存在更多因素的影响，而影响较大的则是乳品的质量、营养成分、保质期、价格及口感等。

3.2 注重乳品品牌消费

目前，北京乳品市场上为主流的乳制品消费品牌有蒙牛、伊利、三元、光明，市面上销售的其他乳品品牌销售业绩就远远不如大品牌。可见，品牌效应的影响在乳品消费者心中占有极其重要的地位，蒙牛、伊利、三元等这些品牌是消费者多年来一直信任支持的品牌，在建立了充分的信任度后很难改变对其他厂家乳制品的态度。这些乳品企业能获得如此的信任，也取决于乳品企业的产品质量保障、产品多样化、市场布局及售后服务等。

3.3 城乡乳品消费存在一定差距

尽管现阶段北京加快了城乡一体化的进程，但是城镇和农村还是存在一定差距。而经济发展水平的制约，使农村村民在生活物资消费水平上落后与经济发展水平较高的城市，这也使农村乳品的消费量与城市居民的乳品消费量不均衡，当然还有其他因素，如乳品销售点的缺乏、人们对乳品的消费观点认知不同、各地区乳品销售宣传力度不一、乳制品的交通运输是否便利等都会影响北京城市与农村居民对乳制品的消费数量及消费金额。因此，要缩小城乡乳品消费差距必须要从多方面进行改善。

3.4 乳品质量安全事件给消费者沉重打击

我国近几年不断出现乳制品质量安全问题，让国人胆战心惊，当然北京的消费也不例外。2004 年，安徽阜阳劣质奶粉事件、2005 年光明乳业郑州“回奶事件”、2007 年伊利保质期内牛奶变质事件、2008 年触目惊心的“三聚氰胺事件”、2009 年的皮革水解蛋白事件及近来的老酸奶事件，这一系列乳品质量安全事件严重打击了消费者对我国奶业的信心，影响居民对乳制品的消费，更对阻碍了我国奶业的健康发展。

4 相关对策建议

4.1 提高居民收入水平

随着国民经济的飞速发展，居民收入水平也应该逐步提高，而收入水平的提高需要社会政策的保障，对于城镇居民可以通过提高最低的生活保障额度，完善养老、医疗、失业、就业等社会保障体系，为居民提高更好更优的社会福利，在生活富裕的条件下可以拉动乳品市场内需，促进居民对乳制品消费。对于农村的消费者，可以改善农村的公共设施，投资农场建设，加大农民的政策补贴，加大对农民实施社会保障力度，扩大社保范围，使农民享受的国家给予的优良政策，让其生活富裕。为了加大农村居民对乳品消费可以定期为农民发放“乳制品提货卡”，按照优惠额度进行消费，从而扩大乳品消费量。

4.2 引导居民乳品消费偏好，普及乳制品知识

调研中发现，部分消费者对乳品消费种类、乳制品的营养价值等缺乏一定认识，对乳品品牌的盲目崇拜，影响北京奶业发展。因而，一定要合理地引导居民对乳品进行正常消费，而不是让消费者局限于消费某种类型的乳品。乳品加工企业的员工及社会服务人员可以定期到各超市或街道进行乳品健康消费宣传活动，合理引导居民消费乳品偏好，也可以经有关部门批准利用周

末在公共场所或休闲广场设立乳品消费大讲堂，让更多的人了解乳制品相关知识，可以通过网站宣传，利用明星效益来增加居民对乳品消费的需求。

4.3 积极开拓农村乳制品消费市场

由于现阶段城乡乳品消费存在一定的差异，农村居民在乳品消费上赶不上城镇居民，而农村市场存在极大的消费空间。因此，应该积极开拓农村的乳制品消费市场。乳品加工企业可以将产品生产多元化，满足不同类型的农民需求，如从口味上、包装上、促销手段上都可以进行创新；可以增加乳制品的销售点，方便农民及时购买乳制品；乳品促销人员定期下乡，将新产品展示，让农民免费品尝，让更多的农民接触到乳制品、了解乳制品，从而提高对乳品的需求。

4.4 加强乳制品质量监管

加强乳制品质量监管，提高乳品质量，这是重塑消费者信心的关键，只有让消费者放心购买乳品，才能提高乳品需求。政府当局应该健全乳制品质量安全的监管体系，尽快改善各监管部门职能分割、缺乏协调的局面；进一步完善乳制品质量安全的法律法规，加大对劣质乳品的惩罚力度，增加其违法成本，对于严重违反乳制品质量安全条款的，构成犯罪行为；最后建立乳品质量安全媒体服务系统，及时反映乳制品质量安全问题，让消费者了解相关信息，是乳品消费信息透明化，解除消费者盲区困扰。

参考文献

陈甜甜．2010．中国城乡居民乳品消费研究［D］．南京：南京农业大学．

韩胜文．2008．北京市居民乳品消费行为研究［D］．北京：中国农业科学院．

贺迎春．2011. 论提高中国居民乳品消费水平［D］．湘潭：湘潭大学．
侯世忠，胡智生，张志民．2013. 扩大我国农村乳品消费的对策与措施研究［J］．当代畜牧（1）：57-58.
刘天睿．2010. 我国农村乳制品消费需求影响因素研究［J］．奶业经济（7）.
孟惠婷．2010. 内蒙古乳品消费研究［D］．呼和浩特：内蒙古农业大学：30-34.
彭秀芬．2008. 中国居民乳品消费的分析［C］．第三届中国奶牛发展大会论文集：49-53.
沈文华，李兴稼，杨静．2006. 北京市城区居民乳品消费现状的再分析［J］. 乳业经济：16-18.
王丽琼．2007. 北京农村居民乳品消费的现状及分析［J］．中国乳品工业（35）：48-51.
危薇，刘芳．2013. 中国奶业国际竞争力研究［J］．世界农业．
徐光增，王家传，赵娉婷，等．2004. 泰安市乳品市场需求状况的调查研究［J］．农业经济：43-47.
薛薇．2011. 基于 SPSS 的数据分析［M］．北京：中国人民大学出版社．
张文彤．2011. 统计分析基础教程［M］．北京：高等教育出版社．

北京市有机蔬菜消费意愿研究

何彩雁[1]　刘芳[2]

（1. 北京市朝阳区苇沟小学，北京　100015；
2. 北京农学院经济管理学院，北京　102206）

摘　要： 本文以问卷调查数据为基础，调查北京市消费者对有机蔬菜的购买行为，并利用 SPSS 工具分析了影响消费者对有机蔬菜购买行为的主要因素。结果表明，消费者对有机蔬菜的认知和关注程度一般，多数消费者虽然已经逐渐意识到食品安全的严重性，但是由于经济等各方面原因的制约，导致消费者有较低的购买率。但是，多数消费者对有机蔬菜的发展前景非常看好。

关键词： 有机蔬菜　购买行为　影响因素

前　　言

随着人民生活水平的提高，越来越多的人已不再仅仅满足于能吃饱穿暖的基本需求，大家更多的是重视产品的质量、食品的安全问题。有机产品是时下食品安全的代表，而有机蔬菜在有机

基金项目：北京市社会科学基金项目北京现代籽种产业发展问题研究（13JGA003）资助。

作者简介：何彩雁，1989 年出生，北京人，小学教师。

通讯作者：刘芳，1973 年出生，山东沂水人，管理学博士，教授。主要研究方向为都市型现代农业。

产品中是很重要的、所占数量也是较大的。发展有机蔬菜有利于解决蔬菜产业中所面临的很多问题。自 20 世纪 90 年代以来，有机蔬菜的在我国得到快速的发展，尽管它也取得了令人瞩目的成绩，但是由于其种植技术有待提高、生产成本太高、产量相对太低，使其有机蔬菜还未普及，使得广大消费者在期盼中等待，能够吃上放心、有营养的蔬菜，为老百姓造福。有机蔬菜本身的研究与发展、如何进行它的市场开发与拓展、要采取怎样的营销策略和手段使其能够让老百姓放心的接受并愿意购买？它的消费人群要怎样定位，有多少人了解有机蔬菜，这都是一些值得研究的问题。所以，想要更好地发展有机蔬菜，不光要对它本身有明确的认识、不断地去学习新的技术，也要了解消费者对有机蔬菜的看法与认识，这样才有利于有机蔬菜的市场开发和拓展。

本文从理论上对北京市消费者对有机蔬菜的购买意愿进行研究。构建了一系列的相关模型。并对影响消费者购买有机蔬菜的因素进行实证分析。

1 研究方法及数据说明

1.1 研究方法

1.1.1 文献法

为了更好地研究北京市消费者对有机蔬菜的消费意愿，本文参考了有机蔬菜、有机产品及影响消费者购买有机蔬菜的行为分析等相关文献。对这些文献进行归纳总结，获取本研究需要的信息，这些论据为本文的研究内容做了充实的理论基础，为本研究提供了很好的指导。

1.1.2 问卷调查法

问卷设计：所采用的主要量表技术有比较量表和非比较量表、包括配对比较量表和 likert 量表等。问卷设计力求所选题目确切、简洁、针对性强。问题类别包括单项选择题、多项选择题和开放式问题。采用抽样调查方法。本次调查问卷分为两大部分：一是消费者的个人信息。包括被调查者的性别、职业、居住地区和家庭月收入等几个方面。二是消费者购买有机蔬菜的行为。包括对有机蔬菜的认知及重视程度、影响消费者购买有机蔬菜的因素、是否购买、购买的频率、购买渠道及对有机蔬菜的支付意愿等。

1.2 数据说明

采取随机抽样调研方式选取调研对象，在北京市选取各大设有有机蔬菜的超市进行问卷调查。具体做法是：①先去各大超市、农贸市场等菜市场发调查问卷，找到合适的目标群体做问卷；②部分是通过网络以电子邮件的形式给大家分发问卷，获取所需信息；③根据问卷得到调查结果，输入 SPSS 软件进行图表分析；④得出结论，根据消费者需求国家、企业制定相关的策略

本次调查共访问了 200 位北京市市民，共收集到有效问卷 150 份，有效率为 75%。问卷回收后经过检查与核实，进行编码后录入电脑，运用 Excel、SPSS17.0 统计软件对数据进行了数据分析。被调查者基本情况为：性别：男性 36 人，女性 114 人；居住地区：城六区 90 人，近郊区县城 30 人，近郊区农村 7 人，远郊区县城 18 人，远郊区农村 5 人。职业：政府公务员 10 人，高层管理人员 19 人，单位员工 90 人，个体经营户 16 人，下岗待业 7 人，其他 8 人。家庭人均月收入：2 500元以下 27 人，2 501～4 500元 70 人，4 501～6 500元 38 人，6 500元以上 15 人。

2　北京市有机蔬菜消费意愿分析

2.1　北京市有机蔬菜消费认知度分析

2.1.1　消费者对有机蔬菜的了解程度一般

由问卷资料整理发现：北京市消费者对有机蔬菜的了解程度呈一般分布。对有机蔬菜了解较少的或者一般的比例共占总体的70%，而非常了解和较了解的比例仅占总体的26%（图1）。从有机蔬菜的发展角度和对当今食品安全日益严重的问题上来看，都应加大对消费者对有机蔬菜的了解程度。

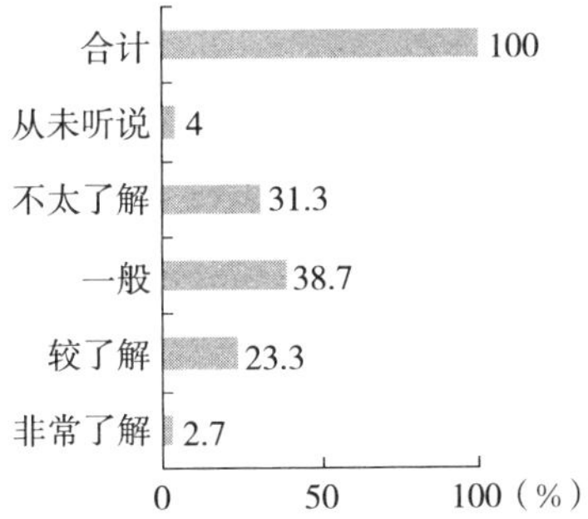

图1　消费者对有机蔬菜了解程度的分布

资料来源：根据项目资料整理。

2.1.2　消费者对有机蔬菜的关注态度一般

从表1可以看出：消费者对有机蔬菜的关注程度呈一般趋势。对有机蔬菜较关注的比例占总体的21.3%，关注一般的比例占40%，不太关注的占29.3%。虽然有机蔬菜被认为是最高级无污染的健康安全食品之一，但是其还没有被社会大众所接受，消费者对有机蔬菜的概念还很模糊，对它的关注程度都很一般。

表 1　消费者对有机蔬菜关注程度分布

对有机蔬菜关注程度	百分比（%）	累积百分比（%）
非常关注	3.3	3.3
较关注	21.3	24.7
一　般	40	64.7
不太关注	29.3	94
不关注	6	100
合　计	100	

资料来源：根据数据资料整理。

2.1.3　消费者认为蔬菜农药残留问题较严重

根据调研可以看出：有 54%的消费者认为在购买和食用蔬菜过程中农药残留问题较严重，有 10%的消费者认为非常严重，25%的消费者认为一般，认为不太严重的仅占总体的 11%（图 2）。从以上数据可以看出，多数消费者认为蔬菜的残留问题比较严重，食品安全问题已经受到大多数人的重视，消费者在购买和食用蔬菜中对农药残留问题也比较关注，越来越多的消费者的潜意识中已经有了此概念。

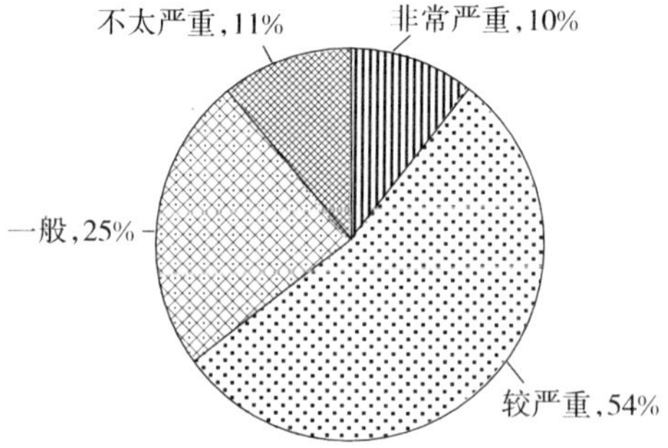

图 2　消费者认为蔬菜农药残留问题的严重性分布

资料来源：根据项目资料整理。

2.2 北京市有机蔬菜消费者行为研究

2.2.1 多数人购买过有机蔬菜

从图3可以看出，购买过有机蔬菜的人占到总体的56%，从来没有购买过的占44%。购买机会不相上下，有一半消费者在尝试了解有机蔬菜并购买它。说明有机蔬菜已经被一部分消费者认可，从对有机蔬菜的概念、品种、安全、营养到口味不断地在验证有机蔬菜的带给消费者的新体验。另一部分消费者没有购买过有机蔬菜，其中也包括很多的原因，从下文中可以得出结论。

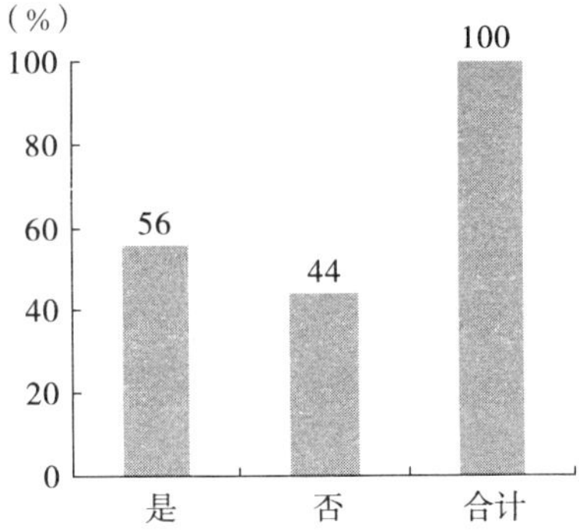

图3 是否购买过有机蔬菜分布图

资料来源：根据项目资料整理。

2.2.2 购买有机蔬菜结构多样化

根据问卷资料整理：相对于一般蔬菜而言，对于那些同类常规污染较严重的蔬菜，消费者更愿意购买有机的。在调查中，在卷心菜、油菜、菜花、萝卜、洋葱、豆角中，多数消费者选择了前3种。由于前3种蔬菜在种植过程中，更容易受到污染，农药残留性较严重。有机蔬菜完全禁止使用化肥等添加剂，因此购买此类有机蔬菜更有价值，更加放心。而对于农药残留较小的蔬菜，像豆角、洋葱等，花更多的价钱去购买有机豆角或者有机洋葱，对于消费者来讲价格高且不划算。

2.2.3 购买有机蔬菜的频率——不定期购买占绝大部分

我们把“每周1次、每周2～3次”的购买频率划分为有机蔬菜的固定购买者，而“每月1次、每月2～3次”的购买频率视为尝试购买人群。从图4可以看出，固定购买人群仅占总体比例的7%，尝试购买人群占总体的15%，不定期购买者占78%。多数消费者购买有机蔬菜的频率是不固定的，在消费者眼中，有机蔬菜没有成为生活必需品。

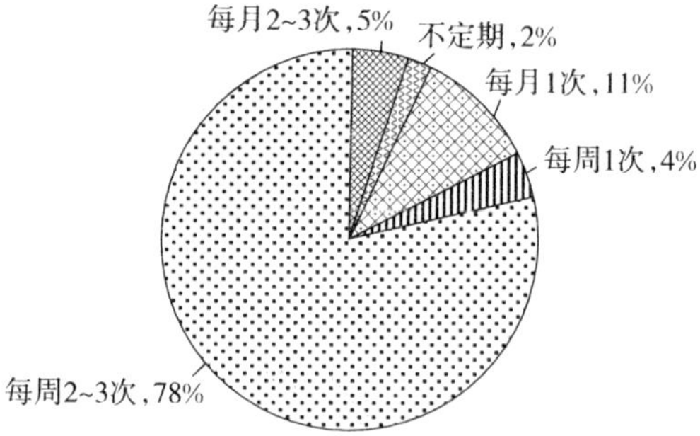

图4 购买有机蔬菜频率分布

资料来源：根据数据资料整理。

2.2.4 每次购买蔬菜中有机蔬菜所占的比重随机性很强

见表2。

表2 有机蔬菜购买占蔬菜总量比重分布

购买有机蔬菜的数量比重	百分比（%）	累积白分比（%）
0～25%	24	24
25%～50%	3.3	27.3
随机性很强	72.7	100
合　计	100	

资料来源：根据数据资料整理。

2.2.5 每次购买蔬菜总额中有机蔬菜金额所占比重随机性很强

可从表3得知：消费者无论是在数量上还是金额上的购买比例随机性都很强，高达72.7%。多数消费者在购买频率上不固定。

表3 有机蔬菜购买数量占总量的比重分布

购买有机蔬菜的金额比重	百分比（%）	累积百分比（%）
0～25%	10.7	10.7
25%～50%	4.7	15.3
50%～75%	9.3	24.7
75%～100%	2.7	27.3
随机性很强	72.7	100
合　计	100	

资料来源：根据数据资料整理。

2.2.6 能够接受有机蔬菜的价格高出常规蔬菜1倍

由于有机蔬菜过程的控制标准很高，使其生产成本会明显增加。所以，有机蔬菜的价格通常高出同类常规产品价格的40%，有的甚至高出几倍，有机蔬菜的价格也是影响消费者购买的重要因素之一。虽然在前文中调查出消费者购买有机蔬菜最关注的因素是食品安全，表示消费者愿意购买让人吃得放心的食品，但是实际的购买要取决于消费者是否具有支付能力。从图5中可知：52.7%的消费者最高能接受有机蔬菜比同类常规产品的1倍。多数人由于自身的经济因素或者其他问题导致没有购买力。

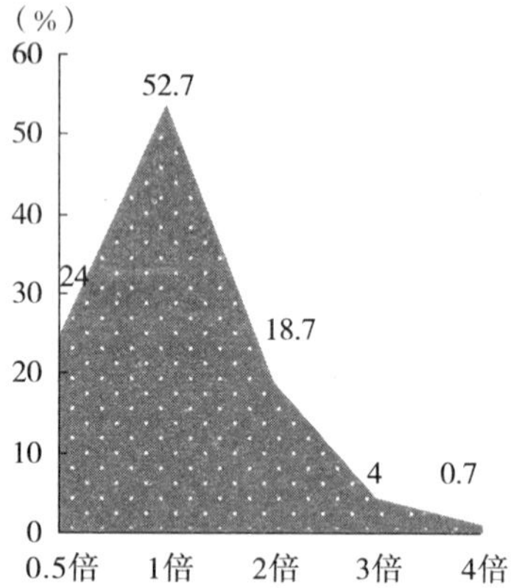

图 5　能够接受有机蔬菜比常规蔬菜高出的倍数分布

资料来源：根据数据资料整理。

3　北京消费者购买有机蔬菜的影响因素分析

3.1　有机蔬菜产品本身及市场作用的影响

3.1.1　食品安全成为消费者选择有机蔬菜最关注的因素

从图 6 可以看出：49％的消费者把食品安全作为选择有机蔬菜的首要关注因素。例如，流感、苏丹红、劣质奶粉、三聚氰胺奶粉与人造鸡蛋等各种食品安全相关问题层出不穷，消费者对食品安全越来越重视，逐渐从对数量的追求转向注重食品质量、安全和健康。其中，有机蔬菜的新鲜度、价格和营养方面的因素所占的比例分别为 19％、19％和 13％，相差不大，在其他条件一定的前提下，消费者最关注的因素是食品安全的问题。除了有机蔬菜的质量安全有保障外，还有一大部分人是由于礼物馈赠购买有机蔬菜，现代人生活越来越重视食品安全、营养价值高的蔬菜，消费者由于购买能力的限制，把有机蔬菜作为礼物相互馈赠也充分显示了现代人的生活档次。

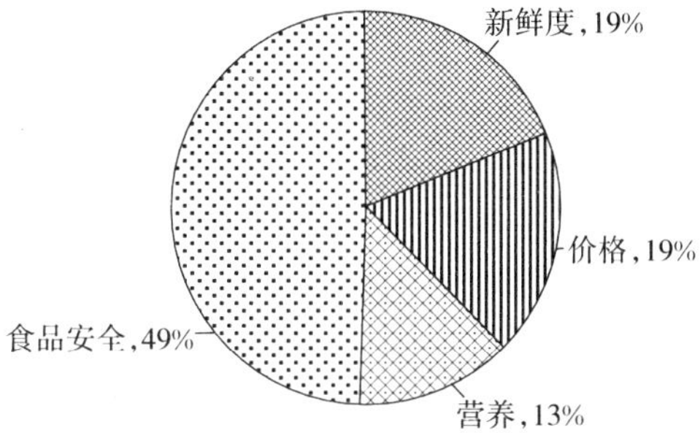

图 6　选择有机蔬菜最关注因素分布

资料来源：根据数据资料整理。

3.1.2　价格成为阻碍消费者购买有机蔬菜的重要因素

调查结果显示：价格是影响消费者购买有机蔬菜的重要因素，有 62.7%的消费者由于有机蔬菜价格比同类常规蔬菜贵的原因而放弃购买。虽然图 6 显示：消费者购买有机蔬菜最关注的首要因素是食品安全，但是由于经济方面的各项原因导致消费者没有实际购买能力或者支付意愿。有机蔬菜比同类常规产品贵几倍，一般家庭无法负担。所以，很难普及到百姓的餐桌上。其中，也有 35.3%的消费者由于食品安全不确定性而放弃购买，现在食品安全问题越来越受到消费者的关注，很多商家为了销售，在非有机蔬菜上也打着有机蔬菜的标签，用普通蔬菜赚取更高的利润。对此，消费者无法分辨这其中的真真假假，消费者即使有心购买，也会被市面上都贴着有机的标签所迷惑从而选择放弃购买（表 4）。

表 4　不购买有机蔬菜的原因分布状况

不购买有机蔬菜考虑的因素	百分比（%）	累积百分比（%）
价格比普通蔬菜贵	62.7	62.7
食用安全性不确定	35.3	98

（续）

不购买有机蔬菜考虑的因素	百分比（%）	累积百分比（%）
其　他	2	100
合　计	100	

资料来源：根据数据资料整理。

3.2　消费者因素对有机蔬菜消费的影响

3.2.1　收入成为影响有机蔬菜消费重要因素

如表5所示，被调查者家庭人均月收入集中为2 501～4 500元。

表5　家庭人均月收入分布

家庭人均月收入	百分比（%）	累积百分比（%）
2 500元以下	18	18
2 501～4 500元	46.7	64.7
4 501～6 500元	25.3	90
6 500元以上	10	100
合　计	100	

资料来源：根据数据资料整理。

3.2.2　城区居民有机蔬菜消费高于农村居民

消费者居住地区——城六区占的比重最大。

从图7、表5中可以看出：此次调查的人群集中在北京市城六区，比较发达的地区，家庭人均月收入在2 501～4 500元，多数为单位员工，本次调查中女性所占比例较大，因为女性多为家庭的食物采购者。目前，我国生产有机蔬菜的比重很小，由于其生产成本比较高。所以，价格高出常规蔬菜几倍，有机蔬菜还未普及到家家户户。本次调查也客观的选取了一些经济基础各方面较符合购买有机蔬菜的条件的调查者，调查地点集中在城六区等比较发达的大型超市设有有机蔬菜销售点的地点。

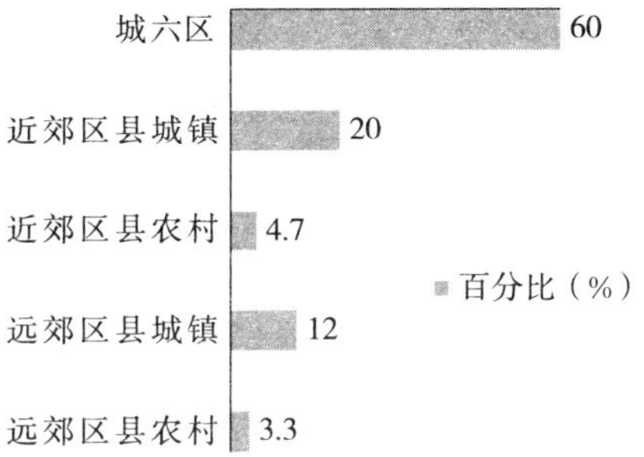

图 7　消费者居住地分布

资料来源：根据数据资料整理。

3.2.3　多数消费者对有机蔬菜的发展持乐观态度

根据调研得知：有 15.3%的消费者对有机蔬菜的发展非常看好，56.7%的消费者较看好有机蔬菜的发展，对有机蔬菜发展持乐观态度的人群占总体的 70%，不太看好以及持无所谓态度的消费者仅占 1.9%（图 8）。从调查结果中明显看出，多数人认为有机蔬菜的发展前景很乐观。事实亦如此，有机食品被誉为

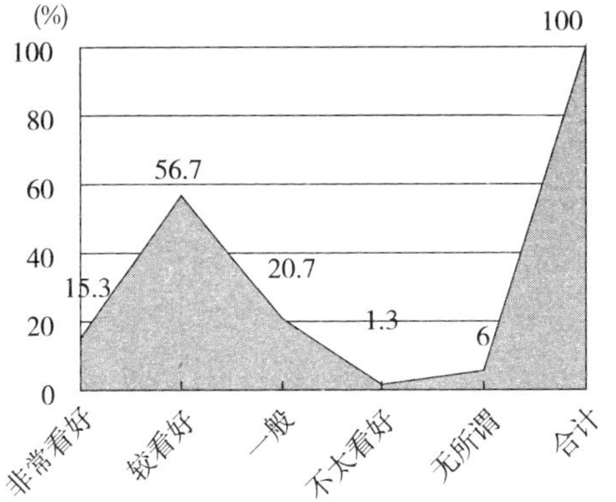

图 8　对有机蔬菜发展的态度分布

资料来源：数据资料整理。

"朝阳产业"，具有广阔的市场。联合国粮食和农业组织发表的一份报告分析表明，在过去的10年间，在一些国家的市场上，有机农产品的销售额年递增率超过20%。这与一些常规食品市场的停滞不前形成了鲜明的对比。

有机蔬菜的种植讲究的是安全、自然的生产方式，可以很好地促进和维持生态平衡。有机蔬菜无化学残留，口感佳，而且已被证明比普通蔬菜更具营养。现在人们对安全食品的需求日益强烈，国内市场前景非常乐观。

4 研究结论和建议

4.1 研究结论

4.1.1 北京市市民对有机蔬菜的了解和关注程度不高

本次调查是以中高端人群为主要调查对象，但是结果并不是预期期待的。多数消费者虽然对蔬菜安全问题很重视，但是对有机蔬菜的概念界定不清晰，对其关注意识很淡薄，这也是多种因素所决定的。

4.1.2 北京市消费者对有机蔬菜的支付意愿较低

通过本文调查发现，不同消费者对有机蔬菜的支付意愿表现不同，多数消费者都购买过有机蔬菜，但是购买频率却不高。总体而言，北京市消费者对有机蔬菜的支付意愿较低。多数消费者有意愿并尝试过购买，但是最终导致消费者的实际购买率低的主要因素有：消费者对有机蔬菜的了解程度、家庭人均月收入、职业、居住所在地以及有机蔬菜的价格。其中，价格是影响消费者购买有机蔬菜的主要因素，目前，有机蔬菜比市面上的同类常规蔬菜高出2～4倍，但是多数消费者只能接受高出1倍的价格。

因此，即使消费者有意愿购买，也没有实际的购买能力。

4.1.3 价格成为阻碍消费者购买有机蔬菜的重要原因

虽然就目前而言，消费者购买有机蔬菜最关注的首要因素是食品安全，但是由于经济方面的各项原因导致消费者没有实际购买能力或者支付意愿。由于在种植中不能采用化学品和杀菌剂等，有机蔬菜的外观通常比不上按照常规方式种植出来的蔬菜，产量也低于同类常规产品，加之有机蔬菜高昂的认证费用。因此，其投入和生产成本高于常规产品，价格也高出同类常规产品贵几倍，一般家庭无法负担，所以很难普及到百姓的餐桌上。

4.1.4 有机蔬菜市场诚信缺失阻碍消费者购买

有机蔬菜市场存在严重的信息不对称现象，使得假冒伪劣有机蔬菜充斥市场，造成市场秩序混乱。再加之政府相关部门缺乏有效地监管激励机制，由此降低了消费者对市场上售卖的有机蔬菜的信任程度，从而阻碍了消费者有机蔬菜实际购买行为的发生。

4.1.5 有机蔬菜的市场前景广阔

有机蔬菜的种植讲究的是安全、自然的生产方式，可以很好地促进和维持生态平衡。有机蔬菜无化学残留，口感佳，而且已被证明比普通蔬菜更具营养。现在人们对安全食品的需求日益强烈，国内市场前景非常乐观。

4.2 建议

4.2.1 加强消费者对有机蔬菜的教育和宣传，提高消费者对其认知及认同度

有机蔬菜在国内处于初期阶段，刚刚发展起来，大多数人对

有机蔬菜还不甚了解，不能对有机蔬菜有一个正确的认知，更有甚者还不知道有机蔬菜的存在。在本次调查中也发现，大部分消费者对有机蔬菜的认知程度较低，即使是购买过有机蔬菜的消费者，真正了解并信任有机蔬菜的也很少。有机蔬菜安全、环保、营养价值高，其市场发展潜力是巨大的，但就目前来看，消费者对其较低的认知水平在很大程度上影响了消费者对有机蔬菜的认可，从而影响了消费的购买率。针对此，加大宣传势在必行。广泛利用各种宣传方式，对有机蔬菜的优势进行宣传。采取宣传渠道多样化，可以利用电视广告、报纸杂志等宣传媒介，也可以定期组织有关食品安全方面的讲座等，用一切能让消费者更多了解有机蔬菜的渠道进行宣传和教育，提高有机蔬菜的知名度。

4.2.2 确定目标消费群体

消费者需求是产品生产的原动力。有机蔬菜在生产和加工过程中绝对禁止使用农药、化肥等人工合成物质。因此，有机食品的生产要比绿色食品、无公害食品对生产环境、生产方式的要求更为严格。成本自然高出常规蔬菜。由于有机蔬菜价位较高，细分市场应该定位在经济较发达的一线城市，目标顾客集中在受教育水平较高、购买能力较强的人群身上，待时机成熟，拥有了稳定的固定群体，再慢慢扩大市场。

4.2.3 政府应加大对有机蔬菜市场的监管力度

通过查阅相关资料和市场调查不难发现，目前市面上的蔬菜多半都贴着“有机”的标志。但是，是否是真正的有机蔬菜还需要进一步认证。有些认证机构并不规范，也有些企业在得到认证资格证书后，便不再严格按照有机蔬菜的标准种植。对此消费者无法分辨这其中的真真假假，消费者即使有心购买，也会被市面上都贴着有机的标签所迷惑从而选择放弃购买。因此，政府应当加大对有机蔬菜市场的监管力度，规范认证机构的认证资格，使消费者能够购买放心的有机蔬菜。

4.2.4 降低成本

高价位是制约消费者购买有机蔬菜的主要因素。因此，企业应尽可能降低生产成本，从而降低蔬菜的价格。企业可以建立集有机蔬菜的种植、销售、配送为一体的一条龙服务，直接将其送到客户手中，减少中间不必要的流通费用。另外，政府也应加大对有机蔬菜的支持力度，对有机蔬菜企业实行税收优惠政策和各项补贴措施，并制定相关政策，对其价格进行规范。维护有机蔬菜的市场，加大监管制度，对假冒、冒牌的有机蔬菜进行严厉打击，使其消费者对有机蔬菜的市场产生信任感。

4.3 研究局限性

本次的调查问卷发了150个样本，样本数量不够多，得出的结论及数据会造成不太客观的评价，影响整体的数据分析。调查的人员范围不是很好把握，可能会有一些地域上的偏差。部分问卷是采用电子邮件的形式，并没有与调查对象进行面对面的沟通，不知道其真正想法，可能会在调查问题上或是选择上有一定的误解。

参考文献

白杨．2011. 消费者有机蔬菜购买决策影响因素研究［D］．济南：山东师范大学．

陈殿奎．1998. 中国蔬菜的生产消费与流通［J］．蔬菜（2）．

陈连武．2005. 北京市有机蔬菜发展研究［D］．北京：中国农业大学．

黄静．2008. 蔬菜经营企业的营销策略研究［D］．贵阳：贵州大学．

彭鹏．2009. 武汉有机蔬菜渐走俏［N］．中国特产报，07-31.

权桂芝 . 2002. 新形势下蔬菜产业的市场营销方向 [J] . 天津农林科技 (4).
唐妍 . 1998. 我国蔬菜市场供求特点分析 [J] . 经济与信息 (12) .
王秀清 . 1996. 大都市郊区蔬菜产地竞争策略问题 [J] . 中国农村经济 (9): 52-55.
吴晓佳 . 2003. 武汉市蔬菜营销渠道研究 [D] . 武汉: 华中农业大学 .
杨金深, 张贯生, 智健飞, 等 . 2004. 我国无公害蔬菜的市场价格与消费意愿分析——基于石家庄的市场调查实证 [J] . 中国农村经济 (9) .
杨顺江 . 2003. 深圳无公害蔬菜的流通模式 [J] . 中国食物与营养 (6) .
银红娟 . 2008. 我国有机食品产业竞争力影响因素研究 [D] . 无锡: 江南大学 .
于洪光, 赵新峰, 江涛 . 2007. 泰安有机蔬菜何以能领跑全国 [N] . 农民日报 .
邹红梅 . 2010. 消费者购买有机蔬菜的行为及其影响因素分析——基于成都市消费者的调查 [J] . 中国农村经济 .

北京市居民猪肉消费的影响因素分析

罗小红　王泽

（北京农学院经济管理学院，北京　102206）

摘　要： 本文的研究目的是通过对北京市3 000名居民进行随机问卷调查，了解北京市居民猪肉消费的现状及影响猪肉消费的因素。研究结果表明，影响北京市居民猪肉消费的相关因素有居民收入水平、猪肉的价格波动及替代品的选择等。其中，猪肉价格波动为主导因素。根据影响猪肉消费的因素分析，笔者提出对策如下：政府应对猪肉的生产予以扶持、提高养猪户的积极性、补贴低收入群体、规范市场秩序和加强疫情防治，但最重要的是消费者形成正确理性的消费模式。

关键词： 北京市　猪肉消费　影响因素

前　言

众所周知，在国际上，世界食品价格的波动问题以及质量问题一直是全世界各国政府最为关心的问题之一，当近10年来经济危机的侵袭、各地战争所引发的动荡以及国内各类商品的质量问题所引发的消费者不信任浪潮一浪高过一浪时，一些我们生活

基金项目：本文系现代奶牛产业技术体系北京市创团队资助。

作者简介：罗小红，1988年出生，广东韶关人，北京农学院农村与区域发展专业2014级研究生，主要研究方向：畜牧业经济。

中重要商品的价格波动对居民消费的影响问题越来越引起国内外学者们的广泛注意及研究。就猪肉消费对中国居民消费的影响，一些国外研究者就其所引发的经济影响，其给中国乃至全世界的肉类消费所带来的波动，贸易上的阻碍和政治上的联系都多少做了相关的研究与探讨。像 Christopher G. Davis 和 Biing－Hwan Lin 就提出了在美国猪肉的消费已经成为了排在牛肉和鸡肉后的第三大肉类消费品，且美国的猪肉消费量也将继续增加。所以，猪肉消费也将在一定程度上动摇美国居民的生活消费比例。另外，21 食品网也提到了猪肉的消费在墨西哥肉类消费中也将继续增加。新西兰委员会主席 Chris Trengrove 也曾公开表示，新西兰的猪肉消费量将进一步增长，且目前猪肉价格也将因为饲料成本的增加而适度上涨。

在国内，由于经济动荡而致使许多国家出现经济塌陷的时候，中国也多少受到了各方面的影响，虽然其所带来的并不像灾难一样给中国人民以强有力的一击，但随后的一系列连锁反应还是让老百姓们怨声四起。国内的许多学者及专业人士都开始对中国农畜产品的进出口、价格浮动以及质量审核越发关心，当然中国人最爱食用的猪肉也就顺理成章地成为人们所谈论的焦点。关于猪肉价格突然间的居高不下又或是小幅度的价格下调都成为经济研究者们最关心的问题，猪肉价格如何波动？其价格变化有无自身规律？猪肉消费到底和哪些因素相关？如何以科学、冷静的态度分析这些问题，而这一现象给居民们的消费又带来了什么，都成为摆在我们面前值得探讨和亟待解决的问题。内蒙古自治区发展和改革委员会副主任包满达指出，这一轮的价格上涨突出表现为食品价格的上涨，但深入分析其原因，主要是受国际市场价格波动的影响。一方面，是因为石油价格的上涨；另一方面，是由于粮食和食用油价格的上涨，肉价的上涨很大程度上是由于玉米价格的上涨从而带动的饲料价格的上涨。北京市经济信息中心的位志宇也提出，研究价格运行规律对分析价格走势有很大的指导作用，通过研究表明北京市价格变化规律特征明显，具体表现为：一是自2007年以来，价格结构性变化态势显著；二是价格周期性波动现象明显；三是自2007年以来，相对于国家物价上涨存在一定滞后期；四是投资对价格推动力减弱，需求对价格的拉动现象逐步增强。西北农林科技大学的罗增海和王青也提到，公共产品的性质决定着政府在猪肉安全问题上的角色定位，以农户为主体的养殖者其先天缺陷主要表现为信息不对称、技术滞后、资本不足、抗风险能力差等，要达到调控猪肉市场的目标，上述缺陷很大程度上依赖于政府在养猪业中的2个主要功能的完善。即：一是通过合理的制度安排引导养殖者适时适度地发展生产；二是提供给养殖者可靠的防疫以及包括技术、信息、资金等生产要素在内的配套服务体系。当然，国内还有很多研究者对这个问题对此问题发表了自己的见解，有些是应经得到了市场证实的，但还有一些还存在着争议，笔者将在下文中更详尽的对这些争议点进行探讨和说明。

1 数据来源

1.1 数据来源

原始数据来源于针对北京市3 000名居民随机所做的问卷调查，经过整理排序共有2 998名居民的问卷可以正常使用，所以取原始数据2 998组，对数据采用SPSS软件进行相关回归分析，数据的读取时间为2013年10～12月3个月。

1.2 数据处理

在本文中对北京市的地区划分为3类，即城六区、近郊区县和远郊区县。对被调查者学历划分为小学及文盲、高中以下、本科和硕士以上 4 类。月收入水平划分为 800 元以下、800～1 500 元、1 500～2 500 元和 2 500 元以上 4 类。猪肉购买场所分为早市、菜市场和超市 3 类。

1.3 工作组织

首先选取和问题相关的 21 个变量，即被调查者的性别、学历、工作类型、月收入、居住地区、购买猪肉地点、购买猪肉时首先考虑因素、现价可否接受、周需求量、希望价格、可接受涨价幅度、替代品、涨价后是否坚持食用猪肉、预测猪肉价格是否会继续上涨、若价格上涨最关心猪肉的什么、价格上涨的原因、猪肉消费中仍存在的问题、猪肉价格上涨对物价的影响、对猪肉价格上涨的看法、政府该不该在猪肉价格上涨时进行干预及政府该有哪些措施，然后对选区的变量分别选取进行 SPSS 软件分析。

2 北京市居民猪肉消费现状及消费结构

根据对 3 000 份问卷的调查结果，笔者认为可以把北京市居民现在的消费现状及结构概括为：

2.1 北京对猪肉的需求量相对较大

北京作为首都，政治和经济发达，人口众多，消费人口约在 1 700 万人（2008 年数字，其中 1 200 万，流动人口 500 万），猪肉消费量占居民肉类消费的 68%左右，年消费量约 46 万吨，是关系居民基本生活的“菜篮子”骨干商品。据国家统计局资料，在中国肉类食品消费结构中，中国人均猪肉消费量从 1990 年的 20 千克上升到 2006 年的 39.6 千克，16 年间几乎翻了一番。在此期间，猪肉市场成交量从 619.4 万吨上升到2 501.5万吨，猪肉商品率从 27.2%上升到 48.1%。其中北京尽管在猪肉消费上略低于全国水平，但是却是增长幅度较快的地区，这表明北京市人均猪肉消费量呈稳定上升趋势，而广大农民随着收入的提高猪肉消费量增加明显，成为猪肉消费的主要群体。同时旅游业的快速发展，北京猪肉消费总量会有所增加。但自2007年开始，由于猪肉价格的不断上涨，猪肉市场的成交量开始回落，人均消费量也有所减少，但同其他畜产品相比，其需求量还是排在前面。

2.2 相对于全国猪肉人均月消费水平而言，北京市的消费水平仍偏低

尽管背景是猪肉消费量的需求较大，但是对于北京是居民来讲猪肉已经不是他们长期依赖的畜产品了，越来越多的替代品的出现弥补了在猪肉消费市场上因价格上涨而造成的猪肉的减少，且相当一部分的猪肉消费用在了旅游业的餐饮上，使得北京市的猪肉市场空间更为狭小。所以，人们更愿意用更少的钱买其他的替代品，故造成了北京市的猪肉消费水平仍然偏低。

如图1所示，我们可以看到不同收入人群在不同需求量的情况下期望的猪肉价格。不论需求量的大小，北京市居民普遍倾向的猪肉价格集中为16～20元/千克，大部分人群的猪肉周消费量为3千克以下，且在价格的选择上高收入人群并没有把希望的猪肉价格定在高于低收入人群的范围，但可以看出高收入人群中猪肉需求量大的人还是愿意猪肉价格可以控制为24元/千克左右，且高收入人群相对于低收入人群对猪肉的需求量较少。

2.3 猪肉价格的波动短期内会减少居民对猪肉的消费，但长期变化幅度不大

随着居民消费指数的不断高涨，猪肉的价格也是节节高升，

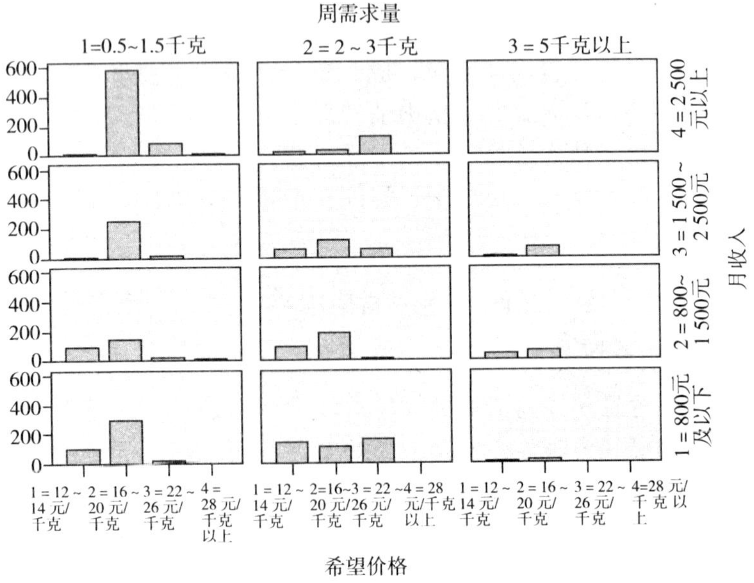

图 1　不同收入不同需求量的居民的希望价格

然猪肉消费存在着明显地季节性特征。所以，猪肉价格会出新明显的波动，尤其是近年来在饲料成本的提高、监管监督机制的不完善，更导致了猪肉价格出现了恶性的虚高，使得人们多半选择观望的态度，转而选择价格更稳定的其他畜产品，买的人有所减少，卖的人便会随之减少，以致价格又被恶性循环的市场抬高，销售量自然也会继续减少。自 2007 年 5 月开始，市农副食品监测中心的统计数据则显示，北京市主要批发市场新鲜猪肉的周成交量为 6 941.30 吨，下一周则降至 3 663.20 吨，仅一个星期，成交量下降 47.23%。同时牛羊肉价格开始逐渐上涨，活禽鸡蛋价格也呈现季节性的上涨。但长期看来，由于猪肉的需求量大，价格弹性小，反而成交量的下降呈现短期趋势，长期的变化幅度并不大，只是略有减少。

由图 2 知，在被调查者中认为猪肉涨价不能接受的人仅占很小的一部分，且当猪肉价格上涨后，决定不吃猪肉了的人极少，大部分人还是选择了坚持吃或减少消费量。

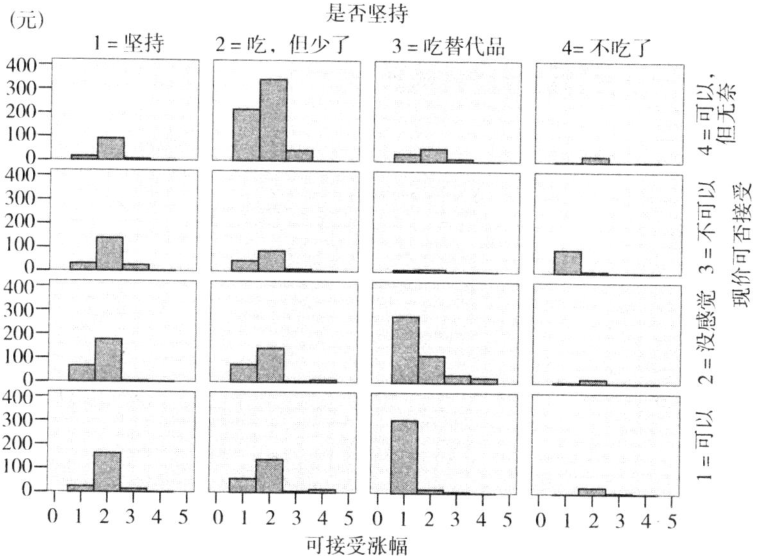

图 2　对猪肉涨价反应不同的居民的接受方式

2.4　北京市居民对猪肉价格指数变动不敏感，猪肉价格弹性相对较小

尽管北京市居民会因为猪肉价格的上升而相对减少购买量，但是减少的幅度还是很小的，人们对于猪肉价格指数的变动反应不够敏感，即在给定的 3 个月中，无论猪肉的平均价格怎样变化，它的需求量还是呈基本持平状态，只是随着价格的上涨略有减少。

从而也可以发现猪肉价格变动所引起的供求的相应变动率较小，猪肉需求量相应猪肉价格变动的灵敏度较低，即猪肉的价格弹性相对较小。

如图 3 所示，当需求量较少时，人们更多的选择购买猪肉的替代品或者减少猪肉的购买量，坚持原猪肉购买量的居民不算多，但当居民猪肉的需求量有所增加或较大时，更多的居民愿意坚持猪肉的购买量或者一定程度上减少购买量。对于所有购买猪肉的居民他们考虑最多的则是质量及价格。

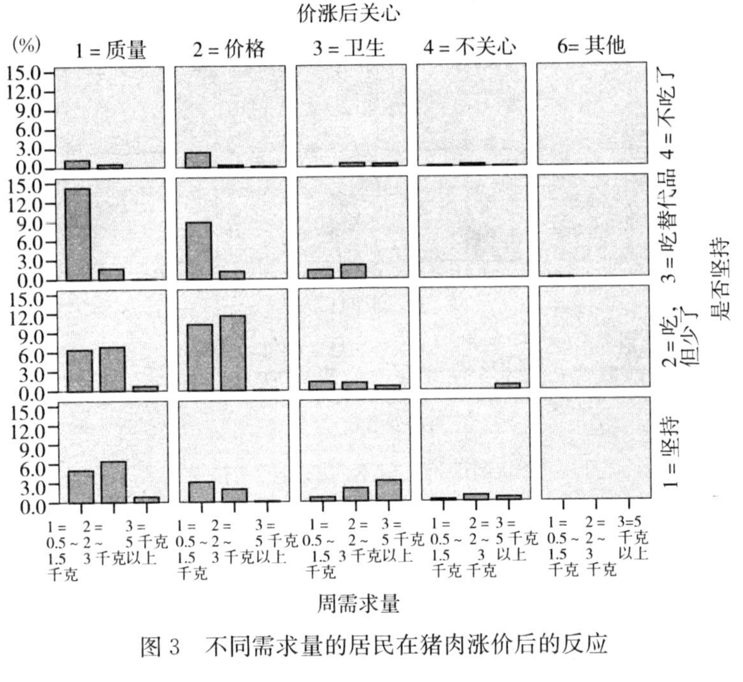

图 3　不同需求量的居民在猪肉涨价后的反应

另外由表 1 可知，在有效的 2 993 个调查结果中有 19.4%的居民期望价格控制为 12～14 元/千克，62.6%的居民期望价格控制为 16～20 元/千克，16.9%的居民认为价格应控制为 22～26 元/千克，1.0%的居民认为 28 元更好，可以看出大部分的北京市居民还是更倾向于猪肉价格在 16～20 元/千克。此价格也基本符合近来北京市猪肉的平均价格。

表 1 期望价格

项 目		频数	百分比（%）	有效百分比（%）	累计百分比（%）
有效变量	1=12～14 元/千克	580	19.3	19.4	19.4
	2=16～20 元/千克	1 877	62.6	62.7	82.1
	3=22～26 元/千克	505	16.8	16.9	99.0
	4=28 元/千克以上	31	1.0	1.0	100.0
	总计	2 993	99.8	100.0	
丢失数据	系 统	5	0.2		
总计		2 998	100.0		

另外，针对不同地区的居民能否接受猪肉现价和涨幅，由图 4 也可以看出，大部分的被调查者来自原郊区县和近郊区县，多数被调查者还是可以承受现在猪肉的价格的，但更多的人会感到无可奈何，在猪肉价格上涨的幅度上大部分的被调查者认为涨价

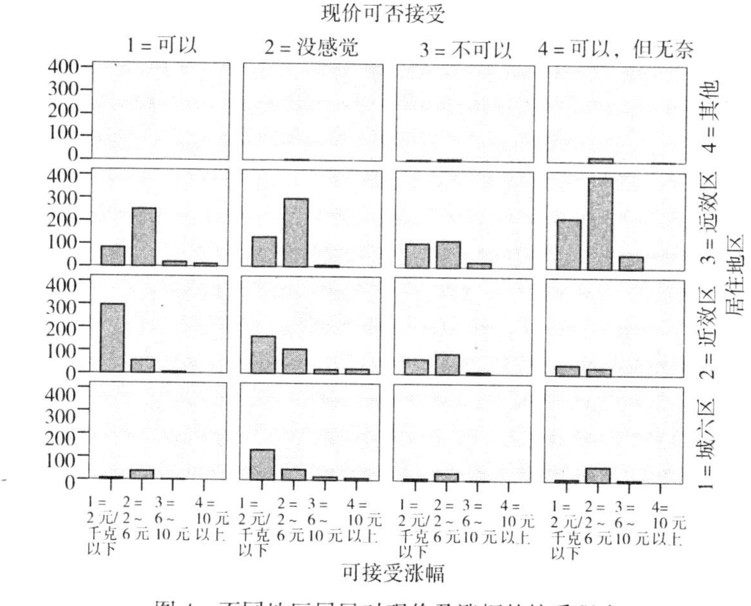

图 4 不同地区居民对现价及涨幅的接受程度

应控制为 6 元/千克以内。同时，可以了解到城六区居民的猪肉消费并没有比其他地区居民的猪肉消费活跃，反而更少。

由上述数据分析，可以看出影响北京市居民猪肉消费的主要因素是居民的月收入、猪肉的周需求量，他们在北京市居民的猪肉消费中起到了决定性的作用，收入相对较高且需求量较大的居民可以接受的猪肉价格也相对较高，同时收入较低且需求量较小的居民更愿意接受相对较低的猪肉价格。同时，在调查中被考虑的其他因素也会对北京市居民的猪肉消费有所影响，但是幅度相对较小。

2.5 政府由于居民的观望态度而松懈的猪肉市场的监管

有调查结果显示，北京市大部分的居民还是可以接受现在的猪肉价格的，他们对猪肉价格的涨幅多半持有的是观望的态度，但不会在猪肉消费上有实质性的改变。他们尽管也希望政府给予

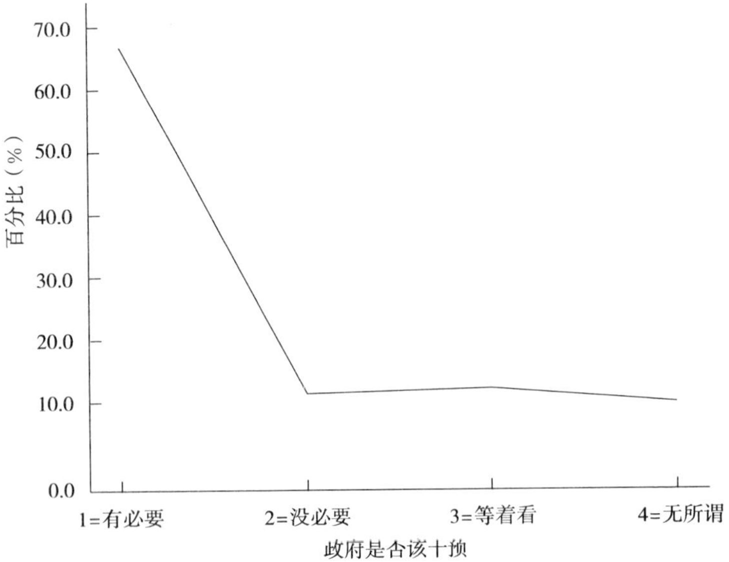

图 5　政府是否应干预猪肉消费

有效的支持和干预，但是并不会给政府压力。然而政府在此状态下，并没有采取行之有效的措施可以规范在猪肉消费环节的不良行为，又或是在农畜产品的生产中给予农民或商户更多的支持，使得政府的行为不够行之有效，有待加强。

由图5可知，尽管60%以上的人认为政府在猪肉涨价后的敢于是有必要的，但是仍有33%以上的居民持有观望态度，对此表示冷漠。

3 调查结果及分析

3.1 调查的基本情况

3.1.1 受访者的性别分布

在2 998份有效调查问卷中有32.4%是男性，67.6%是女性，说明了在北京市的猪肉购买上女性是主力人群。

3.1.2 受访者的学历程度

在2 998份有效调查问卷中，有8.4%居民的学历是小学及文盲，52.5%居民的学历是高中以下，35.7%居民的学历是本科，3.4%居民的学历是硕士以上，其中高中以下的居民占被调查者的大多数且大部分来自农村。

3.1.3 受访者的工作类型

在2 998份有效调查问卷中在工作类型的项目上有17人的回答是无效的，在有效的2 981个调查结果中，有27.2%的居民是农民，30.5%的居民是在职工作人员，30.2%的居民是无固定工作者，4.9%的居民是离退休人员，7.2%的居民是其他工作者。

3.1.4 受访者的月收入情况

在 2 998 份有效调查问卷中有 29%居民的月收入为 800 元以下，22.5%居民的月收入为 800～1 500 元，19.7%居民的月收入为 1 500～2 500 元，28.9%居民的月收入为 2 500 元以上，且低收入人群和高收入人群都约占被调查者的近 1/3。

3.2 调查对象的基本分布及购买地选择

3.2.1 受访者的地区分布

在 2 998 份有效调查问卷中有 12%的购买者为城六区的居民，29.7%的购买者为近郊区的居民，57.1%的购买者者为远郊区的居民，其中远郊区县中有近 50%的居民来自农村。因此，该调查还是能够在一定程度上代表背景是居民的猪肉消费的。

3.2.2 受访者的购买地选择

2 998 份有效调查问卷中有 7 人购买地选择的回答无效，在有效的 2 991 个调查结果中有 5.9%的居民更愿意去早市购买猪肉，45.5%的居民更愿意去菜市场购买，40.6%的居民更愿意到超市购买，还有 8.0%的居民会到其他地点购买。

4 主要调查数据的分析

4.1 消费者的倾向性

4.1.1 受访者在购买猪肉时的首先考虑的因素

由表 2 可知，在有效的 2 990 个调查结果中有 20%居民更注重猪肉的价格，32.5%的居民更注重猪肉的新鲜程度，45.5%的居民更注重猪肉的质量，1.9%的居民在购买猪肉是还要考虑其他因素，其中近一半的居民还是更在意猪肉的质量问题。

表 2　受访者在购买猪肉时的首先考虑的因素

项　目		频　数	百分比（%）	有效百分比（%）	累计百分比（%）
有效变量	1=价格	598	19.9	20.0	20.0
	2=新鲜度	973	32.5	32.5	52.5
	3=质量	1 361	45.4	45.5	98.1
	4=其他	58	1.9	1.9	100.0
	总计	2 990	99.7	100.0	
丢失数据	系统	8	0.3		
总计		2 998	100.0		

4.1.2　猪肉涨价后最关心什么

由表 3 可知，有效的 2 994 个调查结果显示当猪肉价格上涨后，有 43.9%的居民更关心猪肉的质量问题，39.8%的居民更关心价格问题，13.2%的居民更关心猪肉的卫生问题，2.9%的居民则认为无所谓。因此，无论猪肉的价格如何变化，作为北京市的居民最看重猪肉的质量，而价格也是他们购买猪肉时认为应当优先考虑的问题。

表 3　猪肉涨价后最关心什么

项　目		频　数	百分比（%）	有效百分比（%）	累计百分比（%）
有效变量	1=质量	1 315	43.9	43.9	43.9
	2=价格	1 194	39.8	39.9	83.8
	3=卫生	396	13.2	13.2	97.0
	4=不关心	87	2.9	2.9	99.9
	总计	2 994	99.9	100.0	

（续）

项目		频数	百分比（%）	有效百分比（%）	累计百分比（%）
丢失数据	系统	4	0.1		
总计		2 998	100.0		

4.2 价格因素分析

4.2.1 被调查者对于现价可否接受

由表4可知，在有效的2 998份调查问卷中，25.6%的居民认为现价可以接受，31.2%的居民对于现在的猪肉价格持无所谓态度，15.1%的居民认为现价不可接受，28%的居民认为现价不可接受，但是也很无奈。因此，可以知道大部分的居民还是可以承受现在的猪肉价格的。

表4 被调查者对于现价可否接受（2008年10～12月）

项目		频数	百分比（%）	有效百分比（%）	累计百分比（%）
有效变量	1＝可以	768	25.6	25.6	25.6
	2＝没感觉	936	31.2	31.2	56.8
	3＝不可以	454	15.1	15.1	72.0
	4＝可以但无奈	840	28.0	28.0	100.0
	总计	2 998	100.0	100.0	

4.2.2 被调查者可接受涨价幅度

由表5可知，在有效的2 993个调查结果中，有41.7%的居民可接受2元/千克以内的涨价幅度，51.3%的居民可接受2～6元/千克的涨价幅度，5.4%的居民可接受6～10元/千克的涨价幅度，1.5%的居民可接受10元/千克以上的涨价幅度，由此可知大部分的居民可接受的涨价幅度是控制为6元/千克以内的。

表5 被调查者可接受涨价幅度

	项　目	频　数	百分比（%）	有效百分比（%）	累计百分比（%）
有效变量	1=2元/千克以下	1 248	41.6	41.7	41.7
	2=2～6元/千克	1 539	51.3	51.4	93.1
	3=6～10元/千克	162	5.4	5.4	98.5
	4=10元/千克以上	44	1.5	1.5	100.0
	总计	2 993	99.8	100.0	
丢失数据	系统	5	0.2		
总计		2 998	100.0		

4.2.3 猪肉价格上涨后，是否还会坚持食用猪肉

由表6可知，在有效的2 990个调查结果中，有24.8%的居民仍会坚持吃猪肉，39.4%的居民仍会吃猪肉但是量减少了，29.4%的居民选择使用替代品了，6.1%的居民选择不吃猪肉了。

表6 猪肉价格上涨后，是否还会坚持食用猪肉

	项　目	频　数	百分比（%）	有效百分比（%）	累计百分比（%）
有效变量	1=坚持	744	24.8	24.9	24.9
	2=吃，但是少了	1 180	39.4	39.5	64.3
	3=吃替代品	882	29.4	29.5	93.8
	4=不吃了	184	6.1	6.2	100.0
	总计	2 990	99.7	100.0	
丢失数据	系统	8	0.3		
总计		2 998	100.0		

4.2.4 对猪肉价格上涨的预测

由表 7 可知，在有效的 2 994 个调查结果中，有 8.1%的居民认为猪肉价格仍会继续上涨，29.7%的居民认为猪肉价格会有小幅上涨，48.3%的居民认为猪肉价格会保持现在的价格不变，13.8%的居民认为猪肉价格不但不会上升，反而会有所下降。

表 7 对猪肉价格上涨的预测

项　目		频　数	百分比（%）	有效百分比（%）	累计百分比（%）
有效变量	1=会	244	8.1	8.1	8.1
	2=会，但幅度不大	891	29.7	29.8	37.9
	3=不会	1 447	48.3	48.3	86.2
	4=反而下降	412	13.7	13.8	100.0
	总计	2 994	99.9	100.0	
丢失数据	系统	4	0.1		
总计		2 998	100.0		

4.2.5 猪肉价格对物价的影响

由表 8 可知，有效的 2 990 个调查结果显示有 14.1%的居民认为猪肉涨价是否会引起新一轮物价上涨，13.4%的居民认为没有影响，25.7%的居民表示这个问题很难说，46.7%的居民并不关心这个问题。

表 8 猪肉价格对物价的影响

项　目		频　数	百分比（%）	有效百分比（%）	累计百分比（%）
有效变量	1=会	424	14.1	14.2	14.2
	2=不会	401	13.4	13.4	27.6
	3=很难说	769	25.7	25.7	53.3
	4=不关心	1 396	46.6	46.7	100.0
	总计	2 990	99.7	100.0	

（续）

项　目		频　数	百分比（%）	有效百分比（%）	累计百分比（%）
丢失数据	系统	8	0.3		
总计		2 998	100.0		

4.2.6 被调查者对猪肉涨价这一现象的评价

由表 9 可知，有效的 2 998 个调查结果显示 66.8%的居民表示猪肉涨价是能拉动需求的好现象，11.3%的居民认为这很正常，12.1%的居民对此持无所谓态度，9.8%的居民认为这种现象很不好，增加了生活压力。由问卷中北京市居民对猪肉价格的相关反应，可以看出北京市居民在猪肉消费中很大程度的看重价格在其消费中的作用，猪肉价格的上涨很大程度上影响着猪肉消费的变化，所以猪肉价格的变动是影响猪肉消费的重要因素。

表 9　被调查者对猪肉涨价这一现象的评价

项　目		频　数	百分比（%）	有效百分比（%）	累计百分比（%）
有效变量	1＝很好，拉动需求	2 002	66.8	66.8	66.8
	2＝正常	339	11.3	11.3	78.1
	3＝没感觉	362	12.1	12.1	90.2
	4＝不好，增大压力	295	9.8	9.8	100.0
	总　计	2 998	100.0	100.0	

4.3 猪肉需求量的影响

4.3.1 被调查者的周需求量

由表 10 可知，在有效的2 998份调查问卷中，55.3%的居民对猪肉的周需求量为 0.5～1.5 千克，37.4%的居民对猪肉的周需求量为 2～3 千克，7.2%的居民对猪肉的周需求量为 5 千克以上，综上所述，大部分的居民对猪肉的周需求量是可以控制为 3 千克以内的。

表 10　被调查者的周需求量

项　目		频　数	百分比（%）	有效百分比（%）	累计百分比（%）
有效变量	1=0.5～1.5 千克	1 659	55.3	55.3	55.3
	2=2～3 千克	1 122	37.4	37.4	92.8
	3=5 千克以上	217	7.2	7.2	100.0
总　计		2 998	100.0	100.0	

4.3.2　需求量与价格的关系

由图 6 可知，在需求量较小的情况下更多的人认为可以接受

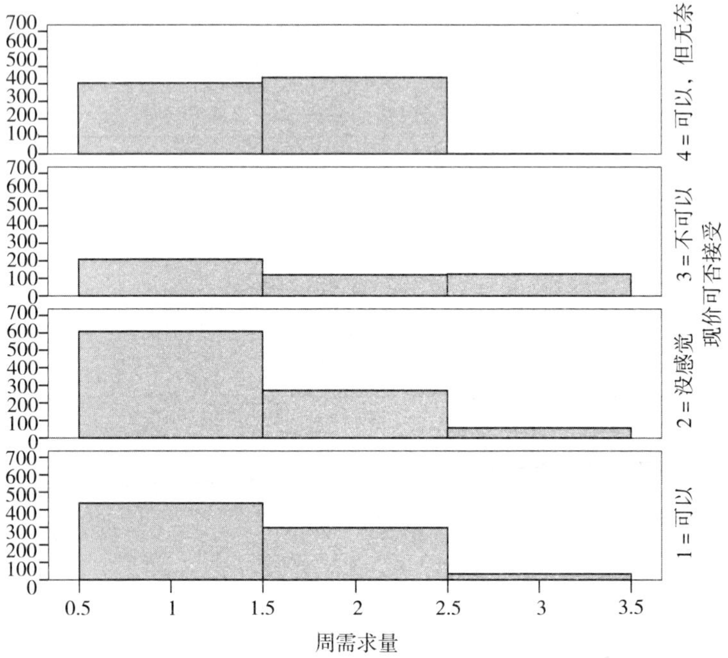

图 6　需求量与价格的关系

猪肉价格的上涨或者没有感觉；在一般需求的情况下，更多的人认为可以接受猪肉价格的上涨，但是很无奈；而对猪肉较高需求的居民则更多的认为不能接受猪肉价格的上涨。但是在猪肉消费的需求量分布中可以看到，只有一小部分的居民对猪肉有较大的需求量。所以，在此情况下，我们可以认为需求量并不是影响猪肉消费的最重要因素。

4.4 替代品的影响

4.4.1 替代品的选择

由表 11 可知，在有效的 2 976 个调查结果中，有 70.9％的居民更愿意把鸡肉作为猪肉的替代品，6.6％的居民更愿意把鸭肉作为替代品，6.7％更愿意把羊肉作为替代品，15.1％的居民更愿意把牛肉作为替代品。因此，鸡肉价格的变化也是影响猪肉消费的重要原因。

表 11 替代品的选择

项　目		频　数	百分比（％）	有效百分比（％）	累计百分比（％）
有效变量	1＝鸡肉	2 127	70.9	71.5	71.5
	2＝鸭肉	195	6.5	6.6	78.0
	3＝羊肉	202	6.7	6.8	84.8
	4＝牛肉	452	15.1	15.2	100.0
	总　计	2 976	99.3	100.0	
丢失数据	系　统	22	0.7		
总　计		2 998	100.0		

4.4.2 替代品对猪肉消费的影响

由图 7 可知，无论北京市居民对涨价后的猪肉价格能否加收，他们都愿意选择替代品作为补给，而不同的只是在于他们愿意选择什么替代品而已。其中，鸡肉成为代替猪肉的最好选择，其次是牛肉、羊肉和鸭肉。因此，可以认为替代品对猪肉消费是具有冲击力的，而且鸡肉消费对猪肉消费的影响力最大。

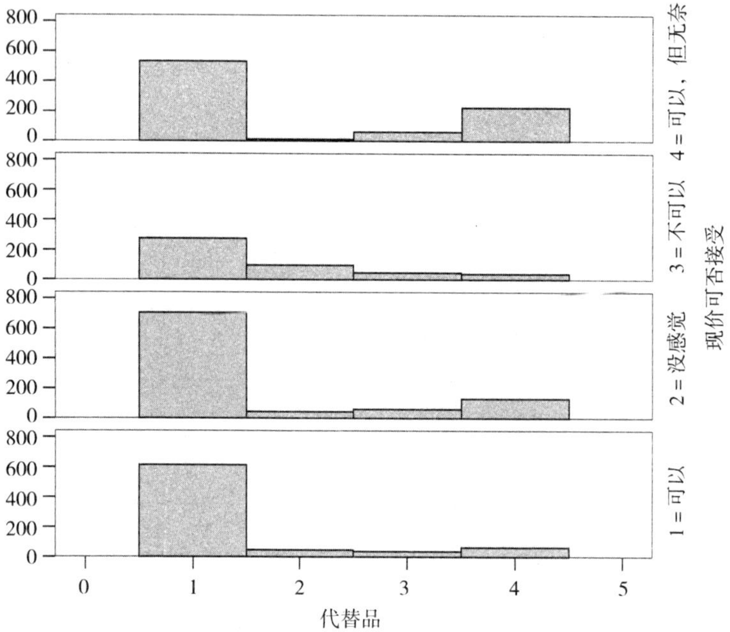

图 7　替代品对猪肉消费的影响

5　猪肉价格变动的原因及影响

5.1　猪肉价格大幅上涨的原因

由表 12 可以看到，25.2%的居民认为猪肉涨价是因为养猪户的减少，24.9%的居民认为猪肉涨价是因为疫情的影响，40.0%的居民认为猪肉涨价是因为饲料成本的提高，7.6%的居民认为猪肉涨价是因为政府的干预。

在市场经济条件下，猪肉的价格是由生猪价值决定并受供求关系影响围绕生猪价值上下波动。所以，猪肉涨价是由多方面的原因造成的。正像调查结果显示的一样，饲料成本的上升的确成为猪肉价格上升从而影响猪肉消费的最直接原因。

表 12　北京市居民认为猪肉涨价的原因

项　目		频　数	百分比（%）	有效百分比（%）	累计百分比（%）
有效变量	1=养猪户的减少	754	25.2	25.5	25.5
	2=疫情影响	746	24.9	25.2	50.7
	3=饲料成本提高	1 228	41.0	41.5	92.2
	4=政府干预	226	7.5	7.6	99.9
	总　计	2 958	98.7	100.0	
丢失数据	系　统	40	1.3		
总　计		2 998	100.0		

5.1.1　生猪养殖成本上升是推动猪肉价格上涨的根本原因

猪肉价格与生猪价格之间存在高度正相关关系，两者之间的波动曲线几乎一致。因此，生猪价格是决定猪肉价格的关键因素，而生猪价格的波动分析离不开饲料及主要原料价格的波动分析。

（1）饲料价格上升。2007 年下半年以来，世界范围内石油价格的上涨，导致的物价上涨、玉米等庄家的价格上涨，粮食价格特别是作为生猪饲料的主要原料——玉米的价格持续攀升，带动了饲料价格上涨，生猪饲养成本增加，猪肉价格自然水涨船高。据调查，2008 年 1～5 月全国玉米平均价为 1 540 元/吨，比上年同期上涨 10.2%；北京市玉米平均价为 1 660 元/吨，比上年同期上涨 13.6%；饲料原料价格上涨，造成生猪饲料成本加大，推动猪肉价格上涨。

调查显示，生猪养殖过程中，饲料成本占养殖成本的50%以上，而猪的饲料绝大部分来自粮食。猪价与粮价之间存在一种必然的、相互适应的规律，即“猪粮比价规律”。按玉米价格上涨20%计算，每头生猪需增加成本120元。

（2）仔猪价格上升。2008年5月，每千克仔猪价格为50元，比上年同期上升近5倍，比年初上升25%。受母猪存栏数量下降和饲养仔猪饲料价格上涨的影响，推动仔猪价格上升。按7.5千克重仔猪计算，调查户每头生猪需增加成本312元。

（3）人工养殖成本增加。据调查户反映，以往雇工每月工资为800～1 000元，现在每月工资涨到1 200元左右。

（4）医疗防疫成本增加。目前，生猪常见疾病由2002年的少数几种（6种）增加到11种。由于前两年生猪价格下跌甚至跌跛成本价，养殖户对卫生清洁和医疗管理投入不足，导致生猪的常见疾病有所增加，医疗费用增大。

5.1.2　生猪供应数量减少是导致猪肉价格上涨的直接原因

（1）基础母猪存栏减少，导致生猪生产能力下降和供不应求。由于2006年整体价格较低，养猪微利甚至亏损，打击了养殖户母猪补栏的积极性，造成大范围基础母猪存栏减少。

2006年年底，全国生猪存栏量4.94亿头，同比下降1.8%，其中，母猪存栏4 200万头，同比下降14%。母猪存栏的减少，引起仔猪数量减少和价格上涨，仔猪存栏减少又引起育肥猪出栏头数下降和屠宰头数的减少，又影响到市场供应数量，从而导致猪肉价格上涨。反过来，猪肉价格上涨又影响仔猪的需求和价格，进而影响母猪存栏数量。北京新发地市场的商户表示，目前这批猪还在生长期，供应市场上生猪太少，生猪的上市已出现寅吃卯粮的现象了。现在吃的猪肉其实最少应该在半个月后才上市，市场上差了半个月的供应量。

（2）近年来，养猪业受高热病、无名病毒、猪蓝耳病等疫情影响，生猪存栏数量减少，生猪饲料也受影响，导致饲料供应短缺，价格上涨，进而引起猪肉价格上升。

（3）2007年春节过后，肉价不断下跌，导致很多养猪户在2008年春节前大量出售生猪，以致目前生猪供应短缺。由于生猪供应短缺，导致猪肉供不应求，价格一路飙升。

（4）随着城镇化水平的提高和新型工业化的推进，农村常住人口逐渐减少和从事非农产业的劳动力逐渐增加，在家务农的人员大多是留守老人，导致生猪散养户不断缩减，生猪饲养量相应减少。

（5）产业结构调整影响生猪饲养量。随着生猪养殖产业化，规模养殖比重增大，当零散养殖退出市场时，规模化生产不能及时全面补充到位，造成生猪市场供应短缺。

5.1.3 生猪价格周期波动规律影响是造成猪肉上涨的客观原因

生猪价格和猪肉价格运动具有明显的周期性，一般中等生猪价格周期为2～3年。按常规，本轮猪肉价格上涨需到2014年第三季度才达到本周期价格波峰，但中途经历了春节前需求高峰和生猪疫情而加速上涨，在春节期间出现一个价格高峰，随后有所回落，再次打击了养猪户的补栏积极性，市场生猪和猪肉供不应求的局面尚未根本改变，导致本轮价格上涨周期呈现“双高峰”的特征。

5.1.4 猪肉消费需求增加是拉动猪肉价格上涨的重要原因

（1）随着城乡居民收入快速增长，人们生活水平逐步提高，市场对猪肉的消费呈逐年增长态势，加剧了猪肉供需矛盾，导致猪肉价格上涨。猪肉消费需求弹性相对较少，导致猪肉需要量增加。

（2）禽类产品与猪肉之间存在替代效应，相应增加猪肉消费量。

（3）由于禽流感的频发，导致人们减少禽类食品的消费，从而增加对猪肉的消费量。

5.2 猪肉价格上涨的影响

5.2.1 猪肉价格上涨对经济发展特别是整体物价形势的影响

猪肉价格上涨对其他肉类和水产品的替代连锁效应。猪肉价格是市场价格的晴雨表。猪肉价格波动，整个市场的副食品价格都跟着波动。

猪肉价格上涨推动食品价格乃至整体物价上涨。2008 年 1～5 月累计，全国居民消费价格总水平同比上涨 2.9%，其中食品价格同比上涨 6.8%，猪肉价格上涨 26.5%。猪肉价格上涨是推动食品价格上涨的主要原因之一。物价的全面回升能为经济发展创造良好的运行空间，虽然价格上涨会一定程度造成生产成本上升，但只要涨幅“适度”，是有利于生产资料供需两旺，有助于消费需求加速增长。

猪肉价格上涨将刺激畜牧业生产发展，提高养殖户的补栏积极性，从而刺激经济增长。

5.2.2 猪肉价格上涨对农村居民和养殖户的影响

猪肉价格上涨有助于农民和养殖户收入增加。据调查，现在养 1 头猪，农民和养殖户能净赚 200～300 元。

5.2.3 猪肉价格上涨对城镇居民和低收入群体的影响

以猪肉为代表的食品价格普遍上涨且幅度大，对大多数正常收入的城镇居民家庭尚不足以影响其正常生活，但是对低收入家庭、弱势群体和大专院校学生的生活造成了一定压力，生活难以得到保障，最终形成不安定因素，不利于社会和谐发展。

6 政策建议

由表13可知，有效的2 992个调查结果显示目前猪肉消费中存在的问题中，有18.6%的居民认为目前猪肉消费中卖猪肉的少了，17.3%的居民认为注水肉多了，8.1%的居民认为病害肉出现了，55.8%的居民没有问题，和原来一样。

表13 目前猪肉消费中存在的问题

项　目		频　数	百分比（%）	有效百分比（%）	累计百分比（%）
有效变量	1=卖猪肉的少了	557	18.6	18.6	18.6
	2=注水肉多了	518	17.3	17.3	35.9
	3=病害肉出现了	244	8.1	8.2	44.1
	4=和原来一样	1 673	55.8	55.9	100.0
	总计	2 992	99.8	100.0	
丢失数据	系统	6	0.2		
总计		2 998	100.0		

针对这些居民们可以清楚感受到的问题，政府又应该怎样来改善猪肉消费的现状，笔者提出以下几点意见。

6.1 所谓生猪生产和价格波动是一种正常的市场反应，政府应多支持少干预

由于母猪的繁殖成活率高，育肥猪增重快、饲养周期短，如果信息服务体系不健全，生猪生产和市场预警滞后，一般都会出现“猪价升高—养殖量增多—猪价下跌—养殖量减少—新一轮猪价升高”这样一个蛛网式循环。与国际市场有所不同的是，我国长期以来畜牧业信息服务和预警体系不健全，国家用于扶持生猪产业发展的财力有限，扶持政策难以落实到位。因

此，我国生猪生产和价格波动比较频繁，波动幅度大，持续时间长，而每次波动会使养猪户蒙受不同程度的损失。所以，政府应从生产环节着手，更多的提供给养猪户资金上的补贴和政策上的优惠，进一步健全我国的畜牧业信息服务和预警体系，在根本上扶持养猪户，而不是一味地进行政策和程序上的干预，给养猪户带来更多的不便，尽量避免财政投入不足、财政政策出台不时宜。

6.2 成立物价上涨应急小组

根据国务院指示，国家发改委、财政部、农业部、商务部、国家质检总局和工商总局等 7 部委已经成立了一个应对猪肉等主要副食品价格上涨的应急领导小组，这几个部门每周碰头 1 次，对市场反映的情况及时分析问题、研究对策。这样的做法就很好，国家政策的制定这可以更好更及时的了解市场的变化，更有效的制定出应对的措施。

6.3 提高农民养猪积极性

国务院此前还就做好猪肉等副食品生产供应保持市场稳定工作发出通知（以下简称“通知”），要求地方政府根据实际情况对饲养母猪的养殖场和专业户给予适当补助，保护母猪生产能力，提高生猪出栏率，缓解生猪生产周期性波动对市场的影响。财政部日前发布通知，明确国家财政要安排专项资金，建立母猪保险与补贴相结合的制度。

6.4 补贴低收入群体

要妥善安排好城镇低收入居民的生活，要根据猪肉等副食品价格上涨对居民生活的影响情况，采取适当提高低保标准等措施，确保城镇低收入居民生活水平不降低。要采取适当补贴措施，保持大中专院校学生食堂饭菜价格的基本稳定。

6.5 加强市场和价格监测，规范市场价格秩序

政府及有关部门应对市场的动态进行了直接监测，包括粮食、禽蛋、食用油等八大类产品，加强猪肉市场价格调控和监测工作，强化对猪肉市场的价格监督检查，规范市场价格秩序。有关部门还可以在全国实施日报制度，让 2 000 多家流通企业通过互联网每日报送市场信息，并要求各地商务主管部门及时把本地区的市场动态状况上报。

6.6 完善对突发疫病的应急措施

有关部门应尽快学习和了解各种疫病的发病原因，流行特点，危害程度及治理措施，加强对动物疫病的应急反应能力。

6.7 健全信息服务和预警机制体系

有关部门应尽量及时、准确采集生猪生产、市场、成本和收益等方面的动态数据，向养殖户和决策部门提供有关的生产和市场信息，建立猪肉价格波动预警机制，以便更好地指导养殖户根据市场变化调节生产和规避风险。

参考文献

阿弗里德·马歇尔．2006．经济学原理［M］．廉运杰，译．北京：华夏出版社．

包满达．2008．当前价格形势和需要关注的几个问题［J］．北方经济（2）．

贾涛．2007．猪肉价格上涨的原因分析［J］．北京农业（27）．

梁丹．2007．猪肉价格飙升蛋价居高不下，消费市场连锁反应［N］．山西商报，05-23．

罗增海，王青．2003．近年来猪肉价格波动的研究与思考［J］．产业透视，3（22）．

王明利，王济民．2007．本轮生猪市场波动暴露的问题及启示［J］．中国

畜牧杂志，43（22）.
中国经济网 .2007. 猪肉价格高位稳定，成交量急跌一半［EB/OL].
http：//news. mop. com/zj/ms/p/2007/0525/073842020. shtml，05-25.

新农村建设下的农村会计改革浅析

李晓明

（北京农学院财务处，北京　102206）

摘　要： 本文分析了加强农村会计工作建设在新农村建设工作的重要性。新形势下新农村建设对农村会计工作提出了新要求，指出当前我国农村会计工作中存在的问题，提出改革农村会计工作的几点建议。

关键词： 新农村建设　会计工作　改革

1　引　言

建设社会主义新农村是在中央做出全面建设小康社会的大环境下提出的重要战略决策，而鉴于我国农村目前的实际状况，农村会计职业化是建设新农村的途径之一。目前，我国农村会计管理体制一般由三部分组成：农村会计制度制定、农村会计人员教育、农村会计工作监督。促进农村会计工作规范化程度，加强农村会计人员管理，是深化农村会计改革的基础工作；加强对农村会计工作的监督，是深化农村会计改革的重点工作。

基金项目：北京市属高等学校高层次人才引进与培养计划项目（CIT&TCD20140314）；2015年北京市教委重点项目“北京新型农业经营主体培育研究”（项目编号：50752320901）。

作者简介：李晓明，1981年出生，北京人，北京农学院2014级农村与区域发展在职研究生。

2 加强农村会计工作建设是新农村建设工作的重要组成部分

2.1 “农业、农村、农民”问题关系到国家建设的全局

中共中央连续几年的1号文件关注的都是“三农”问题，文件中的若干政策都是以促进社会主义新农村建设为目的的，从这些举措中都可以看到中央对农村问题的重视。因此，在这种形势下推进农村会计改革是有积极作用的，是保障社会主义新农村建设的途径之一。

2.2 农村会计工作关系到全体农民的切身利益

农村会计工作包括：村集体财产运维业务、土地流转经营业务、农民负担管理等若干方面。会计核算的是经济利益，体现的就是“钱”的问题，在我国农民普遍收入不高的现实下，农村会计核算的“我们村的钱”对于农民来说就显得很重要了，关系着村民的切身利益。随着农民素质的不断提升，法律意识、维权意识越来越强，农民也越来越关心集体财产的使用。随着农村经济业务的发展，村级会计工作在农村经济发展中的作用越来越重要，“村里的会计”在村民心里的位置也越来越高。因此，农村会计改革对于农村社会的和谐、农业经济的发展都将起到重要的作用。

2.3 农村会计核算规范化是农村基层党风廉政建设的重要内容

在很大程度上就是由于农村会计工作不规范，对农村会计工作缺乏监督管理，才使农村基层干部认为“有空可钻、没人会管”，做出违法违规的行为。在农村党风廉政建设工作中，需要发挥农村会计的监管作用，起到维护村民自身利益的作用。在农村城镇化进程中，村集体取得了大量的农村土地出让金、拆迁占

地补偿款，必须加强农村会计规范化建设，规范资金的使用、审批流程，加强财务公开制度建设，防止农村村级干部贪污、挪用集体资金，防止出现“小官巨贪”的现象。

3 新农村建设进程对农村会计工作提出了新的要求

3.1 要求农村会计从业者转变工作观念

新形势下的农村会计从业者必须更新工作观念，农村会计不再是简单的记账员，新形势要求农村会计要用现代企业的理念来管理村级财务工作，对村集体资产进行成本、风险与收益状况的预算与评估。这就使农村会计从业者由单纯的流水记账员向“村里的财务主管”角色转变，农村会计从业者要充分发挥其掌握财务知识的优势，对本村经济的投资重点把握方向，对本村的经济发展发挥其保障作用。

3.2 国家农业投入加大，需要农村会计加强对支农资金使用的监管

农民对社会主义新农村建设最直白的理解就是：调整国民收入的分配格局，提高农民收入。为实现这一目标，国家财政近年来在支农项目的资金投入上一直处于增长的态势，在这种态势下农村会计从业者要以变革的思路探索财政支农项目资金的使用及效率，对于财政支农投入更要加强监管。这些变化使得农村会计工作重点由注重记录转向注重为农村经济发展服务，农村会计从业者就要能够准确把握农村经济发展的重点、热点和难点。

3.3 急需整合农业投资多头管理模式，农村会计需要适应管理新模式

在现行的管理部门分工中，财政对农业的投资呈现多头管理

的情况。多头管理方式使资金使用效率不高，这就要求政府整合资金的管理模式，集中管理权限。在这种改革的趋势下，这就要求农村会计从业者在安排财政资金上，可以向村集体提出资金扶持方向，找准支农对象，扶持工作应围绕农村经济发展中迫切需要解决的现实问题，资金的使用效果要体现在优化了村集体的产业结构或提升了村民的生活质量。

4 当前我国农村会计工作中存在的问题

4.1 农村会计管理体制不合理

由于我国一直以来实行的都是城乡二元结构的经济体制，国家对会计工作的重点一直都集中在城市中的工商业会计上，农村会计工作长期处于被忽略状态。财政、税务、工商部门往往只管理本行政区域内的行政事业单位、社会团体、企业的会计工作，农村会计工作不是被忽略就是被划归到农业经济部门管理，农业经济部门对于会计工作的指导、监管的力度和能力都稍显薄弱。

4.2 村民理财小组效果不明显，农村会计起不到引导作用

村民理财小组一般都是由具有威信、熟悉本村情况的村民代表组成，成立村民理财小组的目的是为本村集体经济活动出谋划策，并且监督村委会、村干部的经济活动。理财小组有权参与制订本村的资金使用规划，有权查看村集体的财务账本，发现不合理开支有权要求村委会给予解答，对确实不合理的支出有权否决并要求责任人退回款项。但在实际执行中，村民理财小组基本上没能行使职权，很多村民理财小组形同虚设。村干部小集体决定大集体资金的使用，不经审批、不公开随意超范围支出集体资金，村民理财小组起不到管理、监督的作用。农村会计也不能给予村民理财小组人员专业建议、指导，甚至于不能对于村集体的账务

给予透明、清晰的分析。在这种情况下，更提不上给予村民理财小组合理化的建议，引导支农资金的投入到效率高的项目中。

4.3 会计工作不规范，农村会计人员队伍不稳定，业务素质欠佳

农村会计工作不规范主要是由于农村会计工作基础薄弱造成的。其表现为以下 3 个方面。

4.3.1 专业背景人员储备不足，临时充数现象严重

村级财务人员按规定需要经考核合格后选配上岗，但实际情况多数是由村委会自行任命上岗的。这就导致每逢村委换届，出纳、会计也会随之换人，会计队伍不稳定。而且由于农村发展相对城市落后，年轻人不愿意在村里工作，农村会计队伍普遍存在年龄结构老化、专业技术缺乏、文化水平低的情况。找不到合适的人选，致使一些村镇不少会计人员从未接受过正规会计专业培训，就相关调查发现，很多地方的村级会计人员中大量存在无会计从业资格证从事会计工作的情况。

4.3.2 账簿设置不规范，会计基础工作薄弱

具体表现为以下若干方面：农村会计建立账本时存在用总账代替明细账或总账与明细账混合使用的情况；部分经济业务未按规定设置会计科目或会计科目使用不当；存在专款未进行专账核算现象，专款支出掺杂在日常支出中，使得支出不清晰不明了；原始凭证不规范，白条记账现象严重；一部分农村会计没有编报报表的意识，致使农村账务报表不齐整，存在有年报无季报，甚至无年报情况，没有报表分析的情况就更普遍了。

4.3.3 农村会计电算化程度普遍较低

虽然电脑等现代办公设备在农村已普遍使用，但农村会计的

电算化普及程度并不高，使用会计电算化的村也主要集中在有村办企业的城镇化进程比较高的大型村，而且这部分村中绝大多数也是在近几年才开始使用电算化会计的。会计电算化程度低就意味着大多数农村还采用手工记账方式，手工填制的会计凭证并不规范，铅笔、圆珠笔填写凭证现象普遍，数字书写不规范，会计科目随意填写现象大量存在。

4.4 账务造假现象严重

会计从业者接触的都是“钱”，面对物质诱惑要求会计从业者必须具有较高的自我约束能力，能禁得住“钱”的诱惑，除去贪污、受贿等违法行为，大多数的造假行为的发生还是由于单位负责人的指使或授意才实施的。农村会计从业者同样存在受到村级领导指使或授意做假账的情况，由于部分村干部个人素质并不高甚至存在强令造假的情况。当面临来自法律和领导的双重压力时，农村会计如果不服从就可能遭到报复，如果服从就是实施违法行为。由于农村会计从业者的工资、福利待遇等都由村集体自行制定，在这种情况下村集体领导往往起到决定性的作用，为了保护个人的经济利益，一些农村会计从业者对造假行为不加抵制，反而出谋划策，致使造假行为屡禁不绝。

5 在新农村建设中对农村会计工作改革的若干建议

5.1 调整农村会计管理体制

按照《中华人民共和国会计法》的规定，县财政局是农村会计的管理机构，农村管理处是农村会计的业务主管部门。顺畅的管理体制应该是由乡镇政府依托乡镇财政所，建立农村会计服务中心，该中心应该建立一套符合农村实际情况的会计招聘规则、程序，所聘会计要选择熟悉农村财务状况、文化素质较高的专业会计担任，这些工作人员具体承担村级财务工作任务，统一实行电算化核算提高会计工作规范化及工作效率。

5.2 农村会计向村民理财小组提出资金使用合理化建议

村民理财小组要充分发挥参与权和监督权，小组的成员不得由村干部或与村干部有直系亲属关系、利益关系的人担任，以达到限制村级领导权利目的，并且定期开展财务等知识的学习活动，建立符合程序的议事流程，切实履行理财职责。在此基础之上，农村会计根据是否符合财政支农资金的投入政策、村集体资金使用效率高低、是否关系民生急需建设投入等原则，向村民理财小组提出合理化建议。

5.3 制订长远规划，着力培养适应农村发展的农村会计人才

规范农村会计行为，提高农村会计工作质量，关键在于建立一支高素质的会计队伍。根据我国农村会计工作的现状，应做好以下几个方面的工作：

5.3.1 针对农村会计素质低的现状，加大业务培训力度

乡、镇级财政部门作为本区域内会计从业者的管理部门，需要结合本区域的实际情况，制定专门针对农村会计业务的教育培训内容，通过会计继续教育普及会计知识，在专项财政支农资金项目下达时组织专项业务培训班，力争在短时间内建立起一支具有专业知识、素质较高的农村会计队伍。

5.3.2 给予政策扶持，鼓励专业学校毕业生从事农村会计工作

农村会计工作基础薄弱，与农村生活条件差，很多人员不愿意到农村工作有直接关系。针对这种情况，应对有志于从事农村会计工作的人员在工资待遇等方面给予特殊照顾，国家给予经济补助，在户口、再教育方面给予优惠政策。

5.3.3 制订农村会计阶梯培养方式，拓宽入职渠道、丰富人员层次、多种形式地培养农村会计

结合农村目前实际的发展情况，短时间内不可能把具有较高专业知识的会计人员吸引到农村去，不如因地制宜，把农村现有的“有文化的人”吸引到会计职业中来。目前，农村会计人员年龄结构主要集中为40～55岁年龄层，20～35岁年龄层的青年会计不多，为农业会计的长远发展，应鼓励农村青年学习会计知识，村集体对其中符合培养条件的年轻人可提供进修机会。如果这种形势一旦建立起来，不仅可以克服农村会计业务水平低、人员结构老化的窘困，还可以解决农村青年的就业问题，可谓一举多得。

5.3.4 建立严格的持证上岗制度，形成定期考核、轮换制度

凡从事农村会计工作的人员，必须持会计证上岗，杜绝无证上岗的情况。对于在岗会计要定期培训，并定期进行业务考核，成绩合格者继续从事会计工作，对于思想素质低、业务能力差的会计人员，对其进行离岗培训，待其符合岗位要求后方可继续从事会计工作。采用农村会计服务中心方式后，必须实行岗位轮换制度，杜绝出现村级领导串通会计出现挪用资金、支出不合理款项的情况，保障农村会计工作的质量。

5.4 完善农村财务审计制度

村民委员会应定期公布账目、报表，重大事项应召开村民代表大会，村内财务事宜接受村民和主管部门的双重监督。在村集体开展定期审计、村民理财小组全程监督的基础上，由上级财政或行政部门对村民委员会账目进行各种形式的审计，对于重点财政支农项目资金采取专项审计，发现问题及时处理。村民委员会换届时，有关部门还应组织相应的离任审计。

5.5 制定完善农村会计准则

成立专门的工作组和人员对农村会计现状进行研究，制定高质量的农村会计准则。在广泛调查和充分了解的基础上进行制定，组织富有经验的人员开展调研工作，结合我国农村情况制定切实可行的农村农业会计准则。在实际使用过程中，建立反馈机制，针对农村会计准则的具体实施情况对准则进行持续完善，以增强准则的针对性和实操性，提高准则实施的效果。

参考文献

褚建坤．2010．加强农村会计工作的思考［J］．农业考古（12）．
聂颖，梁丹辉．2008．加强农村会计管理，促进新农村建设［J］．山东商业会计（3）．
谭红领．2007．浅谈农村会计管理体制的问题和对策［J］．河南农业（7）．
杨英莉，季祎．2007．浅议农村会计管理［J］．科技信息（21）．

北京市奶牛产业市场竞争力分析

王树勋[1]　王泽[2]

(1. 北京市门头沟区清水镇政府，北京　102311；
2. 北京农学院经济管理学院，北京　102206)

摘　要： 作为都市型现代农业的重要组成部分，北京乳业是北京经济发展过程中的一条重要产业链。一方面，要承担经济增长功能；另一方面，还要承担重要的社会保障功能和生态示范功能，在北京的经济和社会发展中具有不可替代的作用。经研究可以看出，北京的市场广阔，但北京的乳品企业发展并不理想。本文将从北京奶牛产业生产、消费、贸易等方面入手，分析影响北京奶牛产业市场竞争力的因素，并提出合理化建议。

关键词： 奶牛产业　市场竞争力　因素分析

1　前　言

随着我国人民生活水平的提高，对食物营养的需求越来越高，北京作为中国的首都，常住人口突破2 000万人，人们对奶制品的总需求也急剧上升。加之北京处于京津塘地区的核心地

基金项目：2013 年度国家自然科学基金面上项目（71373025）；2014 年度国家自然科学基金面上项目（71473019）；北京市属高等学校高层次人才引进与培养计划项目（CIT&TCD20140314）；现代奶牛产业技术体系北京市创新团队；北京农学院促进人才培养综合改革专项计划（BNRC&CC201401）的阶段性研究成果。

作者简介：王树勋，1991 年出生，山西陵川人，大学生“村官”。

位，北京市的奶牛产业的发展以及市场竞争力的高低不仅影响北京市的奶制品供应，同时对周边地区，甚至是华北地区都有巨大的辐射作用。选择此题的目的就是调查研究分析北京市的奶牛产业的市场竞争力，对其中出现的问题以及有待改进的地方，通过分析，提出相应的解决途径，提高北京市奶牛产业的市场竞争力。

由于经济的增长，我国市场开放程度日益加深，导致奶牛产业市场竞争力的越来越激烈，使作为中国乳制品消费前列的北京如何保持它本地区的市场竞争力这一问题引起很多人比较关注。而本文的研究正是分析了北京市奶牛产业的竞争力的强弱，提出进一步提高其竞争力的对策建议，使其在激烈的竞争环境中可以保持甚至提高其竞争力，使其不仅能保持中国乳业的地位并且可以在世界乳业方面成为比较有竞争力的城市。

2 奶牛产业市场竞争力研究的理论内涵和经济框架分析

2.1 竞争力的理论内涵

2.1.1 竞争力的理论概述

竞争力最早出现在亚当·斯密1776年出版的《国富论》中。亚当·斯密将竞争力大小归因于由于分工而导致的生产效率产生差异的结果。在《国富论中》出现了生产分工理论和绝对优势理论。

其后，大卫·李嘉图继承并发展了亚当·斯密的理论，提出了相对优势理论。他认为竞争力的大小主要是由比较成本决定的。

瑞典经济学家俄林和赫克歇尔在1933年提出了赫克歇尔一俄林要素禀赋论。

2.1.2 竞争力的定义

关于竞争力，各国的经济学家和政策的制定者一直在争论，至今没有达成共识形成一个统一的定义。在文献中有多种关于竞争力的定义。

竞争力是一国企业在某一环境中成功的设计、生产、营销产品的能力，并且该公司产品、价格、服务或者是功能上能比同行业的竞争者拥有更大的市场吸引力。这一定义强调了行为主体的市场表现力。

竞争力是企业在日趋激烈的市场环境中生存和发展的能力。该定义指出了竞争力的内生性，但是忽略了竞争力的相对性。

竞争力是企业和对手对资源的争夺能力，尤其是要素资源和企业的管理能力。其中要素资源包括人力、自然资源以及资金、技术等要素；管理能力则是指整合协调企业内部资源的能力，包括制度、组织机制、运用战略联盟等的能力。

2.2 奶牛产业市场竞争力的经济框架分析

2.2.1 北京市奶牛产品生产、消费和贸易状况的数据分析以及和全国的比较

北京是中国的首都，也是中国的经济中心。作为中国几个大城市之一的北京，2012 年其常住人口已经达到1 972万人，加之北京的收入水平较高，是中国一个巨大的消费市场，其消费潜力巨大。北京乳业是北京构建都市型现代农业的重要组成部分。作为发展北京经济的一条重要产业链，不仅具备拉动北京经济的作用，还承担了社会保障和生态示范作用，在北京的现代化发展过程中，起着不可替代的作用。本文将会对北京的生产、消费、贸易等进行分析比较，从而测算出北京现如今奶牛专业的发展现状。

2.2.2 市场竞争力的测算指标

由于竞争力是测算一个企业在市场环境中的生存与发展能力，因此，在本文中将会采取市场占有率、成本利润率、生产价格指数3个指标来测算。市场占有率主要是评价某一产业在市场中占有份额的能力，体现该产业的外部竞争力。成本利润率则是体现一个产业体系下相关企业内部的成本控制以及获利能力。

2.2.3 影响北京市奶牛产业市场竞争力的因素分析

（1）成本、价格。成本和价格是商品的命脉，成本的高低决定了产业制定产品价格的高低；在市场中，产品价格的高低则会直接影响相关企业产品的销量以及企业的获利能力。在日趋接近于完全竞争市场中，销售价格会无限趋近于成本。因此，降低成本也就成为产业具有竞争力的一个最有利手段。

（2）质量和安全。作为食品行业，产品的质量就是生命。至2008年以来，三鹿乳业的“三聚氰胺事件”给各个厂家敲响了警钟。由于质量问题，三鹿乳业在1个月内就破产倒闭，其董事长等都被依法追究法律责任。因此，乳品产业要想长远的发展不仅要承担起发展本产业的责任，同时还要担负社会责任。因此，质量和安全是乳品企业生存的一条红线。

（3）生产要素和相关产业。乳品产业作为一条产业链，生产要素和相关产业的市场竞争力直接影响了乳品企业的市场竞争力。奶牛产业的相关产业涉及较多，本文主要分析了良种培育、奶源基地建设、乳品加工等方面。

（4）技术。技术的创新在现今的企业生存中占据重要地位。作为乳品企业，技术的创新则代表了更高的牛奶产出，更优质的质量，更先进的生产工具，也会增大企业的市场吸引力。

（5）市场需求状况。供给和需求是市场经济的基本概念，也是衡量一个市场的标志。如果供不应求，则市场中的产品会涨价，对企业来说是扩大生产规模的良机；而供过于求则是市场饱和，企业应缩减规模。本文通过对北京乳品市场供需情况进行分析，从而对北京奶牛产业的市场大环境做论述。

（6）政府的作用。根据凯恩斯经济学说，政府是一只“有形的手”。政府在政策、法律法规的制定中，可以影响到某一类产业甚至使其相关产业的发展。

3 北京奶牛产业生产、消费及贸易概况

3.1 奶牛产业生产情况

从表1中可以看出，2010年，北京共有乳品生产企业15家，其中有8家处于亏损状态。北京三元是本地区生产量最大的企业，2010年《中国500最具价值品牌中》三元为187位，在主营或兼营奶业品牌的同类企业中，排名第八位。纵观北京历年乳品企业总数与亏损数，北京的亏损比例高达50%，这是北京需要重点解决的问题。与上海比较，在2003年，北京与上海的企业亏损比例均达到近50%，但是在2008年和2009年，上海企业锐减至12家和9家，亏损企业则只有3家。

表1 各地区乳品企业数

地区	2003年		2005年		2008年		2009年		2010年	
	总数	亏损	总数	亏损	总数	亏损	总数	亏损	总数	亏损
全国	584	158	689	196	815	223	803	160	784	147
北京	17	8	19	8	13	7	14	7	15	8
天津	8	2	15	5	14	6	12	4	15	5
河北	49	10	63	19	64	35	52	19	39	13
山西	16	2	18	3	24	3	24	1	20	2
内蒙古	38	8	47	17	70	22	77	13	80	8
上海	18	8	16	6	12	3	9	3	10	5

资料来源：中国奶业年鉴（历年）。

北京市的牛奶产量比较稳定，维持在 62 万～67 万吨。2005 年，牛奶产量为 64.2 万吨，在 2006 年则降至 61.9 万吨，2007 年基本持平，在 2008 年牛奶产量剧增至 66.4 万吨，2009 年增至 67.4 万吨，在 2010 年则剧降至 64.1 万吨（图 1）。

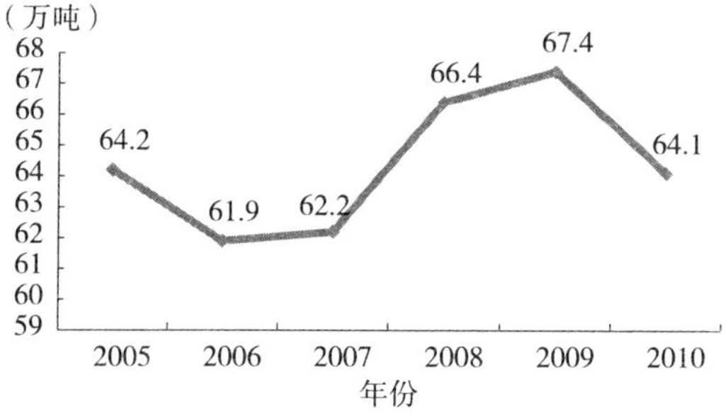

图 1　北京市牛奶产量

北京在 2008 年之前一直没有奶粉产量，在 2008 年三鹿奶粉发生“三聚氰胺事件”后，各地的奶粉产量锐减，北京因为其牛奶优质，没有安全问题，果断进入奶粉市场，2009 年产量为 1.63 万吨，2010 年为 1.65 万吨。相比其他省份，天津从 0.321 万吨、0.169 万吨锐减至 0.04 万吨、0.03 万吨；河北从 2006 年的 24.5 万吨锐减至 2009 年 2.3 万吨，2010 年上升至 4.8 万吨（表 2）。

表 2　各地区奶粉产量（万吨）

地　区	2006 年	2007 年	2008 年	2009 年	2010 年
北　京	—	—	—	1.63	1.65
天　津	0.321	0.169	—	0.04	0.03
河　北	24.5	—	—	2.3	4.8
山　西	2.12	2.229	1.974	0.42	0.5
内蒙古	—	—	—	24.58	31.13
上　海	0.372	3.94	3.94	3.97	3.8

资料来源：《中国奶业年鉴》。

北京市干乳制品产量在2004年为13.69万吨，2005年后则降至3.33万吨，此后一直维持在2万～3万吨，产量稳定（图2）。

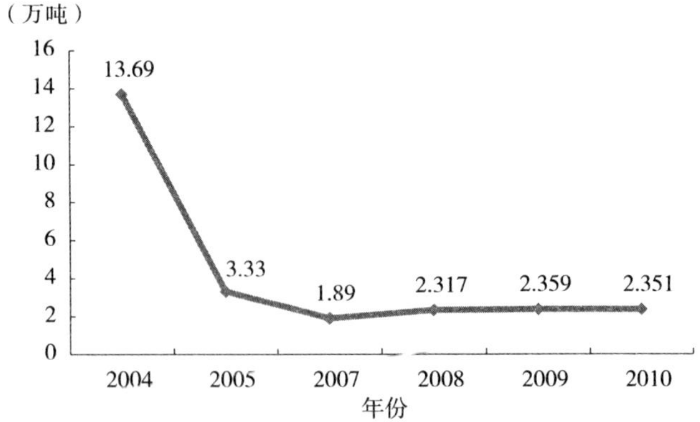

图2　北京市干乳制品产量

其中，2010年，北京市的巴氏奶、UHT奶、酸奶产量分别为5万吨、40万吨、15万吨。三元依托三元绿荷养殖基地，生产出多个高端品牌，占据了大部分的高端市场。

3.2　北京奶牛产品消费概况

在2010年，北京市农村居民平均每人全年鲜奶购买量达6.88千克，是全国平均水平的4.985倍，除去以畜牧业为主的西藏、青海两省、自治区，位居全国第一位，比第二位的上海，人均消费量多1.4千克。农村居民全年乳及乳制品消费量北京达9.85千克，是全国平均水平的2.77倍（表3）。

表3　各地区农村居民家庭平均每人全年鲜奶购买量（千克/人）

地　区	2000年	2005年	2008年	2009年	2010年
全国平均	0.16	1.22	1.38	1.39	1.38
北　京	3.95	9.63	6.97	7.36	6.88

（续）

地 区	2000年	2005年	2008年	2009年	2010年
天 津	0.33	2.84	3.83	4.78	3.85
河 北	0.09	1.75	2.37	2.09	2.32
山 西	0.45	3.1	3.89	3.49	3.38
内蒙古	0.19	2.27	2.68	2.66	2.78
上 海	1.45	7.42	5.71	5.4	5.48

资料来源：《中国奶业年鉴》。

2010年北京城镇居民家庭平均每人全年乳及乳制品消费支出371.04元，居全国第二位，是全国平均水平的1.87倍（表4）。

表4 全国城镇居民家庭平均每人全年乳及乳制品消费支出（元/人）

地 区	2000年	2005年	2008年	2009年	2010年
全国平均	68.57	138.62	189.84	196.14	198.47
北 京	178.33	270.43	332.13	341.88	371.04
天 津	98.59	149.17	211.11	205.93	236.06
河 北	63.33	134.25	169.14	166.38	148.19
山 西	63.02	154.26	205.47	210.64	161.23
内蒙古	54.87	120.14	159.78	175.51	173.47
上 海	200.9	246.88	341.69	361.73	410.27

资料来源：《中国奶业年鉴》；说明：乳制品与鲜乳的折算比例为1∶10。

值得注意的是，北京的奶粉消费量在全国排名较低，居全国第9名，人均消费0.5千克，仅略高于全国平均的0.45千克。但是，北京奶粉的平均单价为148.08元，全国平均为92.41元，是全国平均水平的1.6倍。

各地区农村居民家庭平均每人全年乳及乳制品消费量见表

5；2009—2010 年前八位地区城镇居民鲜乳品和酸奶消费情况对比分别见表 6 和表 7。

3.3 奶牛产品贸易概况

北京市的乳制品主要为内销，没有出口产品，但是有大量的进口产品。主要进口产品包括乳清粉、奶酪、奶油。

2010 年全国共进口乳清粉 26.45 万吨，主要销往天津、上海、广东、北京、福建 5 个地区，其中北京占 9.31%，计 2.06 万吨（图 3）。在 2009 年，乳清粉共进口 28.88 万吨，进口的前 5 位省（直辖市）分别为天津 26.96%、上海 14.39%、广东 9.65%、辽宁 8.92%、山东 8.42%。

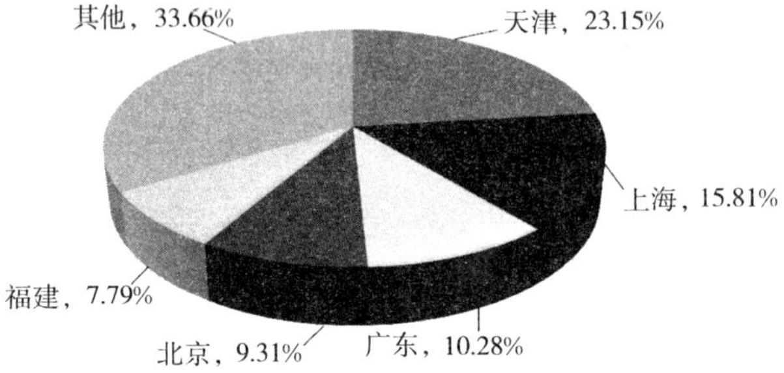

图 3　2010 年乳清粉进口比例

2010 年我国奶酪进口 22 920.66 吨，其中，北京占 16.90%，在全国居进口第二位，总共进口 3 873.59 吨。2009 年全国奶酪进口 16 976.78 吨，北京占 19.8%，位居全国第二位，共进口 3 361.4 吨。比较 2010 年与 2009 年的数据，北京在进口比例中下降 2.9 个百分点，但是进口总量增加 512.2 吨（图 4）。

2010 年我国奶油进口共 23 448.93 吨，北京占进口总量 12.59%，共计 2 952.33 吨，位居全国第四位。2009 年奶油进口 28 443.69 吨，北京进口占 9.66%，共计 2 746.34 吨，位居全国第四。2010 年北京进口增加 2.93 个百分点，进口量增加 206 吨（图 5）。

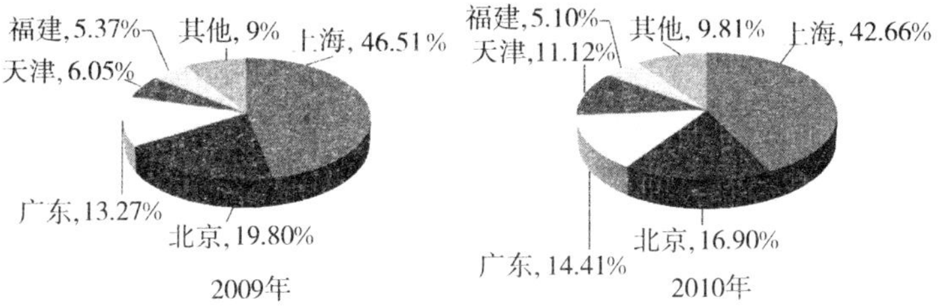

图 4 2010 年与 2009 年奶酪进口变化

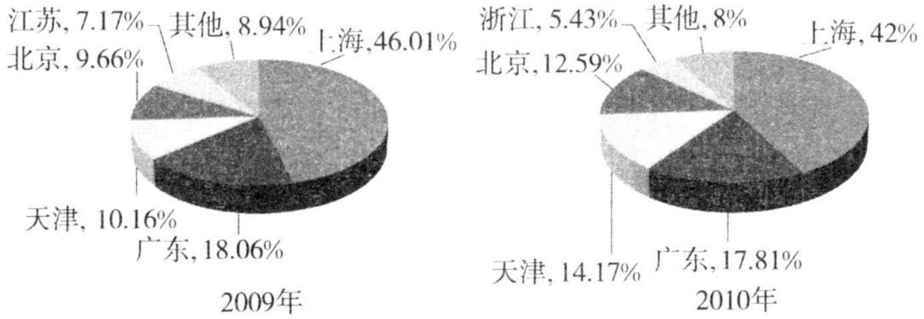

图 5 2010 年与 2009 年奶油进口变化

4 北京市奶牛产业市场竞争力测算

市场竞争力是一种表明某一产业参与市场竞争并且获取资源的能力，这种能力是一种看不见摸不着的虚幻概念，在实际研究中只有将这种能力换算成实际的、可以量化的指标，我们才能从数据上来直接观察一个产业的竞争力。在本文中，将会引用到 3 个指标，分别是市场占有率、成本利润率、生产价格指数。

4.1 市场占有率

市场占有率是企业战略管理和营销学中的一个重要概念。其定义为某一时间，某一个产业的产品（或某一种产品），在同类产品市场销售中占的比例或百分比。

从表5中可以看出，北京市牛奶市场占有率只占全国的1.7%～2%，所占比值很小。

北京在2008年之前没有奶粉生产，但是在2009年北京乳品企业进军奶粉市场，并在当年的产量就达到1.63万吨，占全国市场的1.46%，在2010年又降至1.18%（表6）。

干乳制品的市场占有率在2004年度占9.61%，从2005年开始锐减，现在长期维持在不足1%的水平，这也可以解释为什么北京的主要进口产品为乳清粉、奶酪、奶油（表7）。

表5 北京市牛奶总产量（万吨）

地区	2006年	2007年	2008年	2009年	2010年
北京	61.934	62.241	66.384	67.386	64.084
全国	3 193.408	3 525.244	3 555.823	3 520.875	3 5 75.617
市场占有率(%)	0.194	0.176	0.187	0.191	0.179

资料来源：《中国奶业年鉴》相关资料整理。

表6 奶粉产量（万吨）

地区	2009年	2010年
北京	1.63	1.65
全国	111.7	140.31
市场占有率(%)	0.146	0.118

资料来源：《中国奶业年鉴》相关资料整理。

表7 干乳制品产量（万吨）

地区	2004年	2005年	2007年	2008年	2009年	2010年
北京	13.69	3.33	1.89	2.317	2.359	2.351
全国	142.44	164.63	346.45	286.441	293.475	313.804
市场占有率(%)	0.961	0.202	0.055	0.081	0.08	0.075

资料来源：《中国奶业年鉴》相关资料整理。

北京市的农业产值在其生产总值中只占很小的比例，它的农产品也主要供应本地市场。因此，在研究北京奶牛产业的市场占有率时，不仅要考虑其产品在全国同类产品中的占有率，更要考虑其在本地市场的占有率。在2000年的时候，北京牛奶产量只有30.3万吨，只能占据本地市场68.55%的份额。但是，在2002年后，北京的奶牛产业飞速发展，在2005年，北京的牛奶产量就达到了2000年的2倍，市场占有率达到96.25%。此后，北京的消费市场需求逐步增大，但是北京的奶牛生产长期保持在一个低速增长的状态，在2006年、2007年甚至出现了下降。因此，市场占有率逐年递减，2008年为83.3%，2009年为76.61%，2010年则递减到64.48%（表8）。由此可以看出，北京市的奶牛产业由于需求量在增加，但是产量将长期维持在一个稳定的水平，其市场占有率还将会下降。

表8　北京市奶牛产业对本地市场占有率

项　目	2000年	2005年	2008年	2009年	2010年
牛奶产量(万吨)	30.3	64.2	66.4	67.4	64.1
市场需求量(万吨)	44.2	66.7	79.7	87.97	99.4
市场占有率(%)	68.55	96.25	83.3	76.61	64.48

资料来源：《北京统计年鉴》相关资料整理。

4.2　成本利润率

成本利润率是反映产业生产中所消耗的全部资源的净回报率，计算公式为：

成本利润率＝净利润/总成本×100%

在北京奶牛养殖产业中，中规模奶牛养殖的成本利润率为17.37%，全国平均水平为29.5%，低12.1个百分点，北京中规模奶牛养殖利润仅为全国平均水平的58.8%。如果单就北京和上海的成本利润率相比，上海更低，低北京近10个百分点。而在大规模奶牛养殖中，北京的成本利润率为24.59%，全国平均水平为27.36%，略低于全国平均水平。而在与其他省、直辖市的比较中我们也可以看出，北京与山西、辽宁的成本利润率基本相当，上海由于土地资源更稀缺等缘故，大规模养殖的数据缺失（表9）。

表9　2010年中、大规模奶牛收益成本利润率（%）

项　目	全国平均	北京	天津	山西	内蒙古	辽宁	上海
中规模	29.5	17.37	45.60	41.02	52.17	28.79	7.62
大规模	27.36	24.59	56.28	27.69	—	23.05	9.22

资料来源：《中国奶业年鉴》。

4.3　生产价格指数*

生产价格指数是衡量工业企业产品出厂价格变动趋势和变动程度的指数，是反映某一时期生产领域价格变动情况的重要经济指标。

从表10中可以看出，北京在2009—2010年生产价格指数变动小于全国平均水平，说明北京的乳品企业从原奶收购到生产等各个环节比较稳定，价格差异比全国低，有利于北京乳品企业参与市场竞争。

* 生产价格指数：反映一定时期内，农产品生产者出售农产品价格水平变动趋势及幅度的相对数。该指数可以客观反映全国农产品生产价格水平和结构变动情况，满足农业与国民经济核算需要。其中某代表品生产价格指数是通过对全部有出售该产品行为的调查单位的个体指数进行几何平均求得的，类价格指数是通过对其所属的类（或代表品）的价格指数进行加权平均求得的。

表 10　牛奶生产价格指数

地　区	2008 年	2009 年	2010 年
全　国	125.52	91.63	115.25
北　京	137.95	89.63	110.70
天　津	111.92	99.15	115.04
河　北	117.93	88.71	117.90
山　西	126.77	95	110.31
内蒙古	124.43	93.62	108.42
辽　宁	133.99	84.15	
吉　林	138.66	110.41	133.33
黑龙江	133.79	88.41	119.16
上　海	128.44	101.19	101.09
山　东	129.94	85.07	113.42

资料来源：中国农产品价格调查年鉴（2009—2011）。

5　影响北京奶牛产业市场竞争力的因素分析

5.1　成本、价格

5.1.1　成本

北京由于地域原因，土地利用和人力资源成本都比较高，这对奶牛产业来说是一个不利条件。我国的奶牛养殖按规模分为散养、小规模饲养、中等规模饲养、大规模饲养 4 类。北京的散养和小规模饲养由于数量较小，没有列入统计数据，给本文在查找数据过程中带来很大麻烦，没有列入表格，是本文的一个缺憾。

在中规模奶牛养殖中，北京市每单位主产品产量仅有 5 127.5千克，全国平均为 5 387.87 千克，每单位产量低于全国平均水平 360 千克；与上海相比，上海为 7 436.7 千克，每单位主产品产量低 2 309 千克。每 50 千克牛奶，北京的总成本为

140.86 元，全国平均成本为 123.31 元，高出全国 17.5 元；与上海相比，上海为 168.62，比北京更高。比较北京、上海和全国平均，可以发现，北京和上海的成本要高于全国平均水平，其中土地成本为影响最大的因素。由此导致北京的成本利润率仅有 17.37%，远低于全国的 29.5%。

在大规模奶牛养殖中，北京市每单位主产品产量达 7 995.35 千克，全国平均为 6 274.68 千克，高出近 1 720 千克，单产处于全国前列；但是，由于土地成本、生产成本等的影响，北京每头奶牛的总成本为 22 155.67 元，高于全国平均水平近 5 000 元。因此，使北京市的大规模奶牛成本利润率于全国平均利润率基本持平。

通过对北京市的中规模奶牛养殖成本收益和大规模的奶牛养殖成本收益进行比较，可以发现：北京的中规模奶牛单产远低于全国平均水平，但是在形成大规模养殖之后，奶牛单产量急剧提升。在土地成本项中，中规模奶牛土地成本远高于全国平均水平，在形成规模养殖后，土地成本进行分摊，已经可以达到全国的平均水平（表 11）。

表 11　2010 年不同规模奶牛成本收益

项目	单位	平均		北京		天津		辽宁		上海	
		中规模	大规模	中规模	大规模	中规模	大规模	中规模	大规模	中规模	大规模
每头产量	千克	5 387	6 274	5 127	7 995	6 669	7 750	6 086	6 298	7 436	—
成本利润率	%	29.5	27.36	17.37	24.59	45.6	56.28	28.79	23.05	7.62	—
每 50 千克牛奶售价	元	159.7	162.9	165.3	161.9	168.3	172.6	137.1	153	181.5	—
总成本	元	123.3	127.9	140.8	129.9	115.6	110.4	106.5	124.4	168.6	—
生产成本	元	122.8	127.6	140.1	129.7	115.5	110.3	106.4	124.1	167.6	—
净利润	%	36.37	34.99	24.47	31.96	52.71	62.15	30.66	28.67	12.86	—

资料来源：中国奶业年鉴（2011）。

5.1.2 价格

北京的生鲜牛奶收购价格综合地域因素考虑普遍低于全国平均价格，这对北京奶牛产业的市场竞争力是一个推力。在直辖市中比较，2010 年北京每千克的收购价格为 3.1～3.2 元，天津为 3.57 元，上海为 3.46 元，北京的收购价格最低（表 12）。

在全国乳品企业生鲜奶收购价格的比较中，北京三元的单价只有 3.24 元，与蒙牛 3.53 元、光明 3.95 元的收购价格相比，低 0.2～0.6 元（表 13）。

北京鲜奶收购基本上采取的是协议收购，再加上三元绿荷企业在北京市奶牛养殖中占很大比重。因此，牛奶价格偏低。

表 12　各地区生鲜牛奶平均收购价格（元/千克）

地　区	2004 年	2005 年	2006 年	2007 年	2008 年	2009 年	2010 年
北　京	1.85	1.85	1.91	—	2.20～2.99	2.87	3.1～3.2
天　津	1.8	2	2	2.5	2.97	2.8	3.57
河　北	1.8～1.96	1.8～2.3	2.1	—	—	2.9	2.89
山　西	1.6	1.61	1.7	2.8	2.6	2.16	2.7
内蒙古	1.7	—	2	—	—	2.85	2.95
辽　宁	1.65	1.6	1.8	2.3	2.5	3	3.2
吉　林	1.6	1.6～1.8	1.5～1.8	2.8～3.2	2.58～2.72	2.36	3.4
黑龙江	1.6	1.6	1.65～1.75	1.82	2.48	2.1	2.75
上　海	2.2	2.2	2.3	2.8	3.3	3.27	3.46
山　东	—	—	1.8～2.3	—	2.7～3.15	2.72～2.77	2.38

资料来源：中国统计年鉴（历年）。

表 13 各地区部分乳品企业生鲜奶平均收购价格（元/千克）

公司名称	2009 年	2010 年
北京三元食品股份有限公司	2.75	3.24
山西古城乳业集团有限公司	3.26	3.48
内蒙古蒙牛乳业股份有限公司	3.06	3.53
内蒙古伊利实业集团股份有限公司	3.05	3.42
黑龙江省完达山乳业股份有限公司	2.41	3.04
黑龙江飞鹤乳业有限公司	2.59	3.35
光明乳业股份有限公司	3.66	3.95

资料来源：中国奶业年鉴（2011）。

5.2 质量与安全

5.2.1 疾病防治情况

以三元为例，按照北京市的规定每年由区、县动物监察局联手三元集团兽医总站对辖区内的牛群进行全检全免的两种疾病（结核、布鲁氏菌病），对病畜扑杀的政策，多年来未发生重大疫情。

5.2.2 质量管理

（1）原奶在通过验收时，检验分为抽检和必检两部分，必检项目包括含乳成分、抗生素，自 2008 年三鹿奶粉曝光三聚氰胺后，三聚氰胺也是必检项目。抽检项目有体细胞、细胞总数、农药残留、兽药残留等项目。样品分 3 份，分别送给市乳品督导站、国家食品安全监测中心、质量技术监督局 3 家检测部门。对质量控制的管理办法是实行优质优价，对不符合检测结果的原奶做拒绝处理，并对奶源管理人员，奶源牛群做跟踪调查，及早发现并解决问题，对牛群市场进行整顿和改进，保证和提高原奶质量。

（2）对乳制品的市场监督，分为内部监督和外部监督。内部监督是公司内部的质检部门对各厂生产的产品成品进行市场抽检和成品库抽样检查监督，对产品的质量内控标准的执行进行质量追踪，内控质量标准必须要严于企业标准和国家标准，确保流通到市场中的产品必须是合格优质的。但是在实际操作中，部分检测项目的检测成本偏高，在推行中压力很大。外部监督主要由企业所在的区和市的质量技术监督部门、国家食品安全监测中心、市乳品督导站对生产厂家和市场中的成品进行质量抽检和专项项目检测，对三元乳业的学生奶还要通过国家农业部乳品质量监督检验测试中心进行产品专项抽检。上述机构对北京地区奶牛企业的随机抽检涵盖了所有的液态、固态、常温、低温产品。

（3）自2008年“三聚氰胺事件”爆发以来，有机食品备受青睐。有机食品（Organic Food）也叫生态或生物食品。有机食品是国标上对无污染天然食品比较统一的提法。有机食品通常来自于有机农业生产体系，根据国际有机农业生产要求和相应的标准生产加工的。这是到目前为止，食品安全界定的最高标准，北京市乳品产业也在大力培养有机乳品，2009—2010年获中国有机食品认证的乳制品共有8项（表14）。

表14　2009—2010年北京获得中国有机食品认证的乳制品

企业名称	证书范围	证书号	领证机构
北京兴发旧县奶牛场	牛奶（原奶）	106100F0968ROS	五洲恒通
北京北庄南山南牛场	牛奶（原奶）	106100F0880ROS	五洲恒通
北京润民养殖公司	牛奶（原奶）、奶牛	106100F0827ROM	五洲恒通
北京兴利鹏奶牛中心	奶牛（生鲜乳）	CQC-OP-502001-0244	中国质量认证
北京归原生态农业公司	纯酸牛奶/酸牛奶/牛奶/低脂牛奶/全脂酸牛奶/低脂酸牛奶	CQC-OP-503001-0245	中国质量认证
北京兴利鹏奶牛养殖中心	青贮玉米/苜蓿/羊草	CQC-OP-501001-0241	中国质量认证

（续）

企业名称	证书范围	证书号	领证机构
北京兴利鹏奶牛养殖中心	奶牛（生鲜乳）	CQC-OP-502001-0244	中国质量认证
北京归原生态农业公司	纯酸牛奶/酸牛奶/牛奶/低脂牛奶/全脂酸牛奶/低脂酸牛奶	CQC-OP-503001-0245	中国质量认证

资料来源：中国奶业年鉴（2011，2010）。

综上所述，在质量和安全上，北京乳品产业从奶源基地建设开始层层紧抓质量关，注重对乳品及乳制品的质量监管，从企业和政府等多个角度入手，实行多重检验，多部门检验，严把质量关。数据显示，2009 年北京三元的营业收入为237 959万元，2008 年为141 363万元，增减额高达96 596万元，增长 68.33%，增长原因为河北三元、北京三元产品销售量增加所致。

5.3 生产要素及相关产业

5.3.1 奶牛培育改良用牛

（1）奶牛、种公牛进口。2009 年，我国包括奶牛、改良种用牛在内总共进口40 491头，主要进口地区有 9 个，所占比例分别为黑龙江 29.17%，辽宁 14.76%，陕西 14.34%，安徽 9.52%，吉林 7.27%，山东 7.19%，北京 2.21%，内蒙古 0.97%。但是到了 2010 年我国改良种用牛进口达90 837头，比上年多50 246头，进口地区也增加到了 12 个，所占比例分别为北京 2.84%，湖北 2.74%，内蒙古 2.51%，辽宁 24.38%，黑龙江 18.67%，山东 14.41%，陕西 9.05%，江苏 6.56%，安徽 6.29%，贵州 4.27%，河北 4.13%，四川 3.30%，其他 0.85%。从图 6 中的比较可以看出，北京 2010 年改良种用牛进口增加 0.63%，在全国改良牛进口增加 1 倍多的情况下，北京

2010 年新增加改良牛1 685头。

（2）动物胚胎进口。2009 年我国的动物胚胎进口总值达 101.53 万美元，其中北京 81.86%，山东 11.82%，天津 6.30%，上海 0.02%。2010 年，这一数据达到 170.95 万美元，其中北京 61.86%，黑龙江 10.62%，山东 7.46%，河北 6.79%，河南 5.97%，其他 7.30%，在 2010 年，北京的动物胚胎进口比例下降 20 个百分点。但是从进口额上讲，北京 2009 年进口额达 83.112 4 万美元，2010 年达 105.766 7 万美元，总额在稳定上升（图 7）。

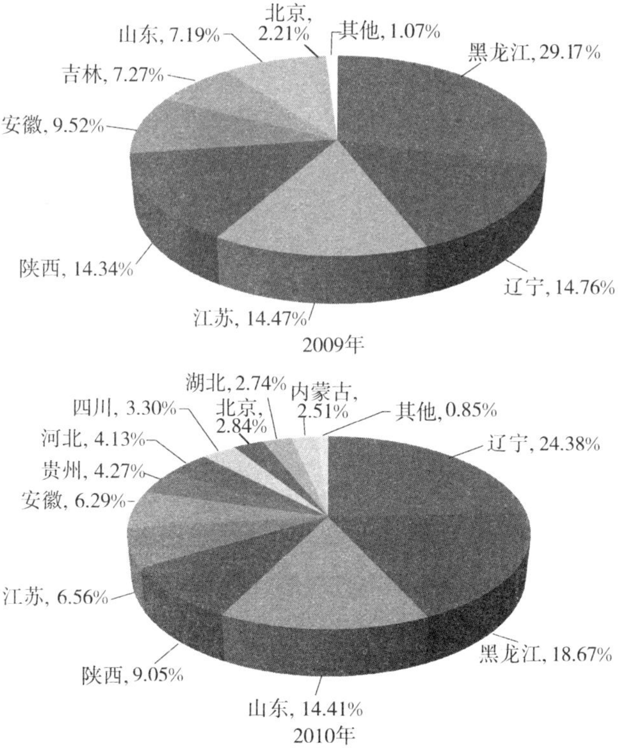

图 6　2009 年与 2010 年奶牛、改良种用牛进口的变化

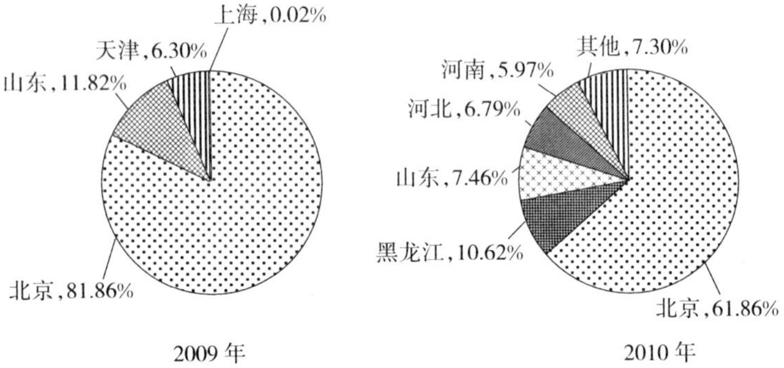

图 7　2009 年与 2010 年动物胚胎进口的变化

（3）牛精液进口。2009 年，我国进口牛精液达 445.23 万美元，其中，北京 61.24%，内蒙古 36.22%，山东 2.54%。在 2010 年该数值达 1 231.80 万美元，北京占 51.77%，山东占 25.58%，内蒙古 12.07%，黑龙江 10.52%，河南 0.04%。北京进口额分别为 272.658 8 万美元、637.702 8 万美元（图 8）。

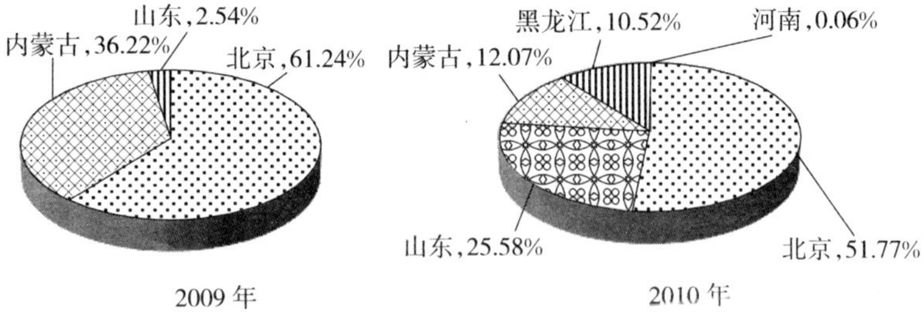

图 8　2009 年与 2010 年牛精液进口的变化

总结：在改良品种和培育种牛上，北京处在全国领先行列，并且在该产业上投资金额较大。不同于全国其他城市只注重于改良牛的直接进口，北京更加注重通过本区、县的奶牛与进口动物胚胎、牛精液等进行本土改良，研发自己的新品种。

5.3.2 奶源基地建设

北京市的乳业发展速度缓慢，除了受到城市功能定位的影响外，还受到地区资源与环境对乳业发展的制约。一方面，北京市可用于饲养奶牛的土地资源十分有限，且呈现不断减少的趋势，土地成本在增加；另一方面，北京市对水源保护、空气质量的要求越来越严格，奶牛饲养造成周边环境污染问题日显突出。同时，由于奶牛养殖需要大量的饲料供应，比较适合于饲料资源比较丰富的地区。但是北京缺乏相应的饲料资源，加之人工成本费用过高。因此，北京市奶源养殖成本高。

在 2010 年中规模奶牛养殖中，北京的成本为 2.82 元/千克，全国平均成本为 2.47 元/千克；但是在出售中，北京为 3.3 元/千克，全国平均为 3.19 元/千克。在两者相比之下，北京牛奶的净利润只有 0.49 元/千克，全国为 0.73 元/千克。况且北京市每头奶牛的单产量低于全国平均水平，因此奶农收益较低，影响奶农生产积极性（表 15）。

表 15　2010 年各地区中规模奶牛成本收益情况

项　目	单　位	平　均	北　京	天　津	上　海	内蒙古
每头产量	千克	5 387.87	5 127.5	6 669.38	7 436.7	5 470
出售价格	元/千克	3.19	3.3	3.366	3.63	3
成　本	元/千克	2.47	2.82	2.31	3.37	1.97
净利润	元/千克	0.73	0.49	1.05	0.26	1.03

资料来源：根据《全国农产品成本收益资料汇编》有关资料整理。

在大规模奶牛养殖中，北京成本为 2.6 元/千克，全国为 2.56 元/千克；出售价格北京为 3.24 元/千克，全国平均为 3.26 元/千克，两者相比，净利润北京为 0.639 2 元/千克，全国为 0.699 8 元/千克。但是由于北京市每头奶牛的产奶量高达 7 995.35千克，高出全国平均水平 27.42%。因此，尽管北京每千克原料奶利润较低，但是在产量高的前提下可以抵消这一部分损失，依然具有较高的市场竞争率（表 16）。

表 16 2010 年各地区大规模奶牛成本收益情况

项 目	单 位	平 均	北 京	天 津	山 西	辽 宁
每头产量	千克	6 274.68	7 995.35	7 750	5 700	6 298.3
出售价格	元/千克	3.26	3.24	3.45	2.6	3.06
成 本	元/千克	2.56	2.6	2.21	2.04	2.49
净利润	元/千克	0.6998	0.6392	1.243	0.5638	0.5734

资料来源：根据《全国农产品成本收益资料汇编》有关资料整理。

5.3.3 乳品加工

乳品加工企业是原料奶进入消费市场的重要一环，决定了奶品的质量、价格，并且在现代消费需求多样化的刺激下，乳品企业能够提供多种类型的乳品和乳制品，成为新的竞争优势。

截至 2011 年，北京市共有乳品加工企业 28 个，日加工鲜奶能力早已经超过2 000吨，但是由于原料奶供应不足，乳品企业均未达到满负荷生产，产能过剩情况比较突出。2010 年，北京共有中大型乳品企业 15 家，其中有 8 家处于亏损状况，亏损率为 53.3%，全国水平为 18.75%，高出全国近 35 个百分点；在三大直辖市的比较中，上海为 50%，天津为 33.3%，北京仍是最高的。

北京乳品产销的快速增长，引起了国内外厂商的极大关注，蒙牛、伊利等乳品巨头纷纷落户北京，分割北京市场这一块“大蛋糕”；与此同时，众多的中小企业由于受到奶源市场大起大落的冲击，以及质量风险，市场认可度较低，生产经营却举步维艰，亏损面增加，只能在夹缝中求生存。

以北京三元为代表的乳品巨头则瞄准了高端市场，改变乳品产品结构，以液态奶为主向液态奶、酸奶、奶酪、冰激凌、奶油等多元化过渡。北京的乳品产业正在以单一的当地品种向以当地龙头企业品牌为主导的国内外多品牌并存的良好竞争态势发展。

5.4 技术

北京是我国的首都，拥有全国最雄厚的科研和师资力量，有中国农业科学院、中国农业大学、北京农学院等专门从事农业研究的教育研究机构。此外，三元集团还有专属于自己的项目研究机构，进行项目研究。

2010 年北京三元绿荷通过鉴定和参与的项目成果有 3 个：北京地区夏季奶牛热应激及控制措施的研究与应用推广获 2010 年度北京市农业技术推广奖三等奖；正在开展的省部级科研项目包括 8 个小项（表 17），分别为：

（1）奶牛饲料资源高效利用与健康养殖关键技术；

（2）奶牛场标准化规模饲养关键技术研究；

（3）奶牛群体改良与新品系培育关键技术研究与应用；

（4）奶牛场重大疫病防控与净化技术研究与示范；

（5）奶牛群体改良与新品系培育技术研究与应用；

（6）奶牛高效安全新兽药研发与普通病的防治；

（7）奶牛营养与要与生态饲养技术；

（8）奶牛转型时期的要素、市场及产业政策研究。

2010 年度农业部农垦系统畜牧业高产攻关项目。

表 17　2009—2010 年北京三元食品股份有限公司所进行科研项目

项目编号	项目名称
2009BADB9B06	乳制品质量安全控制技术研究与产业化示范
2006BAD04A13	北方大城市郊区牛场无害化处理系统建立与环保高效型奶业集约化生产技术研究与开发
2006BAD04A06	“新型乳制品研制及其产业化开发”的子课题原干奶酪加工技术研究与产业化开发、长货架期的巴氏液态奶开发与产业化

（续）

项目编号	项目名称
京经信委发（2009）31号 （2009）合同055号	乳品质量安全体系的建立与应用
2011AA100903	传统发酵乳制品微生物资源开发与产业化关键技术
D10110504600001	干奶酪加工关键技术研究与产业化开发
D101105046010002	功能性乳清制品开发与产业化研究
D101105046010003	乳制品质量控制体系的建立与应用

资料来源：《中国奶业年鉴》（2010，2011）。

5.5 市场需求状况

市场需求状况需要从供给与需求两个方面来考虑。从供给上看，北京历年的牛奶总产量在全国排名为12～13位，人均产量为全国的9～10位；但是，北京市2010年城镇居民年均乳及乳制品消费额高达371.04元，是全国平均水平的1.87倍；农村居民人均乳及乳制品消费量高达9.85千克，是全国平均水平的2.77倍（表18）。北京每年还需要进口大量的乳清粉、奶油、奶酪来满足本市的需要。因此，北京的乳品市场长期处于供不应求的状况，这对北京本地区的乳品产业来说占据了地缘优势，各乳品企业应该加快企业的发展步伐。

表18　北京历年牛奶供需情况

供给	2006年		2007年		2008年		2009年		2010年	
	指标值	全国位次	指标值	全国位次	指标值	全国位次	指标值	全国位次	指标值	全国位次
牛奶总产量（千吨）	619.34	13	622.41	13	663.84	12	673.86	13	640.84	13
牛奶人均（千克/人）	39.71	9	38.73	10	39.89	9	39.06	10	34.49	10

（续）

需求	2000年		2005年		2008年		2009年		2010年	
	指标值	位次*	指标值	位次	指标值	位次	指标值	位次	指标值	位次
城镇居民乳制品消费支出（元/人）	178.33	2	270.43	1	332.13	2	341.88	2	371.04	2
农村居民乳制品量（千克/人）	5.72	1	12.12	1	9.42	1	10.5	1	9.85	1

* 位次指全国除去青海、西藏以畜牧业为主的其他省、直辖市、自治区。

资料来源：根据《中国奶业年鉴》整理所得。

5.6 政府的作用

政府在经济中的作用主要体现在政策支持和法律法规的制定以及条例建设方面。

政策支持：

（1）优惠贷款：对扩容小区养殖场按照规模实现补贴政策。

（2）土地优惠：对于新建小区，规模养殖场，远郊区县，给予土地优惠政策，但不能改变土地的使用性质。

（3）税收优惠：对养殖户免征农业税政策。

（4）良种支持：对改良品种、精液实行半价补贴政策，北京2010年共有10万头，每头补贴30元。

（5）政策保险：在良种保险上，政府出资补贴，让农民享实惠。

法律法规的制定、条例建设：2010年北京市针对奶牛产业优势区域布局，首先实现奶牛产业的现代化，通过奶牛集成技术以及示范带动，使整条产业链从原奶质量管理，奶牛疾病预防与控制，奶牛的繁殖，到奶牛牧草、饲料结构及饲养方式的转变，加强政府的宏观调控，借助首都科研力量雄厚及消费市场前景广阔的优势，加快发展，部分区县也根据自身的实际情况制定了相关的规程及管理办法。

学生奶计划：北京三元食品有限公司被国家认定为中国学生奶定点生产企业，使用学生奶标志，全国编号为smc110601，从2006年11月起，每天供应学生奶25 000盒，供应价格为每盒1.5元，饮奶人数为25 000人。仅此一项，三元一年增加营业额约1 350万元。

6 总结及政策建议

6.1 基本结论

北京市奶牛产业的市场竞争力比较低。由于地域限制、土地成本过高等因素，北京的原料奶产量一直维持在较低的水平，为62万～64万吨，满足不了北京本地的市场需求；北京的乳品企业由于生产成本过高，销售费用高，人力资源成本大，超过半数的企业都处于亏损状态。但是北京有庞大的消费群体，市场的需求量特别高。因此，北京的乳及乳制品长期依赖进口。面对供不应求的现状，国内外的大型乳品企业纷纷落户北京，抢占北京市场，在此基础上，北京的乳品企业改变原有发展模式，依托北京的技术优势从乳品质量和乳制品种类上寻找发展出口路，抢占北京高端乳品市场，并且推出多种口味乳品及乳制品，提高市场竞争力。随着国家和北京政府对奶牛产业的重视，外来乳品企业的加入，北京的奶牛产业将会有大的提升，市场竞争力也会越来越高。

6.2 政策建议

6.2.1 引导奶农及企业提高土地资源利用率，降低生产成本

针对北京奶牛养殖业的土地成本过高的问题，企业可以通过

战略转移，将养殖基地移到北京周边地区或者是土地成本较低的地方，这样可以有效降低土地成本。在对养殖规模的比较中我们发现，中规模的奶牛养殖单位土地成本很高，但是在大规模的奶牛养殖中，土地成本就得到了很好的控制。因此，可以考虑扩大奶牛基地的养殖规模。这有两个途径，一是企业的养殖基地可以通过扩大规模，减少数量来达到这一目的；二是对于中小规模的奶农或小型养殖基地，可以通过奶业协会或者其他途径协商，由大家共同出资，按照股份制的模式将奶牛集中饲养。

6.2.2 加强乳品质量监管，提高乳品质量

在食品安全问题突出的今天，保证企业的产品质量安全是企业的生命线。北京市乳品安全实行内部监督和外部监督两种。在内部监督中就要求企业要做好各项检测工作。但是，在实际检测中，部分检测项目检测费用过高，这是摆在企业面前的一道难题。北京的奶牛产业要持续提高市场竞争力，扩大市场占有率就必须要注重对食品安全的监管。

针对企业内部质量监控过程中遇到的检测费用过高的问题，由科研机构研究更节约资金、更高效快捷的检测方式当然是最好的解决途径，但是在现阶段，可以考虑由政府进行补贴，由政府和企业共同出资检测，一定要保证流通到市场上的乳制品是合格优质的。

6.2.3 突出竞争优势，依靠技术创新和科技进步

北京有全国最雄厚的科研力量，拥有众多高校和科研单位，并有专业的专家团队、大量的研发机构。因此，北京市奶牛产业的发展应该注重对自身优势的开发，以质取胜。北京在种牛生产与繁殖、饲料的开发与种植、乳品质量、乳品检测等诸多方面都有得天独厚的优势，要紧抓自己的优势，依靠技术的创新和科技的进步来提升自己的产业竞争力。

6.2.4 加强企业竞争与兼并，降低企业成本

在北京现有的15家企业中，有8家处于亏损状态。纵观近5年来，北京的乳品企业也有一半以上长期处于亏损状态，这为北京市的乳品产业敲响了警钟。要加强奶牛产业的市场竞争力，首先要整合现有的资源，兼并或淘汰掉长期亏损的企业，增强企业活力。

乳品要进入市场并占有市场需要销售渠道。北京的乳品企业在推销企业产品中，由于人工成本高、土地租金贵等因素，面临销售成本过高，会增加企业的生产成本，影响企业的利润。因此，企业要做好战略规划，积极降低企业的生产和销售成本。

参考文献

陈渝．2010. 中国乳业的国际竞争力研究［J］. 中国食品工业（9）.

柯炳生．2003. 提高农产品竞争力：理论、现状与政策建议［J］. 农业经济问题（2）：34-39.

李建平等．2009. 中国省域经济综合竞争力发展报告（2007—2008）［M］. 北京：社会科学文献出版社．

李闽榕，李建平，黄茂兴．2007. 中国省域经济综合竞争力评价与预测研究［M］. 北京：社会科学文献出版社．

李闽榕．2006. 中国省域经济综合竞争力研究报告（1998—2004）［M］. 北京：社会科学文献出版社．

李晓明．2004. 提高我国奶业竞争力的思考［J］. 内蒙古农业大学学报（1）.

沈文华，杨静．2009. 北京市乳业经济发展研究［M］. 北京．中国农业科学出版社．

谭向勇，曹谏，周俊玲．2007. 中国奶业经济研究［M］. 北京：中国农业出社．

谭向勇，辛贤，等．2001. 中国主要农产品市场分析［M］. 中国农业出版社．

谭向勇．2001. 中国主要农产品市场分析［M］．北京：中国农业出版社．

王永德．2009. 中国农产品国际竞争力研究［M］．北京．中国农业出版社．

徐志刚，钟甫宁，傅龙波．2000. 中国农产品的国内资源成本及比较优势［J］．农业技术经济（4）：1- 6.

杨雍哲．2003. 论提高农产品国际竞争力［M］．北京：中国农业出版社．

张文兵．2005. 中国奶业国际竞争力：基于 RCA 和“钻石”模型的分析［J］．农业经济问题（11）．

D. Greenway. 1993. The Competitive Advantage of nation［J］. Kyklos, VOL., 46（1）：145-146.

A. M. Rugman. 1993. The Double Diamond Model of International Competitiveness：Canada' sExperience［J］. Management International Review, 33（2）：17-39.

Boltho. 1996. The Assessment：International Competitiveness［J］. Oxford Review ofEcononmic Policy, VOl., 12（3）：26-54.

William A and Winter-Nelson. Measuring. 1995. the Comparative Advantage Of Agriculturalactivities：Resource Costs and the Social Cost-benefit Rati［J］. American Journalof Agricultural Economies, VOL. 77（2）19-55.

Zhou Zhangyue, Wei Mingtian, ZhouJunlin. 2002. The Emerging Dairy Economy in China：Production, Consumption, and Trade Prospects［J］. Agribusiness Review.

我国家庭农场发展的制约因素与建议

张振　康海琪

（北京农学院经济管理学院，北京　102206）

摘　要："家庭农场"作为一个新生事物现在已经悄然来到我们眼前，本文通过梳理我国家庭农场的形成与发展历史脉络并找出、总结现阶段发展制约因素，提出一些合理的发展建议。

关键词：家庭农场　历史脉络　制约因素　建议

1　我国家庭农场各阶段发展脉络梳理

我国家庭农场是随着生产关系的调整后而不断产生的农业经营主体，与我国的历史发展一脉相承。新中国成立后直到今日，我国家庭农场按历史背景可直接划分为萌芽阶段、过渡阶段、初始发展阶段、快速发展阶段等四大阶段（图 1）。

1.1　萌芽阶段

1949 年新中国成立后，首要提上日程的就是废除了在我国存在几千年的封建土地所有制，实现了农民的土地所有制度，直

基金项目：2015 年北京市教委重点项目"北京新型农业经营主体培育研究"（项目编号：50752320901）。

作者简介：张振，1991 年出生，北京人，北京农学院 2014 级农村与区域发展研究生。

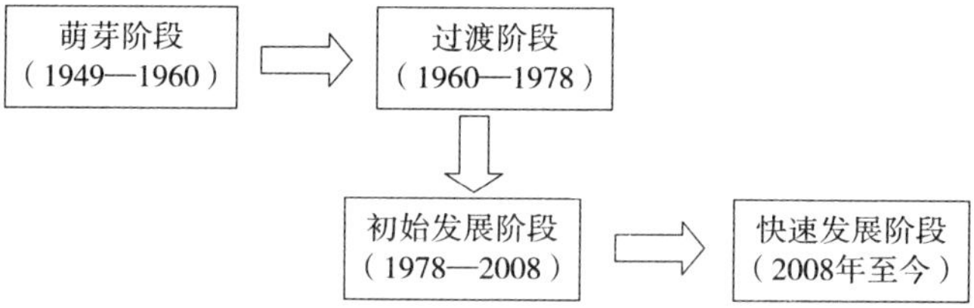

图 1　我国家庭农场形成与变迁图

到 1952 年土地改革胜利完成，土地制度的变革从根本上改变了土地的性质，使得农民对土地的要求得到了一定的满足，调动了农民的劳动积极性，为家庭农场在我国的形成和发展奠定了基础，使得农业生产得到了高速发展。1952—1956 年期间，我国进行了全方位的社会主义改造，即“三大改造”，针对农业，我国也进行了大规模的社会主义改造，进一步加强合作化程度，并扩展至全国各地，直到 1958 年，以“一大二公”为特点的人民公社在全国迅猛地发展起来。在此阶段，由于合作化程度各地的差异性，集体化生产并不适合一些地域的特点，所以就形成了一些介于初级合作社和高级合作社之间的合作化组织，这种组织一直发展到了 1978 年党的十一届三中全会的召开。

1.2　过渡阶段

1978 年召开了中共十一届三中全会，随即改革全面展开。随着农村经济突破计划经济和传统经济的束缚和局限，农民开始包产到户，成为独立的生产单位，农业生产最终开始实行以家庭承包经营为主体的统分结合的双层经营体制，农业发展开始逐步与市场有效对接，不再是既定式的模式化发展。家庭承包经营方式又使土地承包经营模式充分调动了家庭成员的劳动积极性，使得土地资源能够得到合理利用，经营能力得到空前解放。

除此之外，由于家庭承包经营的主体大多都是单家独户的家庭单位，经营规模相对较小，仅仅以土地和劳动力资源为主要投入，机械化、科学化管理和生产、较高的物流能力都较为欠缺，存在着一定的局限性。这种现象当然也与当时的历史发展背景相契合，随着国家整体进入改革开放时代，国家的主要任务转变为经济建设，对科学的投入力度不断加大，农业的机械化水平也会不断提高。但是，此阶段的这种小规模经营还没有充分形成规模化和机械化，也造成了劳动力和一些设备资源的过度使用和低效利用。

家庭承包经营和统分结合的经营体制的确立至少在制度层面上为家庭农场的形成与发展提供了理论基础，在改革初期我国国营家庭农场还占有较大的比例，并且伴有苏联模式，但是“摸着石头过河”也正是家庭农场在我国发展历程的真实写照。此后，家庭农场的发展还将面临诸多挑战，第一，过于分散的经营农户不能够更好地运用集约化生产方式提高效率，难以适应市场的需求；第二，国家整体的科技发展水平滞后，不能大量地实现机械化生产；最后，随着国家整体的工业化、城镇化发展速度加快，农村地区出现空心化、农民兼业化、土地大量闲置的一系列现象。所以，为了家庭农场能够更具中国特色，还需要不断地加强制度优化改革以及农民自身的观念转变。

1.3 初始发展阶段

在此阶段，我国家庭农场逐渐具有“中国特色”，而“中国特色”主要是指坚持社会主义土地集体所有制不动摇，各农村家庭可以各家为单位，充分利用家庭承包经营和统分经营体制，逐渐将土地和资金及技术等生产要素流动起来并适度集中，开始将统分结合的经营体制开始内部整合和优化，充分挖掘了这一经营体制的发展潜力，使农民逐步形成了以市场为导向经营理念。生产要素的适度集中和倾斜也使我国的家庭农场在具有我国国情的基础上有了向集约化和规模化以及机械化的方向发展。

在我国家庭农场初始发展阶段，主要是将家庭农场的发展更具有社会主义中国的特色，其中土地的共有性质和劳动力的范围是在家庭中就将我国家庭农场赋予了社会主义的性质。而随着不断发展这种劳动性质逐渐加入了资本主义的雇佣劳动，其中还包括了一些自我雇佣。针对此问题中央推行了国有农场内部的职工家庭农场。这种新型内部雇佣模式的家庭农场，全国各地也在很短的时间内扩展了发展范围，由于出现了规模化发展的趋势。所以，在宏观上增加了家庭农场的数量。据相关数据表明，自1978—1988年这10年间，全国范围内的职工家庭农场数量已经由40.2万个增加到115.8万个，农业的总产值由118 102万元上升到了658 550万元，农民纯收入由42 142万元增长到了353 672万元，无论是从农民个人，还是整个国家的农业发展水平上都获得了巨大的收获。

1.4 快速发展阶段

我国家庭农场在本阶段之所以能够快速地发展完全取决于2008年“家庭农场”一词能够再次被中共十七届三中全会通过，并写入《中共中央关于推进农村改革发展若干重大问题的决定》（以下简称《决定》）中，强调“加强土地承包经营权流转管理和服务，建立健全土地承包经营权流转市场，按照依法自愿有偿原则，允许农民以转包、出租、互换、转让、股份合作等形式流转土地承包经营权，发展多种形式的适度规模经营。有条件的地方可以发展专业大户、家庭农场、农民专业合作社等规模经营主体。”此《决定》的有关提法虽然还没有到2013年中央1号文件那样的全面深刻，但它也为家庭农场的快速发展提供了很好的制度保障，增加了农村的市场活力，尤其是开始鼓励农民通过流转土地的行为来促进家庭农场的发展。可以说是为农民开创了制度上的先河。

2　我国家庭农场发展制约因素

2.1　缺乏成熟的土地流转机制

土地资源是农业生产活动的最基本生产要素，家庭农场的良好发展也完全依托于成熟的土地制度。在我国，家庭农场的发展具有悠久而复杂的历史背景，由于土地在漫长的历史发展与朝代更迭中呈现出严重的零碎化，新中国成立后，农业经营规模又从公有化的大规模集体经营逐渐转变为以家庭经营为主统分结合的经营体制，使得土地资源又变得较为分散，并且这种小规模经营受到土地资源的局限性影响，呈现出低效化发展态势。

数据显示（图 2），从经营规模上看，我国农村居民家庭耕地面积由 2008 年的 2.18 亩/人，最高达到 2012 年的 2.34 亩/人，这对于发展大规模的家庭农场来说显然不足。针对我国地形多样化的特点，我国的农村居民家庭经营山地面积最高为 2012 年的 0.48 亩/人，农村居民家庭原地面积最高为 2010 年和 2011 年的 0.11 亩/人，而农村居民家庭养殖水面面积从 2008—2012 年并没有明显的变化，为 0.04 亩/人，这一变化态势也反映了我国现阶段家庭农场发展面临着土地规模严重受限，也反映出了土

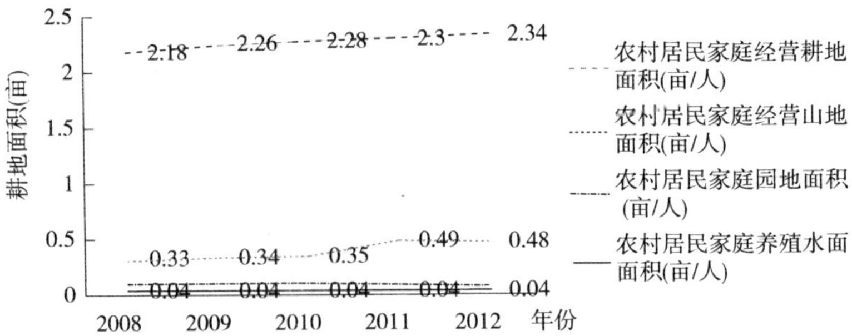

图 2　2008—2012 年我国农村居民家庭土地经营情况

资料来源：中国统计年鉴 2014。

地流转在我国还并不是很顺畅。事实上，农业的家庭经营规模需要遵循合理化的原则，只有达到了一个最优经营规模，家庭农场才能够发挥出其最高的经营效率。

在规模适当发展的情况下，合理的土地产权制度也是限制我国农村土地流转的根本制约因素，人均耕地资源的相对匮乏使得我国的家庭农场不能够将全部资源整合到一起扩大规模发展，再加上缺乏完善的土地流转交易机制，不能够将土地从土地确权开始，经过登记、颁证等手续后，规范合理地拥有一个简单快速的土地流转程序。这种规范性的缺失和不稳定性因素也导致了我国大部分土地承包经营者不敢大胆地进行土地流转交易，再加上在土地流转合同中的租期并没有长期有效的保障以及资金的不足都是在土地流转方面面临的重要制约因素。

2.2 资源的集约化、机械化程度不足

土地流转不足就导致了土地资源的严重分散化，农民将自家经营的土地使用权长期持有在自己的手中，缺乏新的土地资源利用理念，并且我国的土地所有权是国家或者集体所有，要想将土地资源大规模地集中起来只能靠国家和集体政策的号召力，而现在随着城乡一体化发展不断推进，土地附加值不断增加，农民越来越珍惜自己手中的土地使用权，各家各自经营的分散化经营现象不断加重，即使有的农户愿意将土地流转出租，但又受到承包户与农户的合同两年一签的局限，农户不愿付出过多的机会成本和更高的风险，不愿意签订长期的租赁合同，从而最终很难将土地达到集中于一家承包户经营的情况。不可否认，现在还是会有一些承包户能够从个别农户手中流转到土地经营，但这些土地大部分都是零散化、小规模的，无法实现高水平的规模化、集约化和专业化经营，最终阻碍家庭农场的长期快速发展。

中央多次在中央经济工作会议中强调加强发展“三农”的工作重要性，在2004—2014年连续10年提出的中央1号文件

（2013 年）中首次提到了家庭农场，鼓励向家庭农场、专业大户以及农民合作社这样的新型农业经营主体进行补贴。针对我国统分结合的双层经营体制，国内出现了不同的声音，主要争论在是“分”大于“统”还是“统”大于“分”的问题，甚至有极端的观念认为应该只“分”不“统”。事实上这些观点的出现都不应该脱离我国社会主义性质集体主义优先的原则，而家庭农场在我国属于一种新型的农业经营组织形式，需要在发展中不断地结合我国特殊的国情摸索出一条更好的模式，而且农村集体所有制经济的发展壮大能够更有利于家庭农场的集约化经营，相反家庭的适度分散经营模式也能够更好地捕捉市场信息，加强各农户间的竞争，提高家庭农场经营能力和农产品质量，更重要的是促进资源与资源之间、农户与农户之间的交流与合作。这种统分集合的经营模式应该在继续延续和利用的基础上更好地改进，形成我国家庭农场集约化、高效化发展模式，而不是把其当成阻碍。

为了能够反映我国国有农场发展成果和集约化经营的成效，表 1 列出了我国国营农场近年来发展成效（表 1）。

表 1　2009—2013 年我国国有农场基本情况

指　标	2009 年	2010 年	2011 年	2012 年	2013 年
农场数（个）	1 818	1 807	1 785	1 786	1 779
职工人数（万人）	339.7	330.7	329.3	317.5	324.0
耕地面积（万公顷）	559.83	558.93	611.63	612.37	621.05
农业总产值（亿元）	1 906.6	2 342.3	2 803.9	3 100.4	3 356.3
粮食作物总产量（万吨）	2 773.2	2 953.3	3 198.7	3 371.4	3 419.9
农作物总播种面积（万公顷）	607.33	631.04	641.46	651.05	666.50
农业机械总动力（亿瓦）	197.1	212.6	228.4	245.7	262.1

资料来源：《中国统计年鉴》，2014。

由于国营农场的不断整合，所以表 1 所示农场数量由 2009 年的1 818个下降为1 779个，职工人数由于机械化发展水平不断提升职工人数由 2009 年的 339.7 万人也下降到 324 万人。反观耕地面积由 2009 年的 559.83 万公顷增加到 621.05 万公顷，农业总产值有1 906.6亿元大幅上涨到3 356.3亿元，粮食作物总产量也由 2009 年的2 773.2万吨增加到 2013 年的3 419.9万吨。纵观总体数据，可以看到农场的集约化经营成果非常显著，虽然是在国家主导下形成的集约化、科技化、高效化发展模式，但是这种集约化的发展模式给家庭农场今后在市场上的发展提供了很好的发展模式借鉴。

2.3 社会化服务保障体系不够完善

由于受到历史原因和一些经济发展因素限制，在城乡二元经济发展形势之下，农村地区的社会化服务体系建设还有待加强，主要表现为现阶段的保障体系由于覆盖面分散、资金投入不足和保障水平相对城市来讲较低，并没有形成一套行之有效的一体化服务保障体系，使农民从事农业生产活动以及家庭农场的发展缺少了一道社会保险。

如果要发展面向市场的家庭农场就一定不能缺少在农村地区建立行之有效的社会化服务体系。完善的社会化服务体系能够有利于各种资源要素的集约化发展，例如将土地资源、人力资源、技术和服务等合理有效地集中起来，优化配置到家庭农场的经营中，从而提高农产品的质量、农业的生产水平以及农民的收入，促进家庭农场的集约化、机械化、适度规模化发展，最终在市场的高标准和需求之下，发展成为专业化、商品化、社会化的现代农业。但这一切运作的过程中，不能仅仅只靠农户和经营主体来完成，完善的农民社会发展就是要靠农民、政府和市场三方面共同协调努力而成的，所以要想发展好家庭农场，农村的社会化服务体系还需要进一步完善。

3 我国家庭农场未来发展建议

3.1 适度扩大发展规模，健全土地流转机制

3.1.1 建立完善的流转制度，使土地流转规范化

中共十八届三中全会召开后进一步强调了法治国家建设的必要性，而土地流转制度的规范合理化也正式在我国农村地区建设法治国家的重要一环。目前在农村地区的土地流转交易极其不规范，由于产权不够明确以及农民缺乏相应的科学和法制观念出现一些私下转租和低价流转现象，这些不规范的土地流转现象在表面上好像为承包户和农户省去了费时费力的程序，但是更重要的是造成了农用地的二次流失问题。所以，政府相关部门尽快立法和加强监管，抓紧落实土地承包经营权的登记，2013 年的中央 1 号文件中也提到要用 5 年时间完成农村土地承包经营权的确权登记颁证工作，使得土地流转规范化，拥有正式的《土地承包权经营流转合同》，在土地流转的整个过程中具有较强的法律效力。

3.1.2 土地适度规模化，加强土地流转方式创新

我国的土地承包方式根据《中华人民共和国农村土地承包法》规定主要有“家庭承包方式”和“其他承包方式”两种。但是，随着我国土地需求和规模的不断扩大，土地流转交易也逐渐市场化。传统的流转方式如：出租、转让和转包的方式主要发生在农户之间或者农户与集体组织成员外的承包户之间的土地经营租赁或转移关系，在现阶段，以上形式的土地流转基本可以实现在小范围内的经营流转，但在大规模土地间的流转项目就显得较为困难了。在土地流转方式创新上，现在主要有土地入股、中介市场、

反租倒包3种方式的探索，能够的实现土地的规模化经营。

土地入股的方式能够有效地鼓励农民扩大资金投入和吸引外来资金注入，股份制的参与也使土地及劳动力成员更好地参与到家庭农场的参与中。合理规范化的市场随着规模化的发展就应该随之逐渐开放并且逐渐形成相应的中介组织，成为从土地集中到土地规划再到土地出租整个流转过程中的良好媒介组织，通过提供优质的全程服务，达到简化流转环节，规范市场的作用。反租倒包的形式鼓励各个农户加强将所经营的土地进行集中和统一的规划和布局，在接收更多的市场信息后，加强农场的基础设施建设，最后通过市场渠道将经过良好建设的土地承包给农业经营大户或从事农业经营公司。

3.1.3 采取多种措施，加速农村劳动力转移

我国“三农”问题中的重要一点就是解决我国农民的问题，在面对现行城乡共同发展的二元经济格局下，要想实现城乡一体化协调发展，就必须要处理好农村劳动力的转移问题，正因为农村劳动力的转移也是农村土地流转的前提。加速农村劳动力的转移，首先，要从政府层面消除思想障碍，面对在城市化浪潮下的大量农民工进城的现象；其次，要针对此现象拓宽思路多提出鼓励小城镇发展的优惠政策，使其在放弃务农之后能够有更好的去处和保障；最后，农民也要从自身做起，努力提高自身素质，政府应当鼓励农民再次接受教育，参加多种技能培训，接收更多的信息服务，不断加强现代农业经营理念和法制观念。

3.2 宣传现代特色经营理念，加大科技应用投入

家庭农场的机械化发展固然离不开对其科技应用的投入，因此在各地自身自然环境和社会环境不一的情况下，只能够因地制宜，发挥各地的地域特色，打造成一条特殊的产业生态链。所

以，就要发动各方专家针对本地资源进行调研和考察，做出合理的发展方案，在了解农产品结构和把握市场动向之后，重点发展本地区较有特色的农产品，充分利用在当地较高的市场占有率，结合当地农民的多年发展经验，加大农产品创新研发力度，引进国外先进技术和优质高产品种，为家庭农场的发展拓宽经营思路和产品结构。充分发挥农业企业和村委会的作用，加强基层合作，拓宽经营渠道；加强农产品商业化和专业化基础，实行贸、工、农，产、加、销一条龙的经营体制。

从家庭农场的经营层面进行革新，在农场管理上，融入现代公司经营理念，可以采用股份制度和公司是管理模式，提高农场的组织化和规范化水平。放开对从事家庭农场经营者的限制，允许并鼓励社会各阶层，尤其是大学生群体在“大众创新、万众创业”的号召下，下乡创业，发展现代型特色家庭农场。

3.3 建立健全农村社会化服务保障体系，加大扶持力度

我国现阶段的家庭农场仍然还存在政府主导的特点，所以政府的扶持是我国发展家庭农场的重要支柱。政府通过建立健全完善的社会保障体系，为农民提供良好的保障，这种方式属于间接的扶持；例如，随着城乡发展的二元结构经济逐渐拉开差距，大量进城务工人员在医疗卫生、子女受教育、养老问题都低于城市户籍人口的保障水平。所以，政府需要将农民的一系列生活保障问题解除，实现农民能够更加自由和大胆地创新发展自己的家庭农场，或者进城务工。

除此以外，农民要加大在农村地区的各项直接投入，例如基础设施建设、农民劳动补贴、教育资源投入等。特别要说的是，政府构建的社会化服务保障体系要涉及土地流转范围，加强对土地流转的流程和价格规范化和法制化管控，适当地加大对土地流转的补贴，鼓励土地流转，促进家庭农场的集约化发展。

参考文献

谷聪．2013．城乡一体化视域下我国家庭农场农业经营模式问题研究［D］．石家庄：河北师范大学．

刘伟能．1966．对建立我国农村社会保障制度几个问题的认识［J］．中国社会工作（5）．

王洪清，祁春节．2013．家庭经营体制的历史变迁、规模效率及其下一步［J］．三农新解（4）：91-96．

肖斌，付小红．2013．关于发展家庭农场的若干思考［J］．北京：当代经济研究．

杨成林，屈书恒．2013．中国式家庭农场的动力渐成与运行机理［J］．北京：三农新解（9）：82-89．

我国家庭农场发展方向与政策建议

康海琪　张振

（北京农学院经济管理学院，北京　102206）

摘　要： 自2013年中共中央首次正式提出大力发展家庭农场等新型农业经营主体后，各地家庭农场如雨后春笋，快速发展。作为一种新兴事物，家庭农场尚处于尝试探索阶段，没有固定成熟的建设模式，但具有强大的生命力。从中央到地方都十分重视家庭农场的培育，先后出台相关政策扶持家庭农场，为家庭农场的发展提供好的成长环境。本文分析了家庭农场的发展方向，分析了目前政策导向，根据家庭农场面临问题而提出政策建议。

关键词： 家庭农场　未来　建议

1　家庭农场的发展方向

1.1　规模适度

在家庭农场发展初期，由于对适度规模认识的误差，导致家

基金项目：北京市属高等学校高层次人才引进与培养计划项目（CIT&TCD20140314）；2015年北京市教委重点项目“北京新型农业经营主体培育研究”（项目编号：50752320901）。

作者简介：康海琪，1990年出生，河北张家口人，北京农学院2014级农业经济管理硕士生，主要研究方向：都市型现代农业。

庭农场经营规模过大或过小，尤其体现在土地规模、劳动力规模、产业规模上，过大导致资源的浪费，过小无法实现规模化效应。

家庭农场在探索、尝试的发展过程中逐渐根据本地农业发展实际情况、生产力实际水平、资源条件等不断调整土地规模、劳动力规模以及产业规模等，使其与家庭农场所使用技术、管理水平、配备机械等所适应，实现适度规模化经营。土地经营规模逐渐实现适度，并且随着生产力、科学技术的进步不断调整，总体呈规模扩大趋势；劳动力会由于土地的适度规模化、家庭农场与专业合作社或社会化服务组织的合作、家庭农场对先进科学技术的应用等原因而实现适度规模化，也就是家庭成员为主要劳动力，有季节性的雇工；未来的家庭农场产业结构、产品结构将逐渐丰满、合理，种植业、养殖业与观光休闲结合，实现“农林牧副渔”多种农业形式综合经营，达到“生产、生活、生态”等多功能性的统一，实现产业适度规模。

适度规模不是固定的规模，而是一个随着生产力发展而不断进行变化的规模，是由农场个体发展水平决定的，其主要是为了实现资源的合理有效利用。随着农业的发展，农村生产力的进步，不断对“适度”的规模进行调整，形成新的适度规模经营。

1.2 主体智能

中央从 2012 年提出我国要培养新型职业农民，各地方政府也将培育新型职业农民提上日程，对农民的培训次数增加、内容丰富、实用性更强、模式多样化，作为新型农业经营主体的家庭农场是新型职业农民的有效载体，为其发挥才能提供了广阔的平台。

家庭农场主的来源主要是既有知识、技术人员的转型和传统农民的升级。既有知识、技术人员包括农业院校毕业大学生、外出务工农民、个体工商户、农村经纪人等，他们本身拥有技术、知识、新的理念等，出于对农业的热爱，转型成为新型职业农民，成为家庭农场的建设者；传统农民、专业大户经营者拥有丰富的农地实践经验，通过参与培训，学习了新的技术、先进的经营理念、开阔了视野，以企业家的谋略眼光开办家庭农场，成为农场主，成为新型职业农民的重要组成部分。

家庭农场作为传统农户的升级版，经营者的角色不再单一。第一，家庭农场主在知识储备和情商上都要高于传统农户，不仅可以对农场进行企业化经营，还能够合理进行人力资源管理，极大调雇用劳动力的积极性；第二，农场主是家庭农场的决策者，要具备企业家才能，有良好的市场适应能力，有成本、风险意识，能对信息作出准确判断，有对先进科技的学习和接受能力，有现代化农业所要求的能力等；第三，家庭农场主是生产与销售、土地与市场、生产者与消费者的联络者，是对整个宏观生产经营活动和人力资源的监控者，是风险驾驭者。

国家对青年农场主的培养十分重视，各个示范区也以培育生产经营型职业农民为主要任务，兼顾培养专业技能型和社会服务型职业农民。通过培训指导、创业孵化、认定管理、政策扶持和跟踪服务等系统培育，最终打造一支创业能力强、技能水平高、带动作用大的青年农场主队伍。

1.3 类型多样

家庭农场的产生，一方面，是农业生产力发展到一定阶段的产物；另一方面，是我国针对“谁来种地，怎样种地”的问题而鼓励发展的新型农业经营主体。随着农业的发展，家庭农场不再仅限于种植业型、养殖业型传统类型，而逐渐向多样化发展。

随着农业市场化，传统种植型、养殖型的家庭农场依然存在，是我国农产品的主要供给者，但家庭农场的经营管理会实现规模化、科技化、信息化和现代化；随着农业产业结构的变化，将实现一二三产的融合，将休闲农业纳入经营范围，提升农产品的附加值，休闲型家庭农场产生，并且主题丰富，如运动型家庭农场、教育型家庭农场、养生型家庭农场、科普型家庭农场等；生态农业的发展会促使生态型家庭农场的产生，在经营管理中实行“组织化生产、科学化管理、网络化营销、标准化技术、品牌化产品”，从而实现“经济效益、社会效益、生态效益”三同步；随着科技对农业贡献率的逐渐增加，家庭农场实现与科技优势相结合，发展成为科技型家庭农场。

1.4 共生互补

在逐渐构建完善的新型农业经营体系的过程中，家庭农场、专业大户迅速兴起，农民合作社、农业产业化龙头企业的快速发展和不断壮大。龙头企业、农业专业合作社、家庭农场、专业大户和传统农户等多种农业经营主体共同存在，并将长期共存是农业发展的一个客观现实。

在农业经营体系中，各类农业经营主体不是相互排斥的，也不分高低好坏，它们可以独立运行，也能以各种形式组合，共同组成一个充满活力的新的农业管理系统。各个农业主体由于各自特点不同，在农业经营体系中的地位和作用不同、各有所长。专业大户、家庭农场适宜种养业生产环节，农民合作社适宜农资采购、农产品销售和生产性服务等环节；农业龙头企业适宜农产品加工、物流环节。家庭农场在未来应该是与其他经营主体互补合作，彼此取长补短，提高农业生产效率，降低市场风险，提高市场竞争力。可能出现的模式有：家庭农场两两结合模式，家庭农场和农业专业合作社合作模式，家庭农场和龙头企业合作模式，家庭农场、农业专业合作社和龙头企业三者合作模式等。

1.5 制度养生

家庭农场实行的是企业化经营管理。传统农户或现阶段的家庭农场经营管理过程中，更多的是依赖人与人之间的诚信、情谊等作为与其他主体协作的基础，但随着我国法制健全，经济市场化，农业法规和制度更加完善，农业经营受市场影响更大，家庭农场在逐渐成熟过程中也有相应的规章制度产生，其经营管理将会依据市场规则，遵循规章制度。

家庭农场将按照规章制度进行企业化管理。家庭农场在未来，将作为一个为企业进行经营管理，在国家法律法规基础上，每个家庭农场自身也会根据自己的实际制定相应的管理制度，以管理微企业的方式对家庭农场进行管理。家庭农场将按照规章制度进行企业化经营。家庭农场实现适度规模化后，将不能再以传统农户的理念对其进行经营，更多的与市场紧密结合，将以完善的制度作为基础，以市场需求变动为准则，与其他经营主体合作，避免非市场的、主观的风险，随着市场的变化对家庭农场经营项目、经营方向等进行微调，制作出季度、年度甚至更长远的经营战略规划。家庭农场将不再像传统农户一样仅仅处于生产链的下游，而是同微企业一样，有更多的创新，以一个市场积极参与者、市场影响者，甚至是市场引导者身份参与市场活动，在整个农业产业体系、市场运行体系中的地位逐渐凸显。

2 家庭农场现有政策分析

2.1 认定申报考核制度

家庭农场提出后，中央并没有给出家庭农场的标准。在《2013年国家支持粮食增产农民增收的政策措施》中“鼓励有条件的地方建立家庭农场登记制度”，对认定标准、登记办法、扶持政策等进行明确。随后，农业部在《关于促进家庭农场发展的指导意见》中提出在建立家庭农场管理服务机制中要求对家庭农场经营者资格、劳动力组成、收入结构、经营规模等给予明确规定。

依据中央的规定，一些地方政府开始根据本地实际情况对家庭农场制定规范政策。如 2013 年 4 月上海松江区出台《关于进一步规范家庭农场发展的意见》、2013 年江苏泰州市制定了《种养大户认定管理和家庭农场工商注册登记工作管理办法》、2014 年 11 月甘肃省庄浪县公布了《家庭农场认定管理办法》等。

2.2 土地扶持政策

土地扶持政策主要关于加强土地流转服务、鼓励土地规模化、优质农田支持、对设施用地扶持这 4 个方面。如《关于促进家庭农场发展的指导意见》在指出健全土地流转服务体系中，土地流转服务包括为土地流转双方提供信息发布、政策咨询、价格评估、合同签订指导等，指出“稳定土地流转关系，形成适度的土地经营规模”。“整合高标准农田建设等项目资金，建设连片成方、旱涝保收的农田，引导流向家庭农场等新型经营主体”。

在《2013 年国家支持粮食增产农民增收的政策措施》、2014 年 4 月农业部《国家深化农村改革、支持粮食生产、促进农民增收政策措施》中鼓励发展家庭农场等多种形式的适度规模经营。2014 年 11 月中共中央办公厅、国务院办公厅出台《关于引导农村土地经营权有序流转发展农业适度规模经营的意见》，对稳定农村土地承包关系、农村土地经营权有序流转、对家庭农场等新型农业经营主体政策倾斜、健全社会化服务体系等问题做了详细的规定，为土地流转，实现规模化经营提供了政策依据。

2.3 金融扶持政策

家庭农场由于经营规模化、资金回转期长，在成长初期，势必需要大量的资金投入。国家在金融上给予农业大力扶持时，向家庭农场倾斜，在信贷支持力度、贷款利率水平、贷款期限、贷款额度、担保服务、融资渠道等方面都给予了支持。

2014 年 2 月，《中国人民银行关于做好家庭农场等新型农业经营主体金融服务的指导意见》中对家庭农场等新型农业经营主体的金融扶持进行了详细规定，提出加大信贷支持力度、合理确定贷款利率水平、为满足农业生产周期而适当延长贷款期限、增加贷款额度以满足资金需求，并且还提出创新农村金融产品和服务方式，建设农村金融基础、运用多种货币工具，拓宽融资渠道等扩大家庭农场资金来源。

2014 年 11 月，中共中央办公厅、国务院办公厅《关于引导农村土地经营权有序流转发展农业适度规模经营的意见》提出对家庭农场在金融上给予支持，保证其健康发展。2015 年 2 月，中国人民银行下调人民币存款准备金率时更是对“三农”倾斜，中国农业发展银行额外降低人民币存款款准备金率 4 个百分点。

2.4 农业保险扶持

农业生产周期长，受环境、气候等影响大，农业保险在我国农村并不普遍。中央先后出台相关政策，扶持农业保险在农业中广泛应用。

农业部《关于促进家庭农场发展的指导意见》提出“加强与有关部门沟通协调，推动落实涉农建设项目、财政补贴、税收优惠、信贷支持、抵押担保、农业保险、设施用地等相关政策，帮助解决家庭农场发展中遇到的困难和问题”。2014 年 4 月《国务院办公厅关于金融服务“三农”发展的若干意见》中提出要拓展农业保险的广度和深度。

依此，各地出台相关规定，提出扩大农业保险覆盖面、拓宽农业保险险种、对农业保险给予补贴等，加大农业保险扶持力度。

2.5 农业社会化服务扶持政策

完善的社会化服务体系是家庭农场健康发展的保障，中央和地方先后出台相关政策支持建设和完善农业社会化服务体系。

家庭农场是新型职业农民的载体，中央先后出台政策加大对家庭农场经营者的培训、构建职业农民培训体系，使之成为新型职业农民。2014 年 3 月，农业部《关于促进家庭农场发展的指导意见》中提出要完善家庭农场人才支持政策。2014 年 3 月，在教育部办公厅、农业部办公厅印发的《中等职业学校新型职业农民培养方案试行》中提出以专业大户、家庭农场经营者、农民合作社负责人等为重点培训对象。2014 年 4 月，农业部《国家深化农村改革、支持粮食生产、促进农民增收政策措施》提出"进一步扩大新型职业农民培育试点工作"，以新型农业经营主体的带头人和骨干农民为重点。2015 年 4 月，农业部启动"现代青年农场主培训计划"更是详细的规定了培养对象、培训内容、培训目标，为进一步构建职业农民培训体系奠定基础。

对家庭农场社会化服务的扶持还包括涉农建设项目的倾斜，例如，2014 年 3 月农业部《关于促进家庭农场发展的指导意见》提出"加强与有关部门沟通协调，推动落实涉农建设项目"，"帮助解决家庭农场发展中遇到的困难和问题"。《关于引导农村土地经营权有效流转发展农业适度规模经营的意见》中提到"支持符合条件的新型农业经营主体优先承担涉农项目"。

家庭农场生产的规模化对科技、营销等社会化服务更加需要。中央在扶持家庭农场的政策文件中多次提到对家庭农场提供疫病防控、质量检测、技术推广、优良品种引进、农资供应和市场营销等服务，以良好完善的社会化服务保障家庭农场的健康发展。

3 家庭农场面临的问题

3.1 土地流转不规范

我国家庭农场发展过程中，土地流转仍不规范，面临流转价格不合理、土地流转形式单一、流转期限短等问题。由于土地确权不到位，农户长期流转的意愿不强，家庭农场难以获得长期稳定的土地经营权，并且土地流转成本过高。因此，家庭农场主趋向于减少甚至不会对旨在提高土壤肥力的长期性活动进行投入，短期行为严重，影响农业生产率的提高和可持续发展。

3.2 农场主经营管理能力不强

在家庭农场的实际发展中，由传统农民转型而来的家庭农场主在生产技能、种植养殖经验等方面非常娴熟，但在经营管理、市场预测、科技信息等方面的能力却比较欠缺。这与家庭农场主的年龄和学历构成等方面息息相关，目前我国家庭农场主年龄偏大且文化水平偏低，高中和初中及以下学历比例较大，而大专及以上学历比例很小。

3.3 社会化服务体系有待完善

我国农业社会化服务水平相对较低，尤其乡镇一级机构服务职能较薄弱，服务手段较落后，政府涉农部门、农民专业合作组织和农业龙头企业等各类组织在给家庭农场提供服务时，往往也倾向于把追求自身利益放在首位。家庭农场难以获得农机服务、农村信贷、农产品推广、农产品销售等服务不足，不利于家庭农场实现企业化经营，难以扩大规模，影响其健康可持续发展。

3.4 多元化发展趋势有待培育

目前，各地在家庭农场的认定标准、登记管理等方面的规定差异不大，对家庭农场本质特点强调不足，在扶持政策方面缺乏一定的创新，相关管理规定千篇一律，具体扶持落实较难等现象滞后，阻碍了家庭农场的个性化和多元化发展。

4 推进家庭农场发展的政策建议

4.1 深化土地制度改革

政府部门深化土地制度改革，积极稳妥继续推进农村承包土地确权登记颁证，并且进一步落实和实施。有效保障农民承包土地的权益，确保土地承包权长久不变，推动农民放心、有序流转土地。

政府部门在不动产统一登记的基础上，完善《农村土地承包法》、《土地管理法》等一系列法律法规，并进一步对土地承包经营权的具体内容给予明确，实行“三权分置”；尽快出台关于农村土地流转的实施条例，为土地流转提供具体的法律依据和法律保障；加强农村土地流转相关法律法规的宣传，增强基层干部和农民对合理的土地流转形式的认识，从而稳妥地推进土地流转。

严格规范土地流转的形式，积极引导农村土地合理流转形式，坚持实事求是的原则，使农村土地流转合理，合法，依法保护农民的土地承包经营权，使得农民可以依法自主决定承包土地是否流转和决定流转的形式。建立和完善土地流转服务平台，鼓励农户通过承租、承包多种方式流转土地，明确土地流转的方式、价格和程序。

4.2 加快构建新型农民培训体系

政府应加大对农民职业技能培训的财政投入，提供扶持资金，鼓励农业院校、技术培训单位对农民加大培训，加强培训机构的师资、培训场所、培训设备等软硬件建设，为广大农场主提供免费培训或者加大培训补助力度，减轻农民负担。积极扶持培训机构和用工企业，促进其为农场主提供培训。建立统一的培训体系，对培训目标、培训内容、培训人员资质、培训实效等进行明确要求，并且有计划地开展培训，颁发统一的职业资格证书，鼓励有证上岗。

4.3 完善社会化服务体系

对新型农业社会化服务体系，加大资金投入，完善公共服务体系，加强农业公共服务能力建设，整合资源，为农服务，加强其他涉农力量的参与，增加政府购买公益性农业服务的投入预算。扶持经营性服务组织发展，形成多元竞争的服务格局，支持龙头企业、农民专业合作社、专业服务公司、专业技术协会等经营主体与家庭农场的合作。提高政府部门公益性服务的准确性，优化农业社会化服务市场管理，提高农业社会化服务的有效性，既要推动单个服务主体提供多样化服务又要增强多个服务主体的协调性，同时建立信息反馈和评价机制。

完善社会化服务供给体系，全面满足生产者需求；完善信息系统，提高生产者对各种社会化服务的信息可获得性；加大教育培训力度，提高生产者对社会化服务的认知程度；改善水利、道路等公共区域的作业条件。

4.4 深化政府宏观调控

随着全面深化改革，市场化推进，政府在农业发展中发挥引导和监督作用。政府应积极引导农业改革、包括家庭农场在内的新型农业经营主体的发展以及新新型农业经营体系的构建，同时政府发挥监督作用，避免家庭农场在探索发展过程中出现偏颇，及时其发展方向。

不断完善家庭农场的认定、申报等规章，使家庭农场的发展过程中有法可依，保证发展方向的正确性和合理性，使农业项目倾斜、农业优惠补贴、相关政策保障能够实实在在落到家庭农场上。政府应不断加大财政金融支持，不断调整农业补贴方案，提高对家庭农场的财政补贴。积极引导多种金融主体投资向家庭农场倾斜，积极引导其开发新的金融产品，不断提高贷款额度，扩宽抵押物范围，延长贷款时间等，为家庭农场的发展提供资金保障。政府应大力倡导农业科技创新，积极引导动植物育种技术、耕地质量保育与地力提升技术、生物节水技术、农业可再生资源循环利用技术、数字农业与农业物联网技术、农业信息监测与装备技术等创新突破，为家庭农场等新型农业经营主体实现科技化、现代化提供有力支撑。

参考文献

褚天阳.2014. 从家庭农场发展看我国土地流转制度的完善［J］. 南方农业（21）：192-193.

屈学书.2014. 我国家庭农场发展问题研究［D］. 太原：山西财经大学.

王春来.2014. 发展家庭农场的三个关键问题探讨［J］. 农业经济问题（1）：43-48.

王培先.2003. 适度规模经营：我国农业现代化的微观基础——一个新的分析框架［D］. 上海：复旦大学.

吴桢培.2011. 农业适度规模经营的理论与实证研究——以湖南省农户水稻种植规模为例［D］. 北京：中国农业科学院.

肖斌，等.2013. 关于发展家庭农场的若干思考［J］. 当代经济研究（10）：41-47.

杨晓琳.2008. 我国发展现代农业进程中的土地规模经营分析［D］. 成都：西南财经大学.

朱启臻.2014. 论家庭农场：优势、条件与规模［J］. 农业经济问题（7）：11-18.

我国奶牛产业国际竞争力研究

毕迎宾[1]　范宣丽[2]

（1. 北京密云县穆家峪镇娄子峪村委会，北京　101500；
2. 北京农学院经济管理学院，北京　102206）

摘　要：本文的研究目的主要是通过竞争力数据测算和波特钻石模型六要素的竞争力分析，了解我国奶牛产业的国际竞争力水平和现状，明确我国奶牛产业在国际竞争中的优劣势。经研究发现，我国奶牛产业的国际竞争力仍处于较低水平，影响竞争力的六要素没有发挥最大的效用，根据劣势所在提出具体可行的发展建议，以提高我国奶牛产业的国际竞争力。

关键词：奶牛产业　贸易　因素分析　国际竞争力

前　　言

经济全球化在整个世界经济发展过程是中一种可预见的必然趋势，在现代经济中已经崭露头角。因此，按照比较优势的原则调整本国生产和贸易是各国谋求发展的必然选择。各国争相参与国际竞争与合作，出口本国存在比较优势的产品，进口本国存在

基金项目：2013 年度国家自然科学基金面上项目（71373025）；2014 年度国家自然科学基金面上项目（71473019）；北京市属高等学校高层次人才引进与培养计划项目（CIT&TCD20140314）；现代奶牛产业技术体系北京市创新团队；北京农学院促进人才培养综合改革专项计划（BNRC&CC201401）的阶段性研究成果。

作者简介：毕迎宾，1986 年出生，内蒙古赤峰市人，大学生“村官”，北京农学院 2014 级农村与区域发展在职研究生。

相对比较劣势的产品，在此基础上调整产业结构，从而促进本国经济发展和国际竞争力的提高。

目前，我国正处于积极建设社会主义新农村和畜牧业政策调整的新时期，奶牛产业对于我国的新农村建设和畜牧业发展都具有举足轻重的作用；另外，乳制品的质量关系到国民的健康。所以，奶牛产业是必须要受到重视的关键产业。2007 年国务院《关于促进畜牧业持续健康发展的意见》中指出："十五"以来，我国畜牧业取得了长足发展，综合生产力显著提高，肉、蛋、奶等主要畜产品产量居世界前列，畜牧业已经成为我国农村经济的支柱产业和农民收入的主要来源，我国已经进入了一个生产不断发展、质量不断增强的新阶段。

我国在自然资源方面对于发展奶牛产业具有很独特的优势。第一，我国目前拥有各类天然草原近 4 亿公顷，占国土面积的比例约为 2/5，位居世界第二，仅次于世界第一位的澳大利亚。2011 年 3 月农业部发布的《2010 年全国草原检测报告》中，2010 年"全国天然草原鲜草总产量达97 632.21万吨，较上年增加 4.04%，较近 5 年平均值增加 3.45%；折合干草约30 549.71万吨，较上年增加 4.04%；载畜能力约为24 013.11万羊单位，较上年增加 3.96%。"第二，国家一直在大力改善我国草原的生态环境，大量退耕还林还草。第三，奶牛对外界环境具有很强的适应性，食性广，不像鸡、鸭、猪是以粮食为主。所以，奶牛饲养成本相对较低。

不难看出，我国的奶牛产业目前仍处于发展初级阶段，发展速度比较快，其发展特点主要表现为重视数量、忽略了质量和规范。因此，产生过程中还存在许多问题，特别是 2008 年"三聚氰胺事件"的发生，更突出了奶牛产业存在问题的严重性。面对世界众多奶牛产业发达国家，我国的奶牛产业要如何克服发展过程中出现的问题，如何在国际市场中争得一席之地，是我国奶牛产业发展正在面临的长期的困难与挑战。

目前，我国正处于由传统畜牧业向现代畜牧业转变的关键时期。所以，尽管我们的畜牧业取得了很好的发展，但我国畜牧业发展中也存在生产方式落后、产业结构布局不合理、组织化程度低、市场竞争力不强等问题。奶牛产业是我国畜牧业中最重要的产业之一，那么其在各国中间的竞争力又是如何呢？本文将针对这一点搜集大量数据，然后进行分析和探讨。

1　奶牛产业国际竞争力研究的理论内涵和经济框架分析

要研究、分析我国奶牛产业的国际竞争力，首先需要了解的就是奶牛产业国际竞争力的基本内涵。

1.1　产业国际竞争力的内涵

《中国国际竞争发展报告（1996）》把国际竞争力定位于企业层次，但与此同时也认为“如果一国的经济体制和经济环境不能为企业提供或创造自立的环境，那么该国的国际竞争力也无从谈起。因此，从本质上说，一国国际竞争力的高低取决于经济体制的设计、改革和经济政策的选择。”“国际竞争力决不能狭义地理解为仅仅是企业的国际竞争力。它包含的内容要广泛得多，涉及一国的整个体制，实际上指一定经济体制下的国民经济在国际竞争力表现出来的综合国力的强弱程度。”

不同学派的观点对国际竞争力定位也不相同，本文拟从产业国际竞争力的角度分析中国奶牛产业的国际竞争力。迈克尔·波特是从产业方面研究国际竞争力的开拓者，他对产业国际竞争力的最早定义是，一个国家在某一产业方面的国际竞争力是指一个国家是不是能够创造一个良好的商业环境，使其国内企业获得国际竞争优势的能力。

研究竞争力，势必会涉及产品本身的成本、价格、质量等问题，这在迈克尔·波特的理论中都有涉及，如果本国的生产要素较好，成本、价格、质量等方面就有出现比较优势的可能。

1.2 奶牛业国际竞争力的经济分析框架

1.2.1 中国奶牛产品生产、消费和贸易概况及其国际比较

奶牛产业是我国农业生产的重要组成部分。奶业作为奶牛产业的一个主要产品方面，温家宝总理曾经指出，“奶业是一个很有潜力、大有希望的产业。发展奶业不仅是农业结构调整的一项战略性任务，而且是改善消费结构、提高人民生活水平的一项重大措施”。

研究奶牛产业的国际竞争力，首先要确定所要研究产品的范围和国际比较的范围，才能使论文的研究结果具有更大的现实意义。所以，本文将通过对世界范围内的奶牛产业生产、消费和贸易状况进行比较分析，以测算出我国奶牛产业的国际竞争力。通过奶牛产业的生产国（或地区）、出口国（或地区），来确定我国奶牛产业国际竞争力的范围。通过对奶牛产业的消费和贸易状况进行比较，来确定我国奶牛产业竞争力范围，并从中寻找国际市场机会。

1.2.2 我国奶牛产业国际竞争力的现实指标分析

马库森以为：“在一个自由贸易的环境中：①如果某一产业在国内出口总额中比例下降或者其在国内进口总额中的比例上升，并且进口总额在国内市场上占生产和消费总额的比例缩小，则该产业缺乏竞争力；②如果一个产业在世界上的出口份额下降或在世界上该产业产品的进口总额中该国所占的份额上升，则说明该产业缺乏国际竞争力。”本文选择的国际竞争力实现指标主要有市场占有率、贸易竞争力指数和显示性比较优势指数。其中，国际市场占有率是最直接、简单的指标，可以比较全面地反映市场竞争力的强弱程度，即如果市场占有率越

高，国际竞争力就越强；相反的，如果市场占有率越低，国际竞争力就越弱。

1.2.3 影响我国奶牛产业国际竞争力的因素分析

通过对许多国家的产业国际竞争力研究，波特得出以下结论：一国的特定产业是否具有国际竞争力取决于六项要素：一是生产要素，包括人力资源、自然资源、知识资源、资本资源、基础设施等；二是需求条件因素，包括市场需求的数量和质量两个方面；三是相关辅助产业；四是企业策略、结构或竞争对手；五是政府行为要素；六是机遇因素（图 1）。

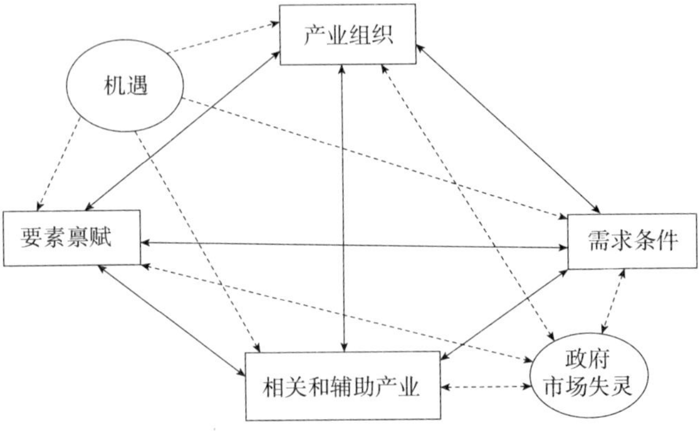

图 1　波特的产业国际钻石模型

（1）生产要素。生产要素中主要以成本价格和质量为代表性指标。成本的高低决定了产品价格的高低，也决定了产品的竞争优势程度和获利空间大小，特别是当生产和贸易处于完全竞争的市场状态中时，市场竞争常常迫使产品价格无限接近成本，于是产品的竞争力状况会很大程度上取决于成本。所以，奶牛价格、饲料价格、人工成本、饲养设施等成本价格都可以成为分析其竞争力的影响因素。

（2）需求条件要素。产品需求包括国内需求和国际需求，其中国际需求的程度可以最直接地反映出该产品的国际市场竞争力，而反映该产品国际需求的指标主要还是国际市场占有率。

食品的需求条件主要是指产品的质量和安全。如果出口产品的质量较高，则该产品的市场需求量将会增加，市场竞争力增强；反之，如果该国的出口产品质量较差，则该产品的市场需求量将会下降，从而市场竞争力削弱。

（3）相关辅助产业的状况。相关产业和辅助产业是指国内是否具有国际竞争力的供货行业和相关产业。某一产业的相关产业是否具有国际竞争力，对于提升该产业的国际竞争力具有十分重要的意义。奶牛产业的辅助产业比较多，但是关系比较密切的主要是品种资源、草地以及劳动力等诸要素。因此，本文将会从这几方面进行分析，来判断其对奶牛产业国际竞争力的影响。

（4）企业规模和经营组织形式。迈克尔·波特指出，企业所设定的目标、策略和经营方式在不同国家之间具有明显差异，各个国家对不同产业所采取的产业政策差别很大，几乎没有哪一种政策能够被广泛采用。所以，假使一国的某项产业能够获得竞争优势，部分原因是其发展措施迎合了国家的政策，是将两者很好的结合所产生的效果。

激烈的国内竞争可以有效防止政府过多干预企业，使不同产业可以公平竞争，有助于促进生产力的发展和技术的进步，有助于引导政府将对产业的支持转向整个行业。形成有效竞争并不意味着需要大量的竞争者参与，因为国内竞争者的数量完全取决于该产业潜在的规模经济，并且随着该产业的不断成熟，竞争者的数量会逐渐下降。

（5）政府行为和机遇。迈克尔·波特认为，政府在产业国际竞争优势中的作用应该是影响生产要素、市场需求、辅助产业和企业策略结构等一系列因素。政府可以提高某产业的国际竞争力，但是政府本身并不具有产生优势来源的能力。

机遇是随时都有的，某一产业是否能够发现机遇占领市场，甚至是占领国际市场不是个人能力可以办到的。这不仅需要整个产业的协调运作，更需要政府的远见卓识和及时有力的政策支持。

2 奶牛产业生产、消费及贸易概况

要研究我国奶牛产业的国际竞争力，就要了解该产业的生产、消费和贸易现状，确定竞争力分析的范围。

2.1 奶牛业生产概况

养牛业与人类的生产、生活一直息息相关，但是随着时代的发展变迁，人类对养牛业的要求也越来越细化，牛的种类也更加丰富。驯化的牛最初只以役用为主，随后，特别是 18 世纪以后，随着农业机械化的迅速发展和人类消费需求的变化，除少数发展中国家仍以牛为役用外，普通的牛种经过专门的选育和杂交改良，开始逐渐向专门化方向发展。到今天为止，牛的生产类型基本可以分为 4 类，即乳用品种、肉用品种、兼用品种和役用品种。本文所研究的是奶用品种。

2.1.1 世界奶牛产业生产概况

（1）奶牛产业生产概况。世界奶牛产业的主要生产区域有五大区域，即北美洲、南美洲、欧洲、亚洲以及大洋洲。从整体来看，世界奶牛产量一直呈逐年上升的趋势，但是不同国家和地区的发展变化又各有不同。比如在亚洲和拉丁美洲，伴随着经济的快速发展，人们的保健意识也不断增强，政府对奶牛产业的生产、销售、贸易、消费环节越来越重视，居民对乳制品的消费需求增长很快。因此，这些地区的国家奶牛产业发展速度非常快（图 2）。

近几年来，世界奶牛产业的发展发生了根本性变化，牛乳产量不断增加、产品结构不断完善、技术装备发展速度都有明

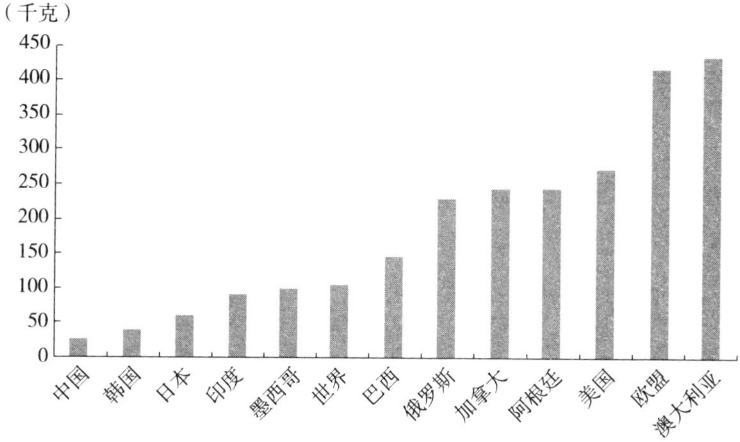

图 2　2010 年世界主要乳制品消费国人均牛奶占有量

资料来源：联合国粮农组织（FAO）。

显改善。发达国家的牛奶生产已经由过去的单纯依靠扩大牛群规模增加产量转变为依靠技术提高单产水平，同时也开始注重生态和环保，但是发展中国家依旧在发展“数量经济”，靠增加奶牛数量来提高产量。不过，世界奶牛产业发展中，受自然条件和经济、文化等因素的影响，各大洲之间发展很不平衡，欧洲和美洲发达地区的奶牛产业发展相对较好，水平也比较高。但从近几年的增长趋势来看，亚洲和南美洲是世界奶牛产业的主要增长区域。而美洲尽管奶牛存栏量有一些下降，但牛奶产量也有一定的增长。欧洲奶牛存栏量由 2000 年的5 000多万头下降到4 300多万头，但通过提高奶牛单产水平，牛乳产量保持为 2.1 亿吨左右。

(2) 培育良种，提高单产。经济危机后，随着饲料价格上涨，奶牛养殖业的成本逐渐增加，奶牛产业的竞争也日益激烈。面对激烈的市场竞争，选育良种、提高单产无疑是一种长久有效的办法，而培育奶牛良种取得效果最好的国家是以色列。尽管以色列气候恶劣、土地贫瘠，但是该国奶牛单产水平和牛乳质量在世界范围内都是屈指可数的。在 2006 年，以色列奶牛单产水平平均已经到达 11.5 吨，牛乳脂肪和蛋白质含量分别达到 3.52% 和 3.14%。世界各大洲奶牛单产水平见表 1。

表 1　世界各大洲奶牛单产水平［千克/（头·年）］

年份	全球	欧洲	美洲	亚洲	大洋洲	非洲
1995	2 049	3 541	2 421	1 131	3 537	466
2000	2 156	4 118	2 708	1 285	4 221	499
2001	2 156	4 255	2 684	1 131	4 157	454
2002	2 159	4 381	2 640	1 335	4 097	468
2003	2 210	4 499	2 900	1 409	4 062	460
2004	2 212	4 627	2 896	1 458	4 073	443
2005	2 240	4 843	3 006	1 502	3 956	427
2006	2 278	4 815	3 057	1 571	3 982	448
1995—2000	5.2	16.3	11.9	13.6	19.3	−3.6
累计增长率（%）						
2000—2006	5.7	16.9	12.9	22.3	−5.7	−0.2
1995—2000	1.0	3.3	2.4	2.7	3.9	−0.7
年均增长率（%）						
2000—2006	0.9	2.7	2.1	3.4	−1.0	0.0

资料来源：联合国粮农组织（FAO）。

2.1.2　我国奶牛产业生产特点

（1）奶牛产业概况。我国的奶牛产业是在新中国成立以后才发展起来的，尤其是改革开放以后乳业进入快速增长阶段，随之奶牛产业也获得了迅速的发展。经过 60 多年的发展，奶牛产业已经成为我国解决就业、推进农业生产结构调整和带动农民发展养殖致富的重要产业之一，让世界见证了中国如何从一个贫奶国家成长为世界第三大产奶国。从我国奶牛产业的发展来看，奶牛存栏数已由 1949 年的 12 万头增加到 2010 年的 1 250万头，年均增长率为 8.2%；2009 年奶牛养殖产值达到 1 065亿元，奶类总产量也由 1949 年的 21.7 万吨增长到 2010 年的3 740万吨。

从空间地域来看，我国的奶牛养殖及原奶生产主要集中在华北、东北以及西北的河北、山东、黑龙江、内蒙古、山西、陕西、新疆 7 个省（自治区、直辖市）。由此可以看出，我国的奶牛产业主要集中在北方，虽然 2000 年以后南方养牛数量开始上升，但受自然条件和成本等因素的限制，依然以北方为主。

（2）奶牛育种情况。我国的良种公牛站从 20 世纪 70 年代开始建设，截至 2006 年年底，已经发展到 49 家，共有中国荷斯坦采精公牛1 319头，每年可生产优质冻精2 574万剂。到 2009 年，我国公牛站销售收入 3.5 亿元，实现利润6 700万元。但从总体水平来看，我国还是缺乏优良奶牛品种，不足 1/3，杂交改良奶牛占比重较大，年产牛奶量为8 000千克以上的很少，大部分都为5 000～6 000千克/每年，平均产奶量约为3 000多千克，仅为美国产奶量的 40%。我国改良种用牛进口情况见表 2。

表 2　我国改良种用牛进口情况（头）

年份	1月	2月	3月	4月	5月	6月	7月	8月	9月	10月	11月	12月
2009	8	54	1 744	5 736	16	2 887	5 738	5 969	2 993	9 090	5 943	421
2010	11 655	3 918	3 918	2 956	3 984	11 709	3 000	1 590	11 549	8 880	13 578	4 489
2011	6 287	2 763	2 763	5 211	9 725	1 799	10 565	13 141	5 119	10 966	5 094	17 564
2012	10 756	3 143	9 511	4 115	14 946	2 288	7 000	8 023	2 882	2 958	0	12 538

资料来源：中国奶业贸易月报和海关总署。

长期以来，技术人员与科研人员将国外引进的各类荷斯坦奶牛与我国的黄牛进行杂交和育选，终于形成了适合我国环境的高产奶牛——中国荷斯坦奶牛，其原名为“中国黑白花牛”。这是我国的第一个专用奶牛品种，提高产奶量将近 30%，同时还降低了结核病和流产病的发病率。

（3）规模化养殖企业与规模化牧场。前面提到，20世纪90年代以来我国奶牛养殖逐渐发展为农民散养为主。根据我国奶业协会统计资料显示，尽管我国奶牛存栏量日益增加，到2010年达到1 250万头以上，但是全国范围内以农户小规模散养的格局没有发生根本转变，全国奶农平均养殖规模每户只有5～8头，散养规模占全国奶牛存栏量的80%～90%。所以，在未来一段时间内，农户散养仍将在我国原奶生产中占据重要地位。

从表3可以看出，我国初具规模的养殖企业的成乳牛年单产量已经达到8.1吨，接近或超过部分欧美发达国家的成乳牛年单产量。所以，大力发展规模化养殖企业，将是提高我国牛奶单产的有效途径。

表3　2009年全国部分主要养殖企业情况

单位名称	牧场数（个）	总存栏数（万头）	成乳牛（万头）	牛奶产量（万吨）	成乳牛单产（吨/年）
马鞍山现代牧业有限公司	10	8.30	2.20	17.60	8.0
北京三元绿荷奶牛养殖中心	27	4.00	2.00	20.00	10.0
沈阳辉山乳业有限责任公司	30	4.00	2.00	16.00	8.0
山海牛奶集团	21	3.00	2.00	—	7.8
北京双娃乳业有限公司	8	2.31	1.35	9.45	7.0
山海光明荷斯坦牧业有限公司	10	2.00	1.20	—	8.0
天津嘉立荷牧业有限公司	16	1.60	1.00	—	9.5

资料来源：2010中国奶业统计年鉴。

同时，规模化牧场建设也将是我国奶牛产业发展的现实选择，因为大型牧场的牛奶单产高、奶价低、奶质好，整体经济都要优于小型牧场。所以，我国奶牛养殖逐步由小规模散养向规模化养殖将成为必然趋势，但并不是说规模越大就越好，这里所讲的“大”要符合客观经济条件和自然条件，不能盲目求大。

2.2 奶牛产品消费概况

2.2.1 世界奶牛产品消费概况

国际上经常把一个国家奶类的人均消费量作为衡量一个国家和地区人民生活质量的重要标准。在不同的国家和地区，由于生活习惯不同，加之自然条件影响，奶类消费量差别很大。比如我国在新中国成立前，国人的营养早餐是一杯豆浆，除了在部分牧区以外，牛的主要用途是役使，牛奶在人们心中只有概念而没有地位；相反，在西欧国家，由于其温和多雨的温带海洋性气候不适合发展种植业，多汁牧草为畜牧业发展提供了天然的优质草场。因此，乳制品对于欧洲人来说是不可或缺的餐桌营养食品。

乳制品营养丰富，往往被人们成为“完善食品”、“白色血液”，在很多国家和地区居民的饮食结构中具有十分重要的位置，特别是发达国家。发达国家或地区的消费量是世界平均水平的2.5倍，但是其消费量也基本已经达到饱和的状态。所以，在未来几年中，发展潜力比较大的市场主要集中在发展中国家和地区。根据Rabobank所做的预测，2010—2015年世界范围内乳制品消费需求每年平均增长率为2%，其中以发展中国家的增长尤为明显。发展中国家由于经济不断发展，居民的消费习惯逐渐发生改变、消费水平逐渐提高，乳制品的消费量会在目前的基础上继续增加。

从几类主要的乳制品消费状况来看，液态奶和新鲜乳制品消费增加，奶油和其他乳脂制品消费有所下降，干酪、奶粉和酸奶消费量呈持续增长态势。不过炼乳消费市场情况不一，比如在炼乳消费成熟的市场消费有下滑趋势，但是在乳制品供不应求的一些国家和地区却发展得很好，特别是北非、中东和部分独联体国家。

2.2.2 我国奶牛产品消费概况

（1）乳制品消费概况。虽然乳制品营养价值很高，但是受消费习惯、家庭收入、营养知识和城市化水平等诸多因素的影响，我国乳制品的整体消费水平并不高，但是我国乳制品消费潜力在未来几年仍是非常巨大的（图 3）。尽管如此，从 1949—2011 年的 60 多年间，我国的奶牛产业还是获得了较快的发展，2011 年我国生奶产量3 656万吨，奶类总产量达到3 825万吨，成为世界第三大产奶国。

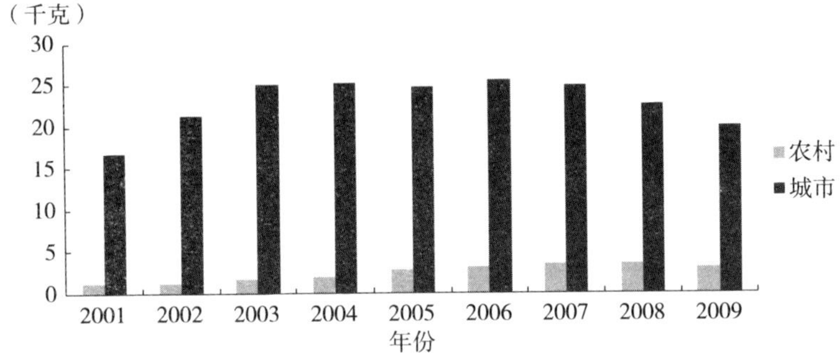

图 3　我国农村和城镇居民人均奶制品消费量

资料来源：根据历年《中国统计年鉴》整理。

在 2008 年，我国的乳制品消费市场经受了两大考验：一是受到世界经济危机的波及，国际国内原奶价格上涨导致的乳制品价格上涨，使得我国消费者特别是中低收入消费人群对乳制品消费减少；二是由三鹿奶粉引发的“三聚氰胺事件”严重打击了我国乳制品的行业形象和消费者的购买信心。但是，经过三四年的时间，目前我国奶业发展已经逐渐回暖。

（2）乳制品消费结构。从城乡结构上来看，我国奶牛产品的消费者主要集中在城市，而农村的消费量一直比较小，占人口总数 30%的城镇居民消费了 70%～80%的乳制品，而农村居民的消费量却还不到总量的 20%～30%。因为城镇居民收入较高，保健意识较强，对乳制品的消费自然就比较多。

从乳制品的消费种类来看，城镇居民的乳制品消费一般集中在鲜奶、奶粉和酸奶三大类上，其中鲜牛奶消费比重最高。由此可见，液态奶在未来的城镇市场中消费比重将继续增加，而奶粉的比重可能会有下降的趋势（表 4）。

表 4　2010 年我国居民乳制品分品种消费情况

项　目	消费量（千克/人）	同比增长（%）	消费支出（元/人）	同比增长（%）
鲜乳品	13.98	−6.24	103.72	1.57
奶　粉	0.45	−6.25	41.47	0.53
酸　奶	3.67	−8.02	29.85	0.57

资料来源：根据《奶业统计年鉴》计算。

2.3 奶牛产品贸易概况

2.3.1 世界奶牛产品贸易概况

在世界奶牛产品贸易中，主要包括奶油、脱脂奶粉和干酪，每年都为 70 万吨以上，而乳制品的出口国家和地区也比较集中，如美国、澳大利亚和欧盟。但是乳制品的进口国家和地区则恰恰相反，它们相对比较分散，多分布在亚洲、欧洲、中南美洲和非洲，乳制品的只要进口国家包括俄罗斯、中国、菲律宾、印度尼西亚、日本等，其中俄罗斯是世界上最大的乳制品进口国，在 2009 年的进口量占世界干乳制品比重达 20%。

不同的国家和地区制定了不同的乳制品贸易政策。例如，世界上乳制品贸易市场中的大亨——欧盟，它的贸易保护制度主要以共同农业政策为依据，规定盟国之间自由贸易，对欧盟以外的国家采取统一的对外政策，其具体措施包括价格支持、出口补贴、生产限额、差价进口税和鼓励私人储备。再比如美国，政府采取对奶业价格支持计划的手段，对黄油、脱脂奶粉、奶酪等部分乳制品提供价格上的支持。这些贸易保护制度一定程度上提高了贸易国的国际市场竞争力，特别是奶业贸易发达国家，相对的也就有一些国家因为处于被动地位而在国际竞争中处于劣势。

2.3.2 我国奶牛产品贸易概况

前面提到，我国的奶牛产业经过长期发展，已经成为世界第三大产奶国，但是相对于欧盟、美国、澳大利亚、荷兰等奶业发达国家，我国的奶牛产业还处于发展初期。20 世纪 90 年代以前，我国在政策上一直对奶业采取保护措施。所以，当时我国乳制品的进口量不多而且增长缓慢。但是在 1990 年以后随着贸易政策的放宽，我国乳制品贸易开始快速发展，奶类产品的进口量及金额增长很快。在出口方面，由于我国乳制品品种单一，在产品质量、卫生标准和包装设计等方面，与进口产品差距都比较大，因此我国在出口贸易方面一直是“捉襟见肘”。以 2010 年和 2011 年为例，2010 年我国乳制品进口量为 74.5 万吨，进口总金额为 19.7 亿美元，比 2009 年增长了 91.2%；出口方面，2010 年出口量为 3.4 万吨，出口总金额为 0.4 亿美元，较 2009 年下降 22.6%；到 2011 年，进口总量为 90.6 万吨，进口总金额是 26.2 亿美元，比 2010 年增长了 33.0%；出口总量为 4.3 万吨，出口总金额为 0.8 亿美元，比 2010 年增长了 81.1%（表 5）。

表 5 2001—2011 中国乳制品进出口变化情况（万吨）

年份	进口量	出口量	净进口量
2001	19.56	4.27	15.29
2002	26.38	5.10	21.28

（续）

年份	进口量	出口量	净进口量
2003	31.50	4.89	26.62
2004	34.72	6.01	28.70
2005	32.00	6.98	25.02
2006	34.78	7.49	27.30
2007	29.86	13.46	16.40
2008	35.07	12.06	23.01
2009	59.65	3.70	55.95
2010	74.50	3.40	71.10
2011	90.60	4.30	86.30
2001—2006 年累计增长率（%）	77.8	75.4	78.5
2001—2006 年年均增长率（%）	13.1	12.3	13.7
2009—2010 年增长率（%）	24.9	−8.1	27.1
2010—2011 年增长率（%）	21.6	26.6	21.4

资料来源：中国海关统计数据整理。

从市场结构特征来看，我国乳制品进口源主要是澳大利亚、新西兰等国家，因为这些国家的鲜奶生产成本相对比较低，如 2009 年从新西兰进口的乳制品占进口总量的 42%；我国乳制品的出口方向主要是中国香港和东南亚部分国家和地区，其中出口到香港的乳制品占我国出口总量约有一半之多，其次为伊拉克，还有就是缅甸、菲律宾、日本和新加坡等地。

我国乳制品进口以奶粉和乳清为主，现以 2011 年乳制品进口情况为例，如图 4 所示。

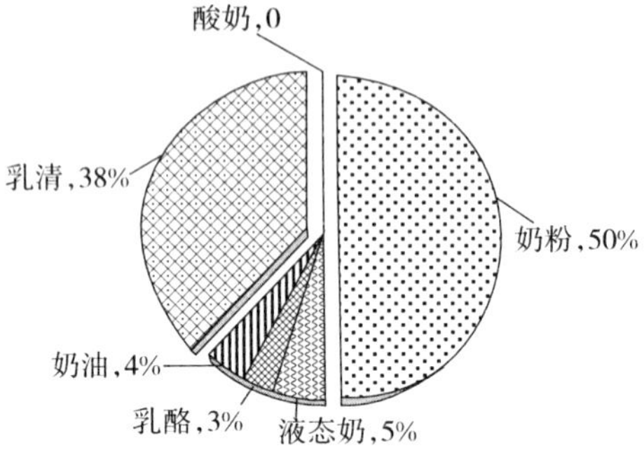

图 4　2011 年我国奶制品进口分类情况

资料来源：2012 年中国奶业统计资料。

3　我国奶牛业国际竞争力的分析

3.1　奶牛业总体竞争力的测算

3.1.1　国际市场占有率

国际市场占有率通常用来比较若干国家（或地区）某种产品竞争力的强弱。本文假定各国外商投资企业影响相同或影响较小，则某产品国际市场占有率如下：

$$WMS_{ij} = X_{ij} / X_{iw} \times 100\% \quad (1)$$

式中，WMS_{ij} 是指 j 国 i 产品的国际市场占有率；X_{ij} 是指 j 国 i 产品出口总额；X_{iw} 为世界 i 产品的出口总额。

3.1.2　贸易竞争指数（TCI）

贸易竞争力指数（TCI）是指一国某产品或产业的贸易差额与该类产品的贸易总额之比，用以反映该国产业的出口竞争力。我国奶业贸易竞争力指数的公式为：

$$TCI = (X - M)/(X + M) \quad (2)$$

式中，X、M分别表示我国乳制品的出口总额、进口总额。TCI 的取值范围是［－1，＋1］，如果－1≤TCI＜0，就表示该产业贸易竞争力弱；如果 TCI≥0，则表示该产业有较强的贸易竞争力。取值越接近 1，说明贸易竞争力就越强。

3.1.3 显示性比较优势指数（RCA）

美国经济学家巴拉萨（Balassa）于 1965 年提出了显示性比较优势指数（Revealed Comparative Advantage Index，简称 RCA 指数），是衡量一国产品或产业在国际市场竞争力方面最具说服力的指标之一。显示性比较优势指数是指一个国家某种商品出口值占本国出口商品总值的份额与世界该种商品出口值占世界商品总出口值的份额比率，反映一国在某一产业或产品方面，在国际贸易中的比较优势。一般而言，如果我国乳制品的 RCA 指数大于 2.5，说明我国奶牛产业具有极强的产业竞争力；若 RCA 指数为 1.25～2.5，说明我国奶牛产业具有较强的产业竞争力；而如果 RCA 指数为 0.8～1.25，说明我国奶牛产业具有中度产业竞争力；RCA 指数如果小于 0.8，则表明我国奶牛产业竞争力较弱。

$$RCA_{ia} = X_{ia}/X_{wa}/(X_{iw}/x_w) \tag{3}$$

式中，RCA_{ia}表示 i 经济体 a 产业的显示性比较优势，其取值范围为［0，＋∞］。X_{ia}表示 i 经济体 a 产品的出口额，X_{wa}表示 a 产品的世界出口总值，X_{iw}表示 i 经济体的出口总值。RCA_{ia}的取值越大，比较优势也就越大，当 RCA_{ia}大于 1 时，则说明该商品在该国出口比重大于该商品在世界的出口比重，则该国此种产品在国际市场中具有比较优势；当 RCA_{ia} 小于 1 时，则表示该国此种产品在国际市场中不具有比较优势。

3.2 奶牛业产品竞争力的测算

3.2.1 国际市场占有率

在乳制品的国际市场占有率方面，无疑世界乳制品出口主要集中在澳大利亚、新西兰和欧盟等国家和地区。而我国乳制品的国际市场占有率一直呈上下波动的状态，在 2007 年获得了较大的提高，但在 2008 年因为“三聚氰胺事件”有急剧下降，由 2007 年的 0.87%骤降至 0.2%，这说明我国的奶业出口并不稳定，容易受到外围环境的影响。由图 5 可知，我国乳制品的国际市场占有率并不高，一直在 1%以下徘徊，在国内市场负面因素影响下，原本就很低的国际市场占有率直线跳水，迅速下滑。因此，要增强我国奶制品的国际竞争力，就必须要使国际市场恢复对我国乳制品的信心。

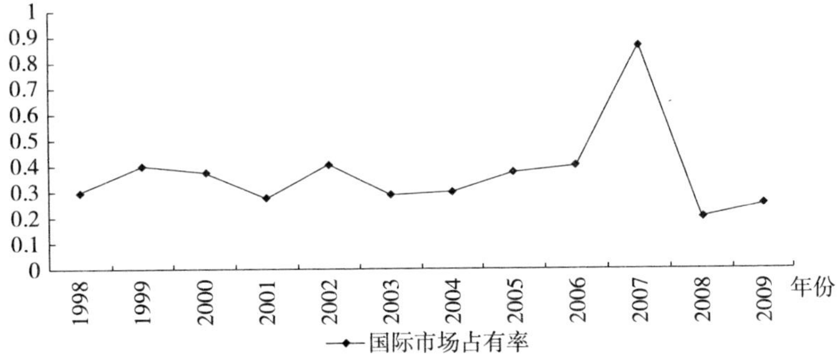

图 5　1998—2009 年我国乳制品出口额国际市场占有率变动情况

资料来源：FAO 农产品贸易数据库、2003—2008 年中国奶业统计年鉴。

3.2.2　贸易竞争指数（TCI）

通过对我国乳制品的外贸进出口额的分析，1999—2009 年乳业贸易竞争力指数，如图 6 所示，在这段期间内我国的乳制品国际贸易竞争力指数一直在－1～0 波动，这说明我国乳制品的贸易竞争力弱，由此可以知道我国的奶牛产业国际竞争力比较弱。我国的奶业贸易竞争力指数的绝对数先上升后又下降，在 2006—2007 年有所上升，但是 2008 年受“三聚氰胺事件”影响，又开始急剧下滑，几乎接近－1。

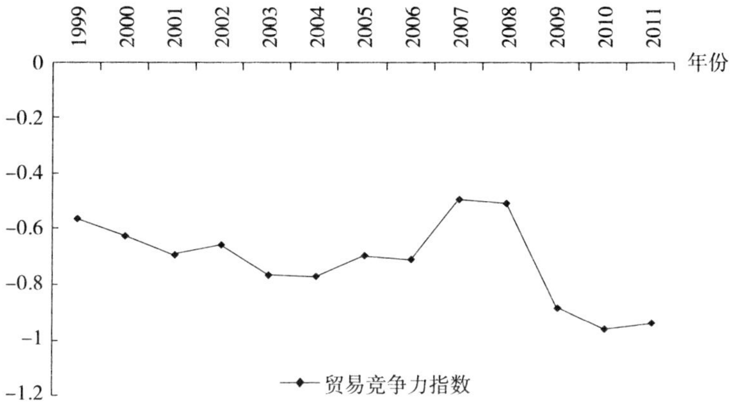

图 6 我国乳制品贸易竞争力指数

资料来源：2000—2011 年中国奶业统计年鉴。

3.2.3 显示性比较优势指数（RCA）

根据我国及世界奶制品出口和所有商品出口额的数据，可以计算得出我国乳制品的 RCA 指数。如图 7 所示。

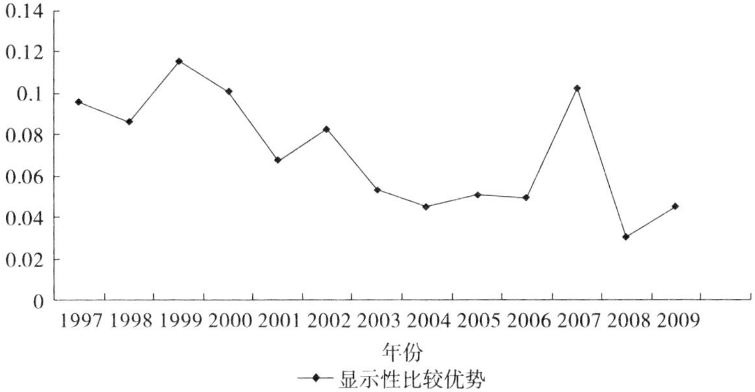

图 7 1997—2009 年我国乳制品显示性比较优势指数变动情况

资料来源：FAO 农产品贸数据、2006—2007 年国际统计年鉴、2003—2010 年中国奶业统计资料。

由图 7 可以看到，我国乳制品的显示性比较优势指数一直很低，且呈现出整体下降的趋势，波动幅度也比较大，这说明我国乳制品的国际竞争力极低，并且原本就不大的出口优势也很有可能正在逐渐丧失。

4 影响我国奶牛产业国际竞争力的因素分析

4.1 要素禀赋

4.1.1 品种资源

新中国成立以来，经过几代奶牛育种工作者的努力，在 1985 年培育出了我国的奶牛专用品种“中国黑白花奶牛”后，又相继攻克了胚胎生物的技术难题，解决了从传统 AI 育种体系向现代奶牛 MOET 育种体系升级的关键技术“瓶颈”。“十五”期间通过奶业重大专项研究的实施，完善了《中国荷斯坦奶牛标准》、《奶牛品种登记规程》、《奶牛生产性能测定》、《奶牛生产性能测定（DHI）技术规程和管理方法》、《奶牛体型外貌现行评分》等现代奶牛良种培育体系等标准规程的制（修）订。此外，还建立了中国奶牛数据处理中心；在全国建立了四大奶牛胚胎工程中心，每年可以生产移植奶牛优质胚胎 3 万枚；胚胎性别鉴定和 XY 精子分离技术也已经进入实用化阶段。

虽然取得了可喜的成绩，但是与国外的奶牛品种相比，我国的奶牛平均单产水平还是比较低，而且品种结构和生产性能不高。2010 年全国进口种牛 9.08 万头，同比增长约 124%，仅 12 月就进口了4 489头，同比增长 966.27%。不难看出我国奶牛的种质仍然是比较落后的。

4.1.2 草地资源

2010 年，全国天然草原鲜草总产量达97 632.21万吨，较上年增加 4.04%，较近 5 年平均值增加 3.45%；折合干草约30 549.71万吨，较上年增加 4.04%；载畜能力约为24 013.11万牛单位，较上年增加 3.96%。

尽管我国有丰富的草地资源，但是草地破坏很严重：一是人为破坏严重，一些地区大面积的非法开垦草地，有相当部分已经撂荒，加剧了土地沙漠化；二是草场超载放牧，草地生产率不断下降；三是自然灾害频繁，抵御灾害能力低；四是投入严重不足，基础设施较差，草地生产力不高。

4.1.3 劳动力资源

劳动力是生产要素中十分重要的要素之一，毫无疑问的是我国有丰富的劳动力资源。但是我们必须要看到，我国劳动力资源虽然比较丰富，但是素质并不高，缺少专业的技能和知识，而小规模的散养也限制了劳动力的生产效率。

结合图 8 和图 9，我国劳动力资源大专以下的就占到了81.84%，而研究生的比例还不到 1%。相应的，我国劳动力的生产率也不是很高，虽然相比 2010 年，2011 年的乳制品行业的人均销售收入和人均利润总额都有所增长，但增幅并不明显，当然这与我国乳制品行业生产成本较高也有一定关系。

图 8　2011 年奶牛养殖业劳动力构成情况

资料来源：《中国乳业》第 12 期。

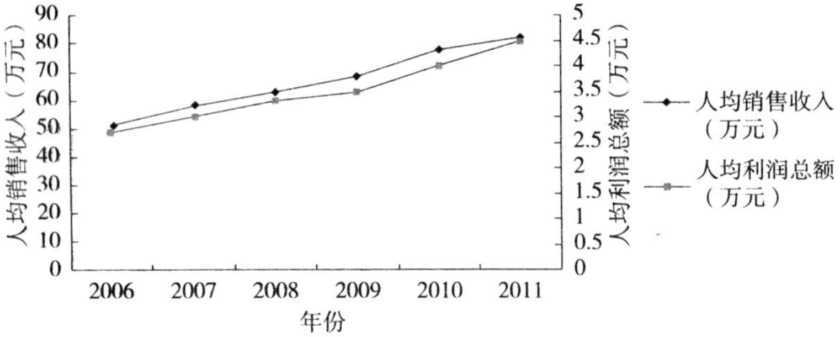

图 9　我国乳制品行业劳动力生产率

资料来源：国家统计局。

4.2　质量与安全

随着生活水平的提高，消费者对健康饮食的要求也越来越高。牛奶的保鲜要求很高，所以消费者对牛奶的质量安全要求也会更高。我国原料奶和乳制品的质量一直不稳定，近几年不断有乳制品出现质量安全问题，尤以 2003 年的三鹿奶粉“大头娃娃”事件和 2008 年的“三聚氰胺事件”最为轰动，严重打击了消费者对我国奶业的信心。

造成我国奶制品质量不稳定的原因之一是原料奶质量不过关，由于我国奶牛生产中近 80％是手工挤奶，大部分奶农都不太注意奶牛疫病的防治。因此，原料奶细菌超标和抗生素含量过高等问题一直存在，并且在质量检测方面不严格。

我国食品质量安全保障体系与发达国家相比存在很大差距，法律法规和标准体系有待进一步完善，突出的表现就是对违法者的惩罚措施不够严厉，使食品生产者的违法成本很低，导致为了牟取暴利违法生产、销售的事件层出不穷。

另外就是我国的食品安全检测体系不健全，检测方式、关键技术和检测设备都比较落后。再从检测方式上来看，发达国家基本上都是建立了食品安全的理性检测制度，对食品从农田到消费者的餐桌进行全过程监管。而我国目前的食品检测方法是运动式、突击式的抽查较多，并且在检查时多是抽样检查，对食品的监测工作没有做到全程化和日常化。

奶制品的质量安全得不到保障，不仅丧失了部分国内市场，更严重影响了我国奶牛产业的国际竞争力。

4.3 相关辅助产业

对于奶牛养殖业而言，饲料的发展直接影响到奶牛产业的发展。我国饲料出口的国际市场占有率一直都比较低，最近几年大约为 2%，但一直高于或等于进口市场占有率，即我国饲料的贸易竞争指数一直大于或等于零。我国谷物饲料播种面积都比较高，但就单产水平来看，玉米高于世界平均水平，大豆等几种谷物都低于世界平均水平。也就是说，从谷物饲料来看，我国资源不足，国际竞争力自然比较弱。

此外，我国牧区的水资源短缺并且分布不均，进一步导致产草量低。

4.4 市场需求和机遇

国内需求对某一产业国际竞争力的影响是这样的：需求差异致使国内市场需求出现多元化，这有助于企业形成更加有效的竞争策略，并充分发挥规模经济效益。

通过前面的分析可以知道，我国目前奶制品的消费水平还比较低，但未来几年内我国奶制品的消费市场潜力却是巨大的。首先，现阶段我国人均奶消费量很低，还有很大的增长空间；其次，人们对于健康饮食越来越重视，传统的消费习惯也随之改变；最后，随着我国国民经济的发展，居民的收入不断增加。

4.5 产业的规模和经营组织形式

根据迈克尔·波特的分析可以知道，一个企业的策略、结构和国内竞争对某产业国际竞争力影响的表现：一方面是本国内企业的竞争策略与本国环境及该产业的竞争优势来源是否能够有机结合；另一方面是本国内是否已经制定长期有效的竞争机制，以及这种竞争机制能否与该产业的竞争优势来源相匹配。

我国奶牛产业根据所有制的不同，可以分为国营、集体和农民散户 3 种。新中国成立以来，一直以国营为主，但是改革开放以后集体生产饲养量迅速上升；而在 20 世纪 90 年代以后个体户饲养的规模迅速膨胀，国营和集体的地位不断下降。以北京为例，1989 年 42 家国营、集体、个体牛场奶牛存档分别为33 172头、21 788头、6 064头，到 1998 年奶牛存档分别为29 338头、14 152头和17 054头。

我国大部分地区是没有奶牛养殖传统的，也没有什么农民组织。所以，我国乳品市场的成长性和我国农民的弱质性决定了企业在乳业垂直协作产业链条中的重要地位。由于乳品的高度安全性和乳制品的加工销售规模效应决定的乳制品加工大中企业在奶业发展过程中具有十分重要的地位。

4.6 政府的调控作用

迈克尔·波特提出，政府在产业国际竞争中的主要作用是影响和协调生产、需求、企业策略和结构以及相关产业等基本要素。而在一国经济发展过程中，政府这只“看不见的手”对于协调和组织生产、引导产业发展、制定贸易政策等方面，都具有十分重要的作用。

4.6.1 奶制品行业发展政策

我国政府对于畜牧业的发展一直采取积极支持的政策，鼓励畜牧业健康、持续发展，在政策制定方面：2005 年《全国奶业“十一五”发展和 2020 年远景目标规划》、《全国食品工业“十一五”发展纲要》明确我国乳制品今后一段时间内的发展目标和方向；2007 年《国务院关于促进奶业持续健康发展的意见》、《关于加强液态奶标识标注管理的通知》，前者为鼓励和支持我国奶业发展对其做出了总体部署，后者强化了液态奶的生产管理，以保证我国乳制品的质量；2009 年《乳制品工业产业政策》，它从政策目标、产业布局、行业准入、奶源供应、技术与装备、投资融资、产品结构、质量安全、组织结构、资源节约与环境保护、消费与流通和监督管理 12 个主要方面来明确我国乳制品发展的目标和方向。

此外，地方政府在行业政策的贯彻落实中发挥着相当重要的作用，首先就是地方政府会选择本地产业经济的发展方向；其次，地方政府才是落实行业政策的第一人，国家的产业政策能否落到实处关键还是要看地方政府的执行力度。

4.6.2 奶制品对外贸易政策

国际贸易中最常见的贸易保护政策主要包括关税、保护性补贴、反倾销、反补贴、反垄断、保障措施、技术性贸易壁垒等，乳制品贸易政策则主要是关税、保护性补贴和绿色壁垒等，这些贸易政策是不公平贸易的体现。相较而言，我国在近几十年来的乳制品贸易中几乎没有采取过什么保护性措施。

（1）关税。从关税来看，我国奶制品进口的平均关税为 12%，远低于世界平均水平，而日本、加拿大的平均关税高达 255%和 196%，印度、欧盟、韩国和美国也达到 71%、68%、59%和 56%。显而易见，我国在奶制品进口方面可以说是没有设置任何限制。

（2）保护性补贴。从补贴形式来看，保护性补贴又分为国内补贴和出口补贴两种。国内补贴主要是对生产者的补贴，出口补贴顾名思义是对出口商的补贴。为了鼓励和支持我国奶牛产业的持续健康发展，我国政府对乳制品生产者给予一定的补助，并且补助的额度在逐年增加，但还是远远低于世界平均水品，特别是像美国、欧盟、加拿大等发达国家；与此同时，我国政府对乳制品的出口补贴几近于零，而欧盟国家为了鼓励国内消费奶制品，对国内价格与国际价格实行差价补贴的政策，进而扭转了竞争的劣势。

（3）绿色壁垒。所谓绿色壁垒，其实质就是技术壁垒，像欧盟、美国、日本等发达国家，科技发展水平高，它们往往利用其高标准的技术壁垒来限制其他国家的农产品进口，进而保护本国的农产品。在这样的贸易环境下，由于我国的农产品技术水平相对较低，在国际竞争中自然要处于不利地位。

4.6.3 国内消费政策

为了促进国内奶制品的消费，很多国家都分门别类的制定各种鼓励消费的政策。我国鼓励奶制品消费的措施有“学生奶”消费计划，国家领导人师范宣传等。

5 基本结论及政策建议

5.1 基本结论

我国的奶牛产业国际竞争力不稳定，但是整体上来看竞争力不强。在波特阐述的六要素中都存在缺陷和不足，需要改进的地方还有很多。但是，尽管我国在要素质量、生产效率、组织结构、产业化水平和奶源质量等方面与奶业发达国家存在一定的差距，但是凭借良好的发展势头、潜在的市场需求、良好的发展机遇和政府大力支持，我国奶业的发展速度相信会获得比较快速的发展。但是要想在国际市场竞争中获得提高，就要更好的发挥政府的促进作用，加大奶牛产业的基础设施建设和规划、管理，学习奶牛产业发达国家的经验和先进技术，转变我国旧有的发展模式，促使我国奶牛产业发展在国际竞争中获得质的飞跃。

5.2 政策建议

5.2.1 积极开拓牛奶消费市场，倡导鲜奶消费

奶牛产业的生产是面向整个消费市场的，因此生产者、销售者要根据不同的消费人群，制订不同的营销策略，积极开拓牛奶消费市场，尽管我国的人均牛奶产量比较低，市场需求也比较低。一方面的原因是我国居民长期以来缺乏喝奶的习惯；另一方面就是收入水平的限制。所以，要扭转局面，还需要政府积极倡导健康饮食的观念，大力宣传牛奶消费，并逐步调整收入分配格局，提高居民收入水平，从而使消费者有能力消费。

进一步加强学生奶工作，影响青少年的饮食习惯，不仅可以维护培育市场，而且也可以起到规范市场的作用。

5.2.2 加强奶制品质量监管，保证奶制品质量

近几年来，我国奶制品不断出现问题，威胁消费者的生命和健康安全，这需要市场的自我调节和政府的调控来解决。

对于市场方面可以有以下几项建议：一是发展养殖小区和专业大户，扩大奶牛养殖规模，这样可以提高饲养者的专用性资产投资，提高其违约成本，从而降低其违法生产获取暴利的倾向；二是加快乳业质量安全监测技术；三是加快质量安全记录和追溯体系建设；四是成立独立的第三方认证机构。

食品质量安全信息的不对称性和外部性，决定了政府进行规制和公共干预的必要性，而且政府也具有很多工具可以实现这种信息的供给，包括行政和立法的一些手段。政府方面的建议措施有：一是健全奶制品质量安全的监管体系，尽快改变各部门监管职能分割、缺乏协调的局面，通过建立一种高效的协调监管效率，降低行政成本；二是进一步完善乳制品质量安全的法律法规，加大对劣质乳品的惩罚力度，增加其违约成本；建立国家质

量标准体系，统一乳品的产品标准；建立乳品安全质量信息服务体系，改善乳制品的质量安全信号。

5.2.3 引导和鼓励奶农进行专业化生产和适度规模养殖

我国的奶农很大一部分分布在农区，既种粮食又养奶牛，他们以种植业为主，养殖的规模都比较小，不仅不利于新技术的推广，而且生产效率也比较低。针对这种现象，政府应该要积极引导和支持农民进行专业化、规模化的生产。

（1）奶牛出租或领养措施。条件允许的地区，地方政府可以出资建立奶牛养殖基地，到奶牛成熟阶段将奶牛的使用权以出租的方式暂时让渡给农民，并向农民提供技术和信息服务。这样可以减少奶农的资金投入和饲养期风险，增强奶农的收益。

（2）提供相应的养殖场地。要实现规模化生产，养殖场地是很大的限制因素，可以建设养殖小区来缓解这一问题，但需要政府提供土地支持。

5.2.4 加大政府对奶牛产业的扶持力度

（1）尽可能为奶农提供免费的科技和质量服务。具体服务内容包括建设培训教育设施、培训专业的奶牛饲养科技人员和饲养员、积极进行技术推广和咨询及检验服务等。政府应该尽快实现职能转变，调整支出结构，在提供科技服务方面不断完善这些机构，在政策上倾斜于奶牛产业，增加相关事业经费的投入，以提供更加优质的奶牛技术培训，不断提高生产者的素质。

（2）给予奶农补贴性贷款。政府可以根据当地奶农的实际情况给予利息补贴担保，促进银行贷款向奶农倾斜。或者，还可以就相关奶牛饲养设备、草场等方面的建设给予专项资金贷款补贴。

（3）原奶价格支持政策。为进一步稳定和增加奶农的收入，政府可以在市场规律的基础上，规定原奶的最低价格，价格由政府进行调控，建立合理的奶牛原价“标准”，保护奶农的利益。

（4）对生产优质原奶的奶农和生产优质奶制品的企业酌情给予减产专项补贴。适当拓宽政府补贴的渠道，对生产优质原奶的奶农和生产高质量奶制品的企业给予适当的补贴，以鼓励生产者生产出更加优质的原奶和奶制品。

2012 年，中共十八大提出了 2020 年要实现城乡居民人均收入比 2012 年翻一番的目标，有理由相信，国内居民对乳制品的消费需求将进一步提升，市场潜力巨大。消费是奶业发展的源动力，消费的增长，势必拉动我国奶业的发展。但是打铁还需自身硬，不管世界如何看我们，中国奶业所要做的就是脚踏实地修炼内功，做好自己；要团结一心，在竞争的同时实现竞合，携手打造中国奶牛产业的美好未来。

参 考 文 献

陈连芳 . 2012. 2011 年世界乳业市场形势与 2012 年展望［J］. 中国乳业（121）.

陈渝 . 2010. 中国乳业的国际竞争力研究［J］. 中国食品工业（9）.

何玉成 . 2010. 中国乳品产业发展研究［M］. 北京：科学出版社 .

贺燕丽，宋昆冈，任发证，等 . 2010. 我国乳制品工业的发展与展望［M］. 北京：经济科学出版社 .

胡冰川 . 2012. 2011 年中国乳品贸易分析［J］. 中国乳业（127）.

孔祥智，杨斌，张利庠，等 . 2010. 双重危机下的中国奶业发展：2009 中国奶业高峰论坛成果集［M］. 北京：中国农业科学技术出版社 .

刘芳，张存根 . 2006. 中国肉羊产业国际竞争力研究［M］. 北京：中国农业出版社 .

迈克尔·波特 . 2002. 国家竞争优势［M］. 北京：华夏出版社 .

谭向勇，曹暕，周俊玲 . 2007. 中国奶业经济研究［M］. 北京：中国农业出版社 .

吴建泰，董晓霞 . 2012. 2011 年奶业形势分析及 2012 年展望［J］. 中国乳业（121）.

张利庠，孔祥智，等.2009.2008中国奶业发展报告［M］.北京：中国经济出版社.

张利庠，孔祥智，王俊勋，等.2010.2009中国奶业发展报告［M］.北京：中国经济出版社.

张利庠，孔祥智，王俊勋，等.2011.2010年中国奶业发展报告［M］.北京：中国经济出版社.

张一品，钱贵霞.2011.内蒙古牛肉产品出口竞争力分析与评价［J］.内蒙古农业大学学报（1）.

B. Ohn. 1993. Interregional and International Trade, Cambridge, Mass [M]. Harvard University Press.

D. Salvatore. 1955. Theory and Problems of International Economics [J]. New York：2-4.

Michael. E. Porter. 1990. The competitive advantage of nations [J]. Macmillan Press Ltd，London.

中国种业国际竞争力分析

范宣丽　罗小红

（北京农学院经济管理学院，北京　102206）

摘　要：当前，在种子行业激烈的市场竞争中，中国的种子市场有着巨大的潜力，各个国家的跨国种子企业了解我国在全球种子市场上的位置为生产、消费大国，争相进入我国市场抢占本国种业资源，挤压国内种子公司的市场份额，如今已经有近10家全球排名靠前的跨国种业公司陆续进入我国市场。所以，面对种子行业的激烈的竞争，我国当前最重要的是建立一个公平公正的市场环境，建立健全种子行业制度，保护我国种子企业；对科学研究的投入必须持续加大，引进、保护专业人才；淘汰不符合市场要求的小型种子企业，扶持大规模种子企业，从而提升我国种子企业的国际竞争力水平。本文从中国种业生产经营现状，进出口贸易现状介绍入手，详细分析了我国种业国际竞争力现状和影响中国种业国际竞争力的因素，以期为我国种业国际竞争力的提升提供决策支撑。

关键词：中国种业　国际竞争力　建议

基金项目：本文系北京市社会科学基金项目北京现代籽种产业发展问题研究（13JGA003）资助。

作者简介：范宣丽，1988年出生，山东潍坊人，北京农学院在读研究生，主要研究方向：都市型现代农业。

1　国内外种业发展现状

1.1　世界种业格局

如今，种子行业拥有巨大潜力，世界各地的人民只要想生存就需要食物，种子又是食物的来源。所以，市场对种子的需求格外的大，由于世界种业市场规模大、市场价值高，如果想推动种业的发展，就需要提升种业的科技含量。根据国际种子联盟在2011年11月的统计报告中得知，世界种子行业的市场规模达到430亿美元，其中美国市场规模最大，占全球种业的28%，为120亿美元，在联盟报告中处于第一位；中国以95亿美元的市场份额排在第二位。此外，全球约68%的种子份额集中在6个国家，由此可知种子市场相对集中。

种子市场在全球的竞争力巨大，是各大国际种子公司争相追捧的重点，这与种子行业的发展相互促进。在2008年国际种子贸易额达到70亿美元，创历史新高。国际种子贸易量呈现逐年增加的现象主要有两方面原因：一方面是由于种子市场国际化导致的；另一方面是由于农业技术的发展和政策上对于农业的扶持使种业的需求不断增加。由于种业市场巨大的潜力，与全球种子应发展的市场规模相比，现如今世界种业的发展规模还是非常小的，远未达到饱和。所以可推断出，国际种业的规模在未来还会持续增加。

即使中国占有世界第二大种子市场，但由于进出口贸易量与发达国家相比很低，而且处在长期的贸易逆差环境中，发达国家凭借自身优势在全球种子行业的国际贸易中处于领先地位，2010年的种子（包括大田种子和蔬菜种子）出口额最高的4国分别为美国、法国、德国、荷兰，他们在国际商场上拥有53%的出口额，同年，以上4国的出口总量达到42亿美元，说明种业的国际市场被发达国家占据着。同时，国外种子公司已经全面进入中国的蔬菜种子和花卉种子市场，并且占领很大的市场份额。跨国公司在大田作物方面，通过与中国企业的合资营销种子的生产与销售，也已经进入中国种子市场。

1.2 中国种业发展现状

自1949年以来，由于科技的发展，中国种业在其科技创新力方面逐步提高，种子产业发展的能力逐渐增加，与此同时种子产业发展也得到了政府强有力的支撑，中国力图成为种子产业大国。但长期以来中国种子产业体系的模式是在政府的主导作用下形成的，科研机构、高等院校的大田作物负责种子的研发、育种，国有种子公司进行种子的生产经营，各级乡镇政府负责分销。种子市场上的经营单位较多，主要以科研机构、国有种子公司、私人种子公司、外国种子公司为主来研发、生产、经营。《种子法》实施以后，更多的种子公司、科研机构作为经营单位加入种业这份大蛋糕。国内种子行业发展迅速，企业的市场主体地位日益突出，但随着现代生物技术提升和跨国种业企业竞争的快速发展，我国种业的竞争力要素优劣并存，对中国种子行业的发展面临着机遇和挑战。由于国际市场种子品种较多，本文着重分析中国在国际市场贸易中的主要种子产品。

1.2.1 商业化时间短，产品结构不够丰富

2000年《中华人民共和国种子法》的颁布，正式开始了中国种业市场化的进程，结束了中国种子计划管理经营的历史。然而，与其他国家相比，中国种子行业市场化的时间较短，种子的商品化率较低，只有30%～40%，而国际上的平均水平为70%，发达国家更是高达90%以上。我国种子产品主要是《商品名称和编码协调制度》HS包括草地早熟禾籽、糖甜菜籽、黑麦草种子、紫苜蓿籽、羊茅籽、三叶草籽、甜菜籽（糖甜菜籽除外）及

濒危草本花卉植物种子及其他草本花卉植物种子、其他饲料植物种子等8类花卉产品，具体如表1所示。

表1 种子产品分类

HS编码	商品名称
120910	糖甜菜籽
120921	紫苜蓿籽
120922	三叶草籽
120923	羊茅籽
120924	草地早熟禾籽
120925	黑麦草种子
120929	甜菜籽（糖甜菜籽除外）及其他饲料植物种子
120930	濒危草本花卉植物种子及其他草本花卉植物种子

资料来源：根据《商品名称和编码协调制度》（HS）整理所得。

1.2.2 经营机构呈现企业多，但规模小

目前，国内种子公司有7 500家，但集育种、推广一体化能力的大型种子企业却不足80家，为促进大型种子企业的核心竞争力的提升，经过这些年对种子行业的清理整顿，具备一体化能力的大型育种企业仅剩53家。国有种业公司从事种子的生产和批发的数量很多，但规模较小，大部分已经或正在开始转制。此外，这些企业中没有一家拥有超过5%的总市场份额，但当前种子企业的国际发展趋势越来越集中，2005年，杜邦先锋、孟山都、先正达3家企业已达到同年全球玉米种子市场份额的3/4，2009年在中国上市的种子公司中最高的销售额为15亿元人民币，而当年孟山都一家的销售额就达到801亿元人民币，有着非常大的差距。

1.2.3 科研投入少，自主创新能力差

近年来，我国种子企业开始重视科学研究，建立了自己的科

研体系，但这些企业对科学研发的投入仅占销售额的1%，远低于同时期跨国公司在科研方面10%的投入比例。如今，在科学研究和创新能力的资本投入直接影响到种子作物新品种的开发，中国在作物品种产权保护方面加大力度，取得了重大进展。在1999—2011年的这12年中，中国共受理品种权的申请9 311件，共授权了3 743个新品种。2008年中国国际植物新品种保护联盟申请植物新品种总数占该年度该组织授予总数的2.8%，在2009年时，国际植物新品种保护联盟申请的新品种为996件，占本年度该组织授予总数的9.3%，与2008年的相比有了巨大的进步。虽然通过全国作物新品种考试的人数在逐年增加，但真正的大范围推广是非常少的。

1.2.4 受跨国公司冲击，进出口贸易逆差不断扩大

因为中国拥有巨大的种子市场，成为跨国种子公司的必争之地。以跨国公司进入中国的粮食种子领域的合资企业——先锋公司为例。1998年，先驱研究有限公司在中国东北建立了辽宁的先锋公司，并推出了先玉335号种子，在2004—2009年在铁岭从6万公顷快速增长到123万公顷的地域品种；而先玉335只是先锋公司20年前选育品种的水平，由此可知中国种子公司与跨国种子公司的差距是十分巨大的。

据联合国贸易数据显示（表2）2002—2011年中国种子进口贸易总额从2 944.5万美元增长为6 221.1万美元，增长了111.28%增幅很大。中国种子进口贸易总额年均为4 428.2万美元。

表2 2002—2011年中国种子进口贸易额（万美元）

年 份	HS120910	HS120921	HS120922	HS120923	HS120924	HS120925	总 额
2002	88.3	890.9	161.9	515.8	335.1	194.2	2 186.2

（续）

年份	HS120910	HS120921	HS120922	HS120923	HS120924	HS120925	总　额
2003	143.5	998.9	182.1	621.4	637.2	399.9	2 983
2004	38.4	549.3	430.1	883.4	840.3	460.2	3 201.7
2005	286	36.1	607.4	820.5	506	273.9	2 529.9
2006	536.6	29.1	467.6	785	283.2	418.7	2 520.2
2007	696.4	2.5	402.3	913.5	657.7	647	3 319.4
2008	953.2	20.7	646.1	928	935.8	760	4 243.8
2009	906.4	62	581.7	919.1	804.9	798.5	4 072.6
2010	882.9	104.3	583.8	1 199.1	1 176	1 260.8	5 206.9
2011	1 489.1	165.9	469.4	976	911.7	1 135.8	5 147.9
平均	602.1	286.0	453.2	856.2	708.8	634.9	3 541.2

资料来源：根据联合国网站数据库数据整理所得。

从图 1 可知，2002—2011 年中国种子进口贸易总额总体呈上升趋势但波动较大。

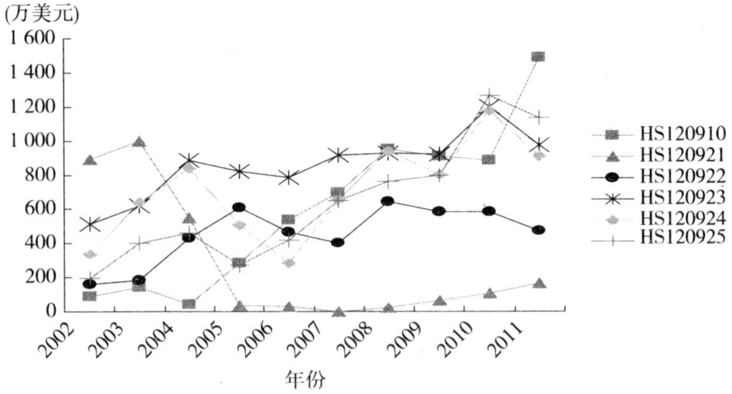

图 1　2002—2011 年中国种子进口额变化趋势

然而根据联合国公布的贸易数据（表 3）虽然 2002—2011 年中国种子出口贸易总额从 22.2 万美元增长为 506 万美元，增长了约 23 倍（图 2）。中国种子出口贸易总额年均达到了 316.03 万美元，然而与进口额中的2002—2011年中国种子进口贸易总额从2 186.2万美元增长为5 147.9万美元，增长了235.47%，进口贸易总额年均为3 541.16万美元，这些数据一比较可以发现，我国种业这些年进出口贸易逆差在不断扩大；这说明在跨国公司的巨大压力下，我国种业市场不断压缩，市场竞争前景越来越不好。

表3　2002—2011年中国种子出口贸易额（万美元）

年份	HS120910	HS120921	HS120922	HS120923	HS120924	HS120925	总额
2002	0	20.7	0.8	0	0	0.7	22.2
2003	0.2	17	0.2	0	0	0	17.4
2004	0.2	130	0.4	3.1	0.5	5.2	139.4
2005	7.1	482.3	0.5	8.1	0	0	498
2006	0.4	485.1	0	5.2	0	0.1	490.8
2007	0	727.3	0.9	0	0.1	0.1	728.4
2008	0	459.8	0	0	0	5.4	465.2
2009	0.8	112.1	0.3	0	0	4.1	117.3
2010	0	167.3	0.2	0.2	5.7	2.2	175.6
2011	1.5	497.1	0.1	0	0	7.3	506
平　均	1.02	309.87	0.34	1.66	0.63	2.51	316.03

资料来源：根据联合国网站数据库数据整理所得。

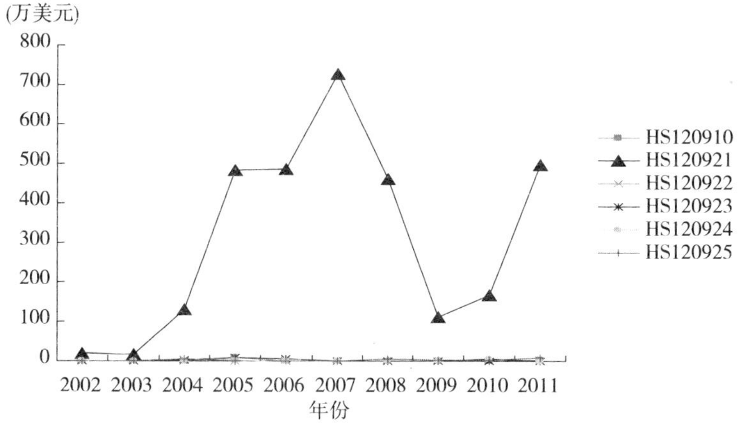

图2　2002—2011年中国种子出口额变化趋势

2 中国种业国际竞争力分析

在对我国的种业竞争力分析之前，有必要先弄清楚几个竞争力分析衡量指标，然后再对中国种业的竞争优势、劣势进行分析。

2.1 竞争力分析衡量指标

2.1.1 国际市场占有率（MS）

市场占有率指标能够很直观的反映出产业国际竞争力的实现状态，它是衡量国际竞争力水平的核心指标。

国际市场占有率（International Market-Possessing Rates，MS）是指一国的出口总额占世界出口总额的比重，它包括在开放的国际市场上，某种国产品销售额占世界该类产品总销售额的比重、某种国产品出口额占世界该类产品总出额的比重。可反映一国某产业或产品的国际竞争力或竞争地位的变化，比例提高说明该国该产业或产品的出口竞争力增强。

市场占有率指标公式为：

$$WMS_{pq}=X_{pq}/X_{tq}\times100\%$$

式中，WMS_{pq} 为 q 国 p 产品的国际市场占有率；X_{pq} 为 q 国 p 产品出口总额；X_{pt} 为世界 p 产品的出口总额。

表 4 中国种业 2002—2011 年国际市场占有率（MS）

年份	中国种子出口总额（万美元）	世界种子出口总额（万美元）	MS（%）
2002	22.2	1 707.7	1.3
2003	17.4	1 087.5	1.6
2004	139.4	8 712.5	1.6
2005	498	27 666.7	1.8

（续）

年　份	中国种子出口总额（万美元）	世界种子出口总额（万美元）	MS（%）
2006	490.8	28 870.6	1.7
2007	728.4	34 685.7	2.1
2008	465.2	23 260	2.0
2009	117.3	5 331.8	2.2
2010	175.6	7 981.8	2.2
2011	506	22 895.9	1.3

资料来源：根据联合国网站数据库数据整理所得。

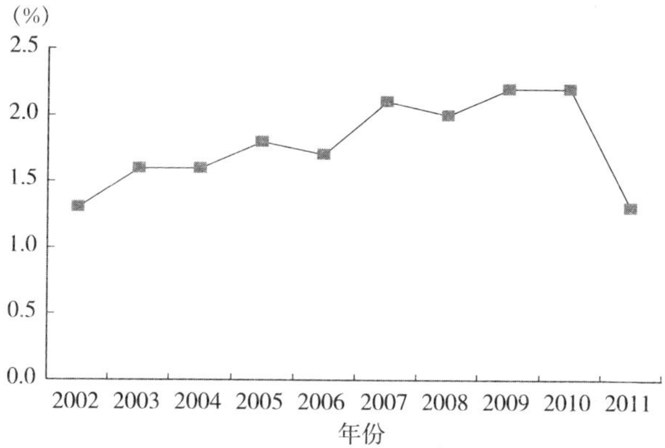

图 3　中国种业 2002—2011 年国际市场占有率（MS）

从表 4 和图 3 中可以看出，我国种业的国际市场占有率总体上相对较低，国际市场竞争力不强。2002—2010 年，中国种业国际市场占有率为 1.3%～2.2%，与美国种业国际市场占有率的 10%～16%相比，我国的种子出口额只有美国的 1/10。这充分说明了我国种子与国外发达国家和一些强国相比，竞争力水平并不高，有待于进一步发展提高。从图 3 中我们容易得出，虽然我国种子出口额有波动，但其趋势还是在不断增长，说明我国的种子行业在进步，种业技术在发展，越来越多的市场占有率证明了我国种业企业的核心竞争力在不断提高，行业地位在不断提高。

2.1.2 贸易竞争力指数（TC 指数）

贸易竞争力指数，即 TC（Trade Competitiveness）指数，是对国际竞争力分析时比较常用的测度指标之一，它表示一国进出口贸易的差额占进出口贸易总额的比重。

贸易竞争力指数公式为：

$$TC=(P-Q)/(P+Q)$$

式中，P、Q 分别表示我国种业的出口总额、进口总额。TC 的取值范围是 [－1，＋1]，其值越接近于 0 表示竞争力越接近于平均水平；该指数为－1 时表示该产业只进口不出口，越接近于－1 表示竞争力越薄弱；该指数为 1 时表示该产业只出口不进口，越接近于 1 则表示竞争力越大。

通过表 5 和图 4 可见，2002—2011 年我国种业贸易竞争指数分别是－0.21、0.15、0.14、0.11、0.18、0.07、0.13、0.11、0.01。通过数据结果可知，我国种子行业在国际种子市场上的竞争力是不断增强的，由于贸易竞争力指数越接近 1 说明其竞争力越强，我国种子产业的贸易竞争力指数虽然离 1 还很远，但它正在慢慢增强，说明了他的潜力，由此可以证明我国种业的国际竞争力水平在不断增加。

表 5　中国种业 2002—2011 年贸易竞争指数（TC）

年份	进口总额（万美元）	出口总额（万美元）	TC
2002	4 946.3	22.2	－0.991 06
2003	6 059.1	17.4	－0.994 27
2004	6 016.4	139.4	－0.954 71
2005	9 944.9	498	－0.904 62
2006	12 410.3	490.8	－0.923 91

（续）

年份	进口总额（万美元）	出口总额（万美元）	TC
2007	6 216.1	728.4	−0.790 22
2008	7 191.1	465.2	−0.878 48
2009	6 621	117.3	−0.965 18
2010	7 930.3	175.6	−0.956 67
2011	8 230.7	506	−0.884 17

资料来源：联合国粮食及农业组织网站。

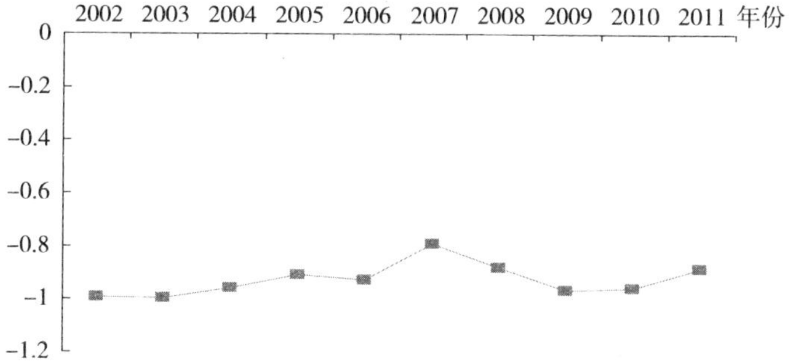

图 4　中国种业 2002—2011 年贸易竞争指数（TC）

2.1.3　显示性优势指数（RCA）

美国经济学家巴拉萨（Balassa）于 1965 年提出了显示性比较优势指数（Revealed Comparative Advantage Index，RCA 指数），是衡量一国产品或产业在国际市场竞争力方面最具说服力的指标。它旨在定量地描述一个国家内各个产业（产品组）相对出口的表现。通过 RCA 指数可以判定一国的哪些产业更具出口竞争力，从而揭示一国在国际贸易中的比较优势。所谓显示性比较优势指数是指一个国家某种商品出口额占其出口总值的份额与世界出口总额中该类商品出口额所占份额的比率。用公式表示为：

$$RCA_{pq} = (X_{pq}/X_{tq}) / (X_{pW}/X_{tW})$$

式中，X_{pq} 表示国家 q 出口产品 p 的出口值，X_{tq} 表示国家 q 的总出口值；X_{pW} 表示世界出口产品 p 的出口值，X_{tW} 表示世界总出口值。

一般而言，RCA 值接近 1 表示中性的相对比较利益，无所谓相对优势或劣势可言；RCA 值大于 1，表示该商品在国家中的出口比重大于在世界的出口比重，则该国的此产品在国际市场上具有比较优势，具有一定的国际竞争力；RCA 值小于 1，则表示在国际市场上不具有比较优势，国际竞争力相对较弱。

表 6 和图 5 所示表明我国蔬菜种子的显性比较优势指数介于 0.22～0.27，远远小于 1，说明我国蔬菜种子产品没有显性比较优势。

表 6　中国种业 2002—2011 年显示性优势指数（RAC）

年份	中国种子出口总额（万美元）	世界种子出口总额（万美元）	RAC 指数
2002	22.2	1 707.7	0.26
2003	17.4	1 087.5	0.27
2004	139.4	8 712.5	0.25
2005	498	27 666.7	0.24
2006	490.8	28 870.6	0.22
2007	728.4	34 685.7	0.24
2008	465.2	23 260	0.24
2009	117.3	5 331.8	0.26
2010	175.6	7 981.8	0.25
2011	506	22 895.9	0.25

资料来源：联合国粮农组织。

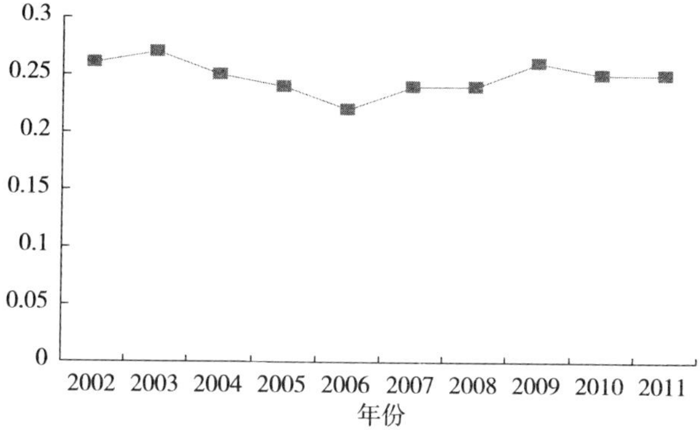

图5 中国种业2002—2011年显示性优势指数（RAC）

2.2 中国种业国际竞争优势

2.2.1 自然资源、品种资源丰富

目前，我国已经挽救了超过3万份物种资源，1985年以来，在中国进行传播的种子质量资源鉴定与种子质量资源利用项目取得了丰硕的成果，其中28项指标已经超额完成，经过劳动人民长期的选择、培育，我国已经拥有了数目可观的名优种子。目前已经有12 000份水生蔬菜入圃完毕；菜豆、糖甜菜籽、紫苜蓿籽、三叶草籽、羊茅籽、草地早熟禾籽、黑麦草种子、大白菜、萝卜等14种作物多种病害抗病性鉴定已经实现；完成辣椒、菜豆、大白菜等11种作物12项营养成分分析；已经有菜豆、辣椒、大白菜、黄瓜优异种质953份，已经有近1万个生产上主栽的品种或一代杂种。

2.2.2 良种繁育得到拓展，名优新品得到优化

培育优良品种的方法主要有以下4种：第一种为委托代繁型，由良种产权单位委托有繁育条件的单位直接生产；第二种为公司农户合作型，由良种产权单位直接同农户签订合同，由农户

组织生产；第三种为农户自主生产型，农户根据市场的需求自主生产经营；第四种为链条式型，由良种产权单位委托中介单位，再由中介单位组织农户生产。

近年来，我国的出口产业结构发生了显著的变化，新兴产业的逐步形成加快了品种的改良，这些种子产品的当务之急就是技术的革新。由于种子产业本身的特点，要想在国际市场上享有高声誉，就要研究如何加快种子质量改进等配套技术，为其迅速发展成为新的主导产业营造独特的竞争优势。

2.2.3 我国种业具有后发优势

与国外的种子产业相比，国内的种子企业无论是在竞争优势还是市场表现方面都处于相对落后的位置。如果你有足够大的潜力，那么对于一个暂时落后的选手来说他所具备的就是后发优势。后发优势理论的产生是由于发达国家研究过某项理论或技术后留下的经验能使未研究过该技术的国家直接走捷径，落后的国家在技术、制度方面可以直接利用发达国家的先进技术，还可以绕过之前研究过该技术的国家走过的弯路，甚至在技术创新与制度创新方面实现对本项技术原本领先的国家的超越。同时，落后国家对未来的发展将会有一个更深刻的认识和更准确的预测。所以，后发优势体现在模仿、创新、心理 3 个方面。

（1）模仿优势。外资带来的成熟的运作模式和先进技术，为我国加快了种子技术的扩散和渗透。目前，养殖技术的主流是转基因技术，其技术难度和科技含量都是我国传统的杂交育种不能比拟的。中国通过对国外先进技术的模仿，会减少在科学技术的研究中的将遇到的困难，将大大缩短转基因品种的开发周期。同时，国内企业可以模仿国外先进企业管理体系和市场竞争的概念，可加快我国种子企业的改革，从而提高整个产业链的效率。

（2）创新优势。创新在模仿的基础之上。其实质是促进先进的系统、技术与本地化的管理机制相结合。中国的种子企业与国外企业相比，其本土化的优势明显。从技术上来说，国内企业不仅能更好地把握当地农业资源和房地产市场的需求特点，还能在技术的研究和开发方面给出更直接、更准确的定位。从组织和制度方面上来看，由于没有语言和文化的障碍，国内企业与员工和客户之间的管理和沟通更加顺畅。从资源上方面，国内企业可以更多地利用当地丰富的物质资源，国外企业很难在短时间熟悉国内生产方式和营销体系。

（3）心理优势。外资企业在中国种子市场的迅速发展带给国内种子企业的冲击与挑战是一件令人深思的事情。国外种业公司在种子市场的优势给中国种子公司带来巨大的压迫感，中国种子公司想要在激烈的市场竞争中生存并占有一席之地就必须学习和反思，并开始讨论未来的发展方向和发展，了解了自己的不足更有利于在国内企业从心理方面上走向成熟。

2.3 中国种业国际竞争劣势

2.3.1 成本价格偏高

尽管中国在作物栽培研究方面处于世界领先地位，但由于价格监管、行业垄断、土地缺乏流动性等约束，知识产权保护及有效的制度供给不足，从而导致中国研究优势不能转化为经济优势。这种现状造成中国种子产业大而不强，难以对付跨国公司的压力。中国的粮食价格比和种子成本占种植业比重远低于发达国家，经济效益仍然很低。

2.3.2 生产要素与相关产业不完善

种子生产的要素主要指种子行业发展需要的各种社会资源，是维系种子生产及市场经营过程所必备的基本因素，包括种子的自然资源、资本资源、技术资源、人力资源和基础设施。形成种业在国际市场上的竞争优势的第二个重要因素是相关产业能弥补原本产业的不足，提供更佳完善的配套产业以支持种业的发展，这种相互的弥补和行业中的竞争，能使整个行业不断注入新鲜血液，提升市场的活力，带来整个产业的创新和向国际市场发展的条件。然而，与发达国家相比，中国的种子生产因素及相关行业的发展仍不完善，主要体现如下：

（1）种子销售。在国内市场的竞争中，种子市场出现了许多小规模种子公司和个体经营者，这种企业的能力不强，不符合准入标准，他们的种子销售价格对不同群体差别对待，如一般水稻、玉米杂交种子的零售价格卖给大中型种子公司批发价格几乎是农民的零售价的一半。虽然个体经营者的成本低、利润高，但他们在技术能力方面能力低，不能保证种子的质量，容易出现劣质品，扰乱市场待售种子质量。

（2）种子处理。种子处理不仅可以提高种子的发芽率、健康度、生活力和出苗率，而且有利于种子健壮生长，保证苗好、苗齐、苗壮；进行种子加工还可以减少用种量，节约粮食，同时，净度好和籽粒饱满还可以实现精量播种和节约用种量。中国种子长期处于一种种子质量第一、加工水平第二、包装廉价、价格便宜的状态，不利于提高种子的附加产值，与种子市场的管理专业化。

2.3.3 技术方面的欠缺

虽然中国种子产业在研究水稻和玉米杂交育种的研究和利用方面处于国际领先地位，但是在种子信息技术和生物技术产业的应用方面与国际先进水平还有一定差距。目前，国外的很多大型种子公司拥有庞大的数据库管理系统和先进的信息技术，建立起了一个全球性的科研体系、全球生产供应系统、全球销售和服务网络体系。中国没有一家种子公司可以和在此信息领域的大型国际公司相提并论。我国现在面临的一个严峻的挑战是学会如何利用现代信息技术和先进的育种技术来提高我国种子产业的发展，从而使我们的种子产业在未来几年甚至几十年能参与国际竞争。

2.3.4 政府管理不到位

各级政府相关法律职能部门通过利用行政、经济等手段来管理种子市场。如今我国有关种子行业的法律法规体系是由《种子法》构成的，《种子法》的出现保障了种子市场的基本运作条件，但目前各方面的管理并不完善，还需要政府根据种业发展的现状来规范市场，这是我们迫切的需解决这个问题，使种子市场健康发展是当务之急。如果政府对种子市场的管理规范不加强，一旦发生种子安全事件，政府措施难以及时到位，导致市场发生信号与政府进行调控之间出现时间差，就会出现监管不利的情况，不能及时了解市场信息并做出回应，会制约种子市场的良性发展。

案例一：2013 年 12 月 11 日，辽宁省农委召开全省打击侵犯品种权和制售假劣种子行为专项行动电视电话会议，从即日起，辽宁省将以玉米、水稻为重点品种，以制种基地等案件高发区为重点区域，对套牌、侵权、制售假劣种子等行为开展为期 1 年的专项整治。

全省已全面整顿种子市场，重点规范种子集中交易市场、集散地检查，对种子直销入户比例较高的地方，开展进村入户倒查。进一步加强品种管理，退出没有生产面积、存在重大缺陷、未及时上交标准样品的品种，打掉套牌侵权种子的“外壳”，切实解决品种“多乱杂”问题。同时，辽宁省农委将督促种子企业自查自纠，对种子基地开展清查，严格生产经营主体监管。对涉及面较广、数额巨大、危害严重、影响恶劣的制售假劣种子案件，农业部门将主动会同公安、工商部门联合办案，涉嫌犯罪的，移送公安机关追究刑事责任。

由此案例可看出我国种业市场并不规范，政府正在加紧管理。

2.3.5 品种和品牌保护意识弱

虽然我国对已经进入种业的外资企业有一些限制，但这种种业跨国集团凭借技术、资金、知识产权和专利等优势和手段对中国种子行业有着巨大的冲击，为了维护自己在国际贸易中的竞争优势，想保持和扩大与中国种业各方面的领先距离，如果中国想在种子行业的国际贸易中有一席之地，就必须增强科技创新能力、缩短与国际种业的差距必须重视品种和品牌意识的建立。国外企业在中国种业的迅速发展严重挤压了国内种子企业的生存空间。通过颁布实施《中华人民共和国种子法》和《中华人民共和国植物新品种保护条例》，作物品种权根据法律规定，企业的权益得到了种子的法律保障。但由于我国长期以来生产经营观念的作用，企业缺乏对作物品种的理解，对知识产权保护意识淡薄，导致整个行业发展的负面影响很大。

案例二：2002 年，山东登海种业股份有限公司（以下简称山东登海公司）诉莱阳农学院良种繁育中心（以下简称莱阳繁育中心）、夏连胜、车红霞侵犯植物新品种权纠纷一案。经核查，山东省烟台市中级人民法院认为，根据《中华人民共和国植物新品种保护条例》的规定，植物新品种是指经人工培育的或者对发现的野生植物加以开发，具备新颖性、特异性、一致性和稳定性并有适当命名的植物品种。植物新品种权所有人对其授权品种，享有排他的独占权。任何单位或者个人未经品种权所有人许可，不得为商业目的生产或者销售该授权品种的繁殖材料，不得为商业目的将该授权品种的繁殖材料重复使用于生产另一品种的繁殖材料。未经品种权人许可，以商业目的生产或销售授权品种的繁殖材料的，品种权人或者利害关系人可以向人民法院提起诉讼。判决被告莱阳农学院良种繁育中心立即停止侵犯原告山东登海种业股份有限公司所享有的登海 1 号玉米品种权的行为、赔偿经济损失 344 850 元，并于判决生效之日起 10 日内在《烟台日报》

上刊登启事消除影响。

由此案例可了解到，当前我国种业市场的品种和品牌保护意识较弱，但各方都在用法律的武器维护自己的权益。

3 关于提升中国种业国际竞争力的建议

当前，我国对种业的重视度非常高，本文论述了如今世界种子行业的发展现状和中国的现状，并分析了我国种业的优劣点。现在根据以上分析，本文将给出一些提高中国种业国际竞争力的建议。

可以发现，中国种业在国际市场激烈的竞争中并不突出，竞争力不强，但由于各方条件的支持，我国种业处于蓄势待发的状态。第一，我们需要提高中国种业的核心竞争力，由于我国种业的各种要素资源都不能和国际市场上的资源相比。所以，我们需要进一步的整合资源；第二，我国要抓住市场机遇，各国市场对种子的需求都是巨大的，同时中国经济也在快速发展。我国政府需要规范种子市场，为各企业提供公平规范的市场环境；第三，我国需要整合各家企业，淘汰不合格小企业，及时出台种子相关新政策，帮助扶持大规模企业发展。以下是根据本文得出的政策建议。

3.1 培养中国种子产业的旗舰，降低种业成本

种子产业必须进行全方位的整合和重组，才能培养出能与国际行业巨头抗衡的企业。政府需要改善现有企业的管理制度，加强对种子行业的管理力度，引导企业对资源的优化整合，促进资产资本的积累，用来提高种子产业的集中度。具体措施包括：

提高种子企业的准入门槛，创造有利于大型种子企业健康快速成长的环境。经过市场的并购重组等手段整合不能满足种子企业新的准入条件的公司，通过市场手段将小企业转为大企业的代

理机构或分支机构，从而实现种子企业越来越强大，拥有足以和国际种子市场竞争的能力。

提高大型种业集团的自主创新能力。通过种子产业的研发、生产、营销的有效分配，其他资源发挥优势互补、分工合作的优势，提高企业的原始创新能力和集成创新的企业核心竞争力，提高企业经济效益和可持续发展，改变当地企业应对国外竞争的被动地位。

鼓励国内大型农业非种子企业投资种子产业，提高种子企业的抗风险能力。种子产业受气候、地理环境、技术和其他因素的影响，风险很大。因为长时间的研究和开发新品种，必须要克服资产盈利能力和资产流动性之间的冲突问题。而国内种子企业目前的实力和条件还不具备形成一个稳定的投资与盈利机制的条件。此时引入风险较低、流动性好的大企业，能在短期内有效避免种子的生产和市场风险对企业的影响。

鼓励中国企业到国外建立种子或兼并、收购外国种子公司，从而促进中国种子企业国际化进程的发展。

3.2 完善生产要素，拉动种业市场需求

国内的种子企业要善于发挥本国的优势长处，加大资金在科学研发种子品种和技术方面的投入，学会利用现有资源对于中国种业来说意义重大，近期目标应为将种子行业有关科研经费的投入从销售额的1%继续增长10倍或以上。大力推进资金、资源等投入力度，由此来帮助提升种业继续开展下一步计划；为提高我国种业国际竞争力奠定良好的人才基础，我国需建立健全科学高效的人才资源管理系统和收集体制，制定和实施对各类人才具有强大吸引力的政策；为了提高我国整个种子行业的国际竞争力，国内种业企业首先应立足中国市场需求，同时注重学习、观察、引进高标准的需求，努力完善自身种子产品，进而了解国际市场需求，推进生产研发高品质的产品和服务的进程，不断扩大本国在全球市场的市场占有率。

3.3 建立科技创新体制，加大种质资源保护

社会资源和科学研究之间的合作可以使先进的科学技术和社会关系相互渗透推广，形成集成、组装配套和资源的优化配置。中国应在计划经济下克服制度和研究现状的束缚，解决目前研究与生产分离的体质，借鉴发达国家的经验，大力发展种子产业。加快升级种子质量的更新换代，积极推进品牌战略，以名牌带动其他产品，坚决抵制和消除各种生产效率低、合格率低的产品，投资市场价值高的产品，大力推进产品的开发应用，提高产品的技术含量和附加值，促进产业结构的优化升级，提高种子行业专业化水平。

加强种质资源的保护，由于中国拥有丰富的种子资源，一方面，需要企业不断通过收集、引进、优化、交换等方法改良种子品种，充分开发和利用现有的种子资源，同时应建立一个国家、省、市、县多级种质资源保护制度，启用一个保护和利用种质资源的计划，国家和升级基因库的建立可保证种业的可持续发展；另一方面，我国应重点发展高新技术育种，在生物技术方面加大投资，特别是应优先研发转基因育种技术。应注意种子产业结构优化，上下游产业链的整合，从种子的研究、生产、销售等各个环节入手，形成专业的种子产业链联盟。通过竞争，使优秀的种子企业强强联合，真正实现中国种子产业的培育和营销整合，提高我国种子产业的国际竞争力。

3.4 加强政府引导，全面提速发展

政府应继续加大对种子产业的支持，不断完善法律法规，加强执法力度，规范市场交易行为；产业资源的合理配置、支持企业规模大、有繁育能力的公司拥有更多的市场占有率，推进选育、推广一体化的种子企业，引导企业间的互相支持，形成功能互补，让龙头企业集群紧密相连，并促进中国种子产业的国际竞争力水平。种子管理部门要继续加强对蔬菜、花卉等种子市场的管理，逐步完善规则和条例，健全种子管理体制，建立种子质量

监督检验站，对种子经营着实行及时的监督和检查，以确保种子质量。必须增加种子管理设备的投资，如输入设备、测试设备。不断提高执法条件，为种子行业的执法提供良好的外部条件和技术保证。同时，还需要建立一批政治合格、业务素质高、企业作风优良的农业执法队伍，以树立良好的农业执法形象。

3.5 完善种业产权法规，增强产权保护意识

知识产权是种子企业提高竞争力的关键，现代种业竞争不单纯是资本规模的竞争，还是技术竞争，现代种业的竞争正逐步演变为知识产权的竞争。同时知识产权也是农业种业产业化发展的核心。种子企业的知识产权主要有新品种权和专利技术在生物技术领域，发达国家跨国种子企业利于自身的技术优势，对各功能基因进行深入研究，申请各种技术保护，现在很多基因专利权控制在少数几个公司手里。面对跨国种子企业先进的生物技术，我国种子企业应该有紧迫感，通过转变思想观念，了解企业自身的优缺点，树立全球化种业的概念，建立企业自己的科研创新体系，在模仿的基础上进行自主创新，参与国际竞争，增强自身的竞争力。种业的竞争实质就是技术创新能力的竞争，而技术创新的竞争需要有完善的法律制度。所以，要建立健全与技术有关的知识产权保护法律制度体系。

重视企业知识产权的申报和保护，及时对专利技术的进行申报，保护种子企业的知识产权，推动企业品牌建设。改变以前重成果轻专利的想法，对具有新颖性、创造性、实用性的发明创造，一定要重视申请发明专利进行保护。保护种子企业的植物新品种权，我国地域广阔，生物多样，有各种各样的生物资源。由于我国具备这种优势，基因资源具有特殊性、多样性，它不仅包括我国独有的生物品种和特有的自然基因，也包括育种者研发的最新技术结论，例如植物新品种和各种生物技术。保护好我国现有的种质资源，其一旦丧失将不能逆转的。种子企业既要做好正

在研究开发的资源，又要保护好现有的自然资源，防止资源的流失，对特定的基因资源和植物新品种要及时申请保护。

4 总结及政策建议

整个农业中最根本的是种子行业的发展，当下最重要的事情是从各个方面、各个角度去提高国内种业的整合能力，由此来增强中国种业的竞争力。为了建设大规模种子企业，使其降低种业研发成本和市场价格，我国通过对整个国内种业市场规划重组和资源的优化配置来达到目的；完善生产要素，利于拉动市场需求；大规模种子企业需实现产学研一体化，一方面，需要大大加强对种业科学研究的投入，以此来提高本国的科研创造和创新能力；另一方面，国内种子企业应借助中国现阶段种业发展的茁壮方面，如常规育种的实力，加大力度发展农业生物技术，不断提升国内企业的再国际市场的话语权；加强政府的引导和监管，利于中国种业发展的全面提速。此外，还需要完善知识产权法规，提升企业知识产权保护意识，加大知识产权保护力度。只有按照这种思路发展，才能从根本上提高中国种业的竞争力。

参 考 文 献

陈燕娟 . 2011. 知识产权保护与中国种业国际竞争力提升方略 [J] . 农业现代化研究 (3): 266-270.

董合忠 . 2013. 中国棉花种业和原棉品质的国际竞争力分析 [J] . 中国棉花 (7): 1-5+8.

范学忠 . 2011. 中国: 从种业大国走向种业强国 [J] . 湖南农业科学 (8): 1-3.

高雅霞, 颜廷武, 邵长勇, 等 . 2010. 蓝海战略对中国种子产业发展的启示 [J] . 中国种业 (12): 8-10.

高雅霞 . 2011. 现代种业发展中企业经营行为研究 [D] . 中国海洋大学 .

韩俊强 . 2002. 中国种业呼唤具有国际竞争力的民族企业 [J] . 种子世界 (11): 15-17.
康志河 . 2007. 植物新品种保护对中国种业发展影响研究 [D] . 河南农业大学 .
李继军 . 2012. 中国民族种业的机遇与挑战 [J] . 种业导刊 (10): 5-10.
刘豫杰, 卜祥 . 2011. 中国种业高端发力 [J] . 农经 (8): 22-24.
吕玉平 . 2013. 中国生物种业发展的问题、机遇及策略 [J] . 中国农业科技导报 (1): 7-11.
邵长勇, 唐欣, 梁凤臣, 等 . 2010. 基于粮食安全视角下的中国种子产业发展战略 [J] . 中国种业 (4): 11-14.
邵长勇 . 2010. 中国种子出口贸易研究 [D] . 中国海洋大学 .
时如愿 . 2012. 我国蔬菜种业竞争力问题研究 [D] . 山东农业大学 .
宋永辉, 吴昊 . 2012. 我国种子产业的国际竞争力分析 [J] . 对外经贸实务 (1): 28-31.
苏硕军, 钟世明, 潘惠, 等 . 2012. 基于波特钻石模型的中国种业国际竞争力影响因素分析 [J] . 台湾农业探索 (6): 33-37.
孙辉, 王彩霞 . 2012. 我国种业的国际竞争力与应对策略 [J] . 种子科技 (8): 1-2.
王磊, 宋敏 . 2012. 中国种子进出口贸易现状分析及对策建议 [J] . 种子 (3): 72-76.
王学君, 宋敏 . 2009. 国际化背景下中国种业竞争力分析 [J] . 中国种业 (2): 5-9.
张伟 . 2010. 打造种业产业“航母” [J] . 中国农村科技 (Z1): 42-45.
周正剑 . 2012. 提高中国种业的国际竞争力路在何方? [J] . 农村 . 农业 . 农民 (B版) (12): 32-34.